北方民族大学文库

光　晖◎著

科技人力资源
精准配置与创新研究

中国财经出版传媒集团

经济科学出版社

Economic Science Press

图书在版编目（CIP）数据

科技人力资源精准配置与创新研究／光晖著．--北京：经济科学出版社，2022.9
ISBN 978 - 7 - 5218 - 3939 - 5

Ⅰ.①科… Ⅱ.①光… Ⅲ.①科学工作者—人力资源管理—资源配置—研究 Ⅳ.①G316

中国版本图书馆 CIP 数据核字（2022）第 153088 号

责任编辑：朱明静
责任校对：王京宁
责任印制：王世伟

科技人力资源精准配置与创新研究

光 晖 著

经济科学出版社出版、发行 新华书店经销
社址：北京市海淀区阜成路甲 28 号 邮编：100142
总编部电话：010 - 88191217 发行部电话：010 - 88191522
网址：www. esp. com. cn
电子邮箱：esp@ esp. com. cn
天猫网店：经济科学出版社旗舰店
网址：http://jjkxcbs. tmall. com
北京季蜂印刷有限公司印装
710 × 1000 16 开 17 印张 290000 字
2022 年 11 月第 1 版 2022 年 11 月第 1 次印刷
ISBN 978 - 7 - 5218 - 3939 - 5 定价：68.00 元
（图书出现印装问题，本社负责调换。电话：010 - 88191510）
（版权所有 侵权必究 打击盗版 举报热线：010 - 88191661
QQ：2242791300 营销中心电话：010 - 88191537
电子邮箱：dbts@ esp. com. cn）

本书得到 2022 年宁夏自然科学基金资助项目（2022AAC03261）、国家民委创新团队项目资助

感谢合肥工业大学管理学院对本人在博士教育阶段的培育，感谢恩师吴慈生教授的殷殷关怀与辛勤指导

前　言

党的十九届六中全会明确要求必须抓好后继有人这个根本大计，2021 年中央人才工作会议强调要"全方位培养、引进、用好人才，加快建设世界重要人才中心和创新高地"，[①] 国家"十四五"规划纲要也指出"要加强创新型、应用型、技能型人才培养""壮大高水平工程师和高技能人才队伍""构筑集聚国内外优秀人才的科研创新高地"，科技人力资源及其创新活力将成为"十四五"时期社会价值创造的主导要素之一，特别是我国目前经济发展水平不平衡、社会发展不均衡、高水平人才不足和地区分布差异化是制约我国科技创新与高质量发展的关键因素之一，更要通过提高知识含量较高的科技人力资源配置的精准性和有效性，来激活我国科技人力资源的创新活力。然而，在新时代下对我国科技人力资源和创新型人才的岗位胜任能力进行精准配置和动态化管理、预测其创新行为并精准施策等方面的理论与实践研究还不足，主要体现在缺乏整合科技人力资源的数据库资源平台，科技人力资源培育和配置政策的精准性和区域差别化程度比较低，科技人力资源的培育配置难以适应各个地区科技人力资源长效可持续发展机制的客观要求，在一定程度上制约了我国科技人力资源的精准识别、配置和创新活力的激发等。

随着数智化时代的发展，社会需要的科技人力资源岗位胜任能力正在不断发生变化，电子化人力资源管理、算法技术重塑的在线劳动力市场（刘善仕，2022）、社交网络招聘平台、智能招聘系统、电子就业服务等数智化技术在人力资源管理中的应用程度也在不断加深，使得存储和使用与人力资源配置相关的

---

① 习近平. 深入实施新时代人才强国战略 加快建设世界重要人才中心和创新高地 ［J］. 求是，2021（24）：4 - 15.

知识变得更加智能化和动态化。同时，数据挖掘、机器学习、知识本体、案例推理、个性化推荐等人工智能技术以及云计算、大数据等技术在人文社科领域的广泛应用与发展，存储和使用与科技人力资源精准配置相关的知识将变得更加智能化和个性化。伴随着知识经济时代的到来，科技人力资源作为内生经济增长与企业核心竞争力提升的主要动力，在矛盾多变的职业环境中，面临着职业相关的各种挑战，取得职业成功的难度正在不断增加，科技人力资源需要通过一种智能化的方式及时掌握劳动力就业市场中的岗位胜任能力所需以及变化趋势，并通过积极行为的改变和终身学习的方式来不断地提高自己的胜任能力以及向更好的职业生涯迈进的能力。

同以往传统的投递简历、筛选简历等在线招聘等技术相比，基于本体的科技人力资源精准配置案例推理技术可以为人岗语义匹配提供技术手段支持，可以使科技人力资源精准配置知识智能集成，简化和加快人与岗位的匹配过程，使企业能够根据岗位所处的具体情境属性特征，更加精准、动态、智能、全方位地明确科技人力资源岗位所需的胜任能力特征，并以此为依据来预测和匹配岗位最佳人员，使科技人力资源与岗位时刻保持最佳的配置状态。同时，也使科技人力资源能够及时掌握劳动力就业市场中岗位胜任能力所需，并不断地提高自己的胜任能力，持续保持能够被就业市场雇佣的能力。但是，如何基于数据挖掘、机器学习、知识本体、案例推理、个性化推荐等人工智能技术，构建基于本体（ontology）与案例推理（case－based reasoning，CBR）的科技人力资源精准配置模型，如何开发智能化的科技人力资源精准配置系统，使海量的科技人力资源与其岗位的多重语义资源进行共享与重用并精准测算其相似度，如何利用数智化技术构建整合我国科技人力资源的数据库资源平台以预测科技人力资源能力的供需，如何通过数智化技术实现对我国科技人力资源的精准识别、培育、配置和创新行为的预测，如何建立我国科技人力资源培育、配置与创新激励的长效可持续发展机制是人力资源管理面临的新课题。因此，对基于本体的科技人力资源精准配置案例推理技术进行研究，具有重要的理论意义和应用价值。

本书以本体理论与案例推理理论为基础，立足于科技人力资源精准配置智能化目标，围绕人与岗位知识共享、特征识别、预测和匹配等决策存在的理论与方法展开研究，主要研究内容有以下九个方面。

第一，科技人力资源岗位胜任能力特征本体构建。针对科技人力资源精准配置领域知识的多源、异构、不确定、语义不一致等问题，以互联网 IT 类科技人力资源为例，利用 Python 网络爬虫工具和解霸（Jieba）分词技术收集和分析了海量的企业招聘信息，建立了岗位需求胜任能力特征知识本体模型，实现了雇主需要的岗位需求胜任能力（job demand characteristics）特征知识的统一结构化表述，解决了岗位需求胜任能力特征知识的存储、组织和重用问题，为后续进一步实现基于本体的科技人力资源精准配置案例表示、案例检索和案例推理等知识共享提供了语义基础。

第二，基于本体的科技人力资源精准配置案例表示。根据构建的岗位胜任能力特征领域本体，明确了科技人力资源精准配置案例表示的问题描述—情境描述—解决方案三方面构成要素，定义了科技人力资源精准配置案例本体知识模型，并建立了基于本体的科技人力资源精准配置案例知识建模体系——案例库，实现了对科-技人力资源精准配置案例的统一结构化规范表示，为案例相似度计算和精准匹配以及案例库的有效应用与维护提供了基础。

第三，基于本体的科技人力资源精准配置案例相似度计算与检索。根据科技人力资源精准配置案例表示，对特定岗位问题与情境下的目标案例与案例库中的源案例进行基于概念名称和属性的相似度计算，并根据检索结果绘制特定问题与情境下的岗位最佳匹配者用户画像，作为目标案例的解决方案和企业评价候选人的标准，其相似度计算与检索的质量决定了候选人隐性知识测算与案例推理系统实现的精准性和智能性。

第四，基于案例推理检索结果的岗位候选人隐性知识测算与人才社区开发知识共享。根据科技人力资源精准配置案例推理的检索结果，通过社交网络、工作日志、贝叶斯网络方法，对候选人的性格偏好、工作业务行为、完成特定任务所反映出的隐性知识进行测算与评价，并通过人才社区知识共享平台的开发来优化用户网络结构与职业交流，为科技人力资源精准配置知识共享提供更好的途径，同时，更好地帮助科技人力资源通过终身学习的方式持续保持能够被劳动力市场雇佣的能力。

第五，基于本体的科技人力资源精准配置案例推理系统的设计与实现。在上述研究成果的基础上，结合案例推理系统的工作机制，设计与实现了完整的科技人力资源精准配置案例推理原型系统，基本完成了本书基于本体的科技人力资源精准配置的智能化、动态化、精准化和持续化等研究目的，为科技人力资源精准配置知识预测、特征识别、匹配方案的制定以及匹配后效果评估提供决策支持服务。

第六，宁夏科技人力资源的需求预测与对策研究。通过分析当前宁夏科技创新人才队伍的现状，对人才队伍 2023～2030 年的未来需求数量进行预测，并且结合需求趋势和发展瓶颈提出有针对性的对策建议，促使宁夏能有针对性地引进和培养科技创新人才，确保科技创新人才供需平衡，提升队伍建设水平和质量。

第七，宁夏科技创新能力对经济高质量发展的影响路径。了解科技创新能力与经济高质量的研究现状，分析国内部分区域经济高质量发展的路径和政策；构建科技创新能力与经济高质量发展测量指标体系；根据指标体系，描述宁夏科技创新能力与经济运行现状；探讨宁夏科技创新驱动经济高质量发展的主要问题；提出科技创新驱动宁夏经济高质量发展的路径。

第八，宁夏科技人力资源引才育才政策评价与优化。开展宁夏高质量发展路径研究，探讨新时代下的宁夏引才育才政策制定和实施效果以及对经济高质量发展的影响、新路径、新模式，对发挥宁夏在新时代高质量发展的支撑和引领作用具有重要的理论和实践意义。

第九，基于人才集聚效应的区域协同创新发展的政策建议——以宁夏五市一基地为例。做好新时代人才工作，落实新时代人才强区战略，坚持党对人才工作的全面领导，优化人才发展生态环境，着力发挥银川首府城市的示范效应，打造银川人才创新创业示范城，支持石嘴山、吴忠、固原、中卫四市和宁东基地因地制宜打造区域特色人才聚集地，强化地区间协同、共享、互利的人才合作理念，形成全区人才发展"雁阵"格局。

目　录

第1章　绪　论 ……………………………………………………………… 1

  1.1　研究背景 ……………………………………………………………… 1

  1.2　研究意义 ……………………………………………………………… 4

  1.3　研究结构 ……………………………………………………………… 8

  1.4　研究方法 …………………………………………………………… 11

  1.5　研究创新点 ………………………………………………………… 13

第2章　理论基础与文献综述 ………………………………………… 16

  2.1　科技人力资源相关研究 …………………………………………… 16

  2.2　人力资源精准配置理论相关研究 ………………………………… 17

  2.3　本体理论相关研究 ………………………………………………… 19

  2.4　基于本体的人力资源精准配置相关研究 ………………………… 24

  2.5　案例推理理论相关研究 …………………………………………… 38

  2.6　文献评述 …………………………………………………………… 41

  2.7　本章小结 …………………………………………………………… 45

第3章　科技人力资源岗位需求胜任能力特征本体构建 ………… 46

  3.1　岗位需求胜任能力知识的特征分析 ……………………………… 47

  3.2　雇主需要的岗位需求胜任能力特征知识获取 …………………… 49

  3.3　科技人力资源岗位需求胜任能力特征本体模型构建 …………… 63

  3.4　本章小结 …………………………………………………………… 72

第 4 章　基于本体的科技人力资源精准配置案例表示 ································· 73

4.1　科技人力资源精准配置案例表示构成要素 ··················· 74

4.2　科技人力资源精准配置案例本体知识模型 ··················· 78

4.3　科技人力资源精准配置案例库的构建 ··················· 81

4.4　本章小结 ··· 85

第 5 章　基于本体的科技人力资源精准配置案例检索 ··················· 86

5.1　科技人力资源精准配置案例检索流程和方法 ··················· 86

5.2　基于本体的科技人力资源精准配置案例检索的相似度计算 ··········· 89

5.3　基于用户画像的科技人力资源精准配置案例解决方案的构建 ····· 101

5.4　案例修正与案例学习 ··························· 110

5.5　本章小结 ··· 111

第 6 章　基于案例推理的岗位候选人隐性知识测算与人才社区 开发知识共享 ······································· 112

6.1　基于隐性知识测算的科技人力资源精准配置知识共享 ············· 113

6.2　基于人才社区的科技人力资源精准配置知识共享 ··········· 123

6.3　本章小结 ··· 135

第 7 章　科技人力资源精准配置案例推理系统的设计与实现 ··········· 136

7.1　基于本体的科技人力资源精准配置案例推理系统研究框架 ········ 137

7.2　基于本体的科技人力资源精准配置案例推理系统的实现 ·········· 141

7.3　系统实验验证 ······································· 146

7.4　本章小结 ··· 146

第 8 章　宁夏科技人力资源的需求预测与对策研究 ··················· 148

8.1　科技人力资源的需求预测及需求趋势分析 ··················· 149

8.2　宁夏科技人力资源需求趋势分析 ··················· 155

8.3　实现科技人力资源未来需求趋势的优劣势分析 ⋯⋯⋯⋯⋯⋯ 156

第9章　宁夏科技人才创新能力对经济高质量发展的影响路径研究 ⋯⋯⋯ 161
　　9.1　科技创新能力与经济高质量发展研究现状分析 ⋯⋯⋯⋯⋯⋯ 163
　　9.2　科技创新能力与经济高质量发展测量指标体系构建 ⋯⋯⋯⋯ 169
　　9.3　宁夏科技创新能力对经济高质量发展影响的现状 ⋯⋯⋯⋯⋯ 175
　　9.4　科技创新能力与经济高质量发展指标评价结果分析 ⋯⋯⋯⋯ 177
　　9.5　科技创新能力与经济高质量发展水平耦合协调度测算 ⋯⋯⋯ 195
　　9.6　宁夏科技创新能力促进经济高质量发展面临的挑战 ⋯⋯⋯⋯ 204
　　9.7　宁夏促进科技创新能力驱动经济高质量发展的路径分析 ⋯⋯⋯ 206

第10章　高质量发展背景下宁夏科技人力资源引才育才政策评价
　　　　　与优化研究 ⋯⋯⋯⋯⋯⋯⋯⋯⋯⋯⋯⋯⋯⋯⋯⋯⋯⋯⋯ 213
　　10.1　宁夏引才育才政策制定的现状分析 ⋯⋯⋯⋯⋯⋯⋯⋯⋯ 214
　　10.2　高质量发展背景下引才育才政策评价指标体系的构建 ⋯⋯ 217
　　10.3　高质量发展背景下宁夏引才育才政策评价的结果分析 ⋯⋯ 221
　　10.4　高质量发展背景下宁夏引才育才政策面临的风险 ⋯⋯⋯⋯ 226
　　10.5　高质量发展背景下宁夏引才育才政策优化的路径 ⋯⋯⋯⋯ 228

第11章　基于人才集聚效应的区域协同创新发展的政策建议
　　　　　——以宁夏五市一基地为例 ⋯⋯⋯⋯⋯⋯⋯⋯⋯⋯⋯⋯ 230
　　11.1　全力构建人才强区"雁阵"新格局 ⋯⋯⋯⋯⋯⋯⋯⋯⋯ 230
　　11.2　重点打造银川人才创新创业示范城 ⋯⋯⋯⋯⋯⋯⋯⋯⋯ 235
　　11.3　深化产才融合机制 ⋯⋯⋯⋯⋯⋯⋯⋯⋯⋯⋯⋯⋯⋯⋯ 235
　　11.4　构建"一核多园"人才"双创"大平台 ⋯⋯⋯⋯⋯⋯⋯ 235
　　11.5　引导人才合理流动 ⋯⋯⋯⋯⋯⋯⋯⋯⋯⋯⋯⋯⋯⋯⋯ 236

第 12 章　总结与展望 ·· 238

　12.1　总结 ·· 238

　12.2　研究不足与展望 ·· 241

附　录 ·· 245

参考文献 ·· 248

第1章 绪 论

1.1 研究背景

2021 年中央人才工作会议强调要"全方位培养、引进、用好人才，加快建设世界重要人才中心和创新高地"，[①] 国家"十四五"规划纲要也指出"要加强创新型、应用型、技能型人才培养，实施知识更新工程、技能提升行动，壮大高水平工程师和高技能人才队伍"，科技人力资源及其创新活力将成为"十四五"时期社会价值创造的主导要素之一，特别是我国经济发展水平相对不均衡，高水平人才的缺乏是制约我国科技创新与高质量发展的关键因素之一，更要通过提高知识含量较高的科技人力资源配置的精准性和有效性，激活我国科技人力资源的创新活力。然而，新时代对我国科技人力资源和创新型人才的岗位胜任能力进行精准配置和动态化管理、预测其创新行为并精准施策等方面的理论与实践研究还不足，主要体现在缺乏整合我国科技人力资源的数据库资源平台，科技人力资源培育和配置政策的精准性和区域差别化程度比较低，科技人力资源的培育配置难以适应我国科技人力资源长效可持续发展机制的客观要求，在一定程度上制约了我国科技人力资源的识别、配置和创新活力的激发等。

随着数智化时代的发展，社会需要的科技人力资源岗位胜任能力正在不断发生变化，电子化人力资源管理、算法技术重塑的在线劳动力市场（刘善仕，2022）、社交网络招聘平台等数智化技术在人力资源管理中的应用程度也在不断加深，使得存储和使用与人力资源配置相关的知识变得更加智能化和动态化。

---

① 习近平. 深入实施新时代人才强国战略 加快建设世界重要人才中心和创新高地［J］. 求是，2021（24）：4－15.

因此，如何利用数智化技术构建整合我国科技人力资源的数据库资源平台以预测科技人力资源能力的供需，如何通过数智化技术实现对我国科技人力资源进行精准识别、培育、配置和创新行为的预测，如何建立我国科技人力资源培育、配置与创新激励的长效可持续发展机制，是"十四五"时期人力资源管理研究的重要问题。

第一，现代管理要求通过精准预测与匹配使人与岗位时刻保持最佳的配置状态。在新的时代中，人力资本作为一种知识资本正在逐渐超越物质资本，成为推动社会经济发展最稀缺的资源之一，人才随着企业的发展也在不断增值，并越来越处于核心地位。同时，随着管理科学研究的不断深入，人力资源管理已经成为工商管理学科中最重要的研究方向之一，尤其是知识含量较高的科技人力资源的精准配置，对社会和企业人力资源管理的研究和企业的可持续发展具有重要的理论与实践意义，完整科学的人力资源管理体系是企业保持核心竞争力的关键。科技人力资源精准配置的核心是通过科学的人才选拔录用、培训、评价、激励等方式，将合适的科技人才放到合适的岗位上去，使整个社会和企业的岗位与人才高度匹配、高效运转，实现岗位生产效率最大化的同时，实现人才价值效用最大化，并且需要通过精准的预测以动态调整、持续保持这种高度的匹配状态，才能实现人与岗位时刻保持配置的最佳状态，同时，也能使社会和企业最大限度地调动人才的工作积极性，提高组织的运行效率。

对组织知识型员工具备的胜任能力素质与岗位胜任能力要求进行精准的预测与匹配是一个双向的、动态的过程，企业在这一动态变化的过程中采用何种方法来提高预测与匹配的精准性，是需要考虑的重点难题。当前，越来越多的企业通过各种形式的网络招聘和测评手段来解决这一问题，但是，在网络招聘的过程中，求职者简历、在线测评、求职者咨询等数据呈指数级增长，传统的关键词搜寻方法无法精准获取和识别潜在候选人。与此同时，在实际的人岗匹配工作中，工作环境、岗位职责、任职资格、绩效薪酬、工作权限等反映岗位胜任能力的数据也在大量产生，传统的岗位胜任能力分析方法如参差分析法、因子分析法等存在一定的主观性，阻碍了人岗匹配中岗位胜任能力特征获取和识别的准确性。因此，如何高效地分析人岗匹配中岗位胜任能力需求获取过程中产生的海量数据，并与人员胜任能力素质特征进行精准预测与匹配，使人与岗位时刻保持最佳的配置状态，是现代企业管理中进行人岗匹配面临的一个挑战。

第二，知识经济时代的到来使知识型员工面对的职业成功方面的挑战正在不断增加。随着知识经济时代的到来和全球经济一体化进程的加快，知识型员工作为内生经济增长与企业核心竞争力提升的主要动力，在矛盾多变的职业环境中，面临着职业相关的各种挑战，取得职业成功的难度正在不断增加，例如，由于全球老龄化现象严重导致的劳动力市场竞争加剧、知识型员工具有的专业能力过时有可能会使其在短时期内被社会淘汰、没有能力去选择其他更合适的工作场所等，面对劳动力就业市场的这些挑战，如何使自己时刻保持具有被就业市场雇佣的能力是当今社会知识型员工的一大担忧。

面对这些挑战与担忧的同时，知识型员工的自我管理和自我学习意识正在逐步增强，他们更加注重对自身能力不断提升的追求和自我价值的实现。知识型员工需要通过各种渠道及时掌握劳动力就业市场中所需的岗位胜任能力以及变化趋势，并通过积极行为的改变来不断地提高自己的胜任能力，使自己时刻保持能够被劳动力市场雇佣的能力以及向更好的职业生活迈进的能力。因此，为知识型员工掌握劳动力就业市场中的岗位胜任能力以及变化趋势提供渠道和工具，就成为我们必须面对的现实问题。

第三，人工智能技术的日渐成熟使人岗匹配知识共享变得更加智能化与个性化。目前，数据挖掘、机器学习、知识本体、案例推理、个性化推荐等人工智能（artificial intelligence，AI）技术以及云计算、大数据等技术正在逐渐被引入人文社科领域的研究中，并得到了广泛的应用与发展，已经有许多人工智能产品被应用于人力资源管理特别是招聘领域中，例如，聊天机器人、IBM 的候选人助理 AI 解决方案等能够提高人岗匹配的精准度；Ideal 能够智能筛选和挖掘候选人；基于 AI 的 HRMIS 系统能够很好地实现员工档案的科学管理；利用数据挖掘，能够精准定位企业所需的目标人才；基于语音识别、情绪识别和文本机器人等 AI 技术能够帮助提高面试的专业性；基于人工智能开发的招聘系统——TIC 和中华人才图谱，能够实时追踪目标候选人的动态，快速掌握目标人才的分布，并且能够绘制全面技能图谱，构建人才关系图（肖兴政，2018）。随着人工智能技术的日渐成熟，电子化人力资源管理、智能招聘系统、社交网络的应用、电子就业服务平台等在人岗匹配中的应用程度正在不断加深，人岗匹配知识管理与服务将更加智能化和个性化。在这一背景下，如何构建模型使海量的人与岗位的多重语义资源能够进行共享与重用并精准测算其相似度，是人岗匹配智能化的关键，而基于本体的案例推理技术可以为人岗语义匹配提供技术手段支持。

本体（ontolog）是近年来计算机及其他领域比较热门的一个研究内容，也越来越多地被应用于社会科学的研究领域中，如教育评价、电子商务、法律信息系统等领域，很多研究团队认为本体是代表知识的最合适的模型结构。20 世纪 90 年代以来，研究学者从各自的专业领域出发对本体的理论和应用进行了深入探讨，取得了一些成果，本体的理论和应用研究逐渐成熟。本体在知识组织中能够使逻辑表达语言自然化，促进隐性知识的显性化；构建领域知识本体模型，是目前各专业领域解决多源异构、实现知识共享和重用的一种主要方法；领域本体能够描述特定领域的基本概念、组织结构、实体活动原理以及主要活动之间的关系，本体服务中的语义模型是为用户提供智能化、个性化服务的基础。

同以往传统的投递简历、筛选简历等在线招聘等技术相比，基于本体的案例推理技术可以使人岗信息快速智能化关联和匹配，便于管理者智能在线检索与推荐，简化和加快人与岗位的匹配过程，并且能够提供关于人员与岗位的更多信息，从而为管理者提供更广泛和精准的人员信息，在实现智能推理的过程中，为管理者提供个性化的、持续的、动态的、精准的员工智能推荐服务。将本体技术融入案例推理中，通过基于本体的案例推理实现组织人岗匹配的智能化和个性化。

1.2 研究意义

智能化、数据化研究技术在科技人力资源精准配置中的应用，是信息化时代人工智能与大数据发展在人力资源管理中应用的必然趋势，也是科技人力资源精准配置的迫切需求。近年来，学术界对人工智能与大数据背景下人力资源管理的影响与发展给予了极大的关注，刘善仕等（2018）基于数据类型和研究问题层次构建了人力资源大数据的研究框架，并对未来可以基于人力资源大数据进行研究的方向进行了展望，运用人工智能和大数据技术进行人力资源管理研究已经成为学术界重要的研究方向。伴随着现代管理学研究的不断深入，本体与案例推理技术的研究也会持续升温，本体作为重要的智能化知识管理与知识服务系统的方法，为人力资源管理研究打开了一个新的研究方向，将会在科技人力资源精准配置与预测方面发挥重要的作用，同时也为人力资源管理领域提供了重要的研究课题。

本书以我国科技人力资源的精准配置与创新行为预测为研究点，以复杂性理论、人力资本理论、知识组织理论、知识本体理论、人岗匹配理论为基础，基于数据挖掘、知识本体、机器学习、仿真实验等技术构建不同人才类型、不同人才层次、不同地区的科技人力资源能力特征本体数据库，以预测科技人力资源的供给和需求能力，为我国科技人力资源的精准配置、创新激励政策和长效可持续发展机制提供建议和支撑体系。

1.2.1 理论意义

第一，以数据挖掘技术构建领域本体模型的视角研究科技人力资源精准配置的智能决策问题和创新行为的预测问题，丰富了人力资源管理领域本体知识的理论体系。本书力图构建包括专门人才、专业技术人员、科技活动人员、R&D 人员、科学家和工程师在内的涉及 26 种职类、76 种职位的我国科技人力资源岗位需求胜任能力特征本体模型，以解决社会需要的科技人力资源岗位需求胜任能力特征与其实际具备的胜任素质特征存在的语义不一致、知识异构而导致的匹配精准度受限的问题，并试图构建基于本体的科技人力资源精准配置数据库与创新行为预测智能决策支持系统，以此来扩展知识本体和人岗匹配的相关理论，进一步丰富人力资源管理领域本体知识理论体系。同时，本书所采用的数据挖掘、知识本体、机器学习等大数据、智能技术，推动了人力资源管理与新一代信息技术的交叉融合研究。

第二，探究我国科技人力资源能力供给与需求的特殊性和地域差异性，为我国各级政府建立科技人力资源能力评价体系、相关政策、评价方法提供理论依据。本书力图利用大数据分析我国科技人力资源需求与供给能力的特征和地域差异性，构建我国分层、分类、分区域的科技人力资源胜任能力模型和人才数据库，对我国科技人力资源供需进行精准预测，并对培育与配置的方向、目标、重点提供科学的理论指导和对策建议，为我国各级政府建立科技人力资源能力评价体系、相关政策、评价方法提供理论依据，为出台相关规划、决策、项目提供参考。

（1）丰富了人力资源管理领域本体知识理论体系。科技人力资源精准配置领域属于人力资源管理领域，也属于管理学学科门类，其中涉及本体方面的应用比较广泛，既存在静态的本体，也存在不断变化的动态本体，涉及的知识比较繁杂。在这一领域中，信息资源的本体技术应用比较广泛，其中存在的本体语义异构问题也比较突出，这已经成为该领域信息资源实现共享与应用的主要障碍之一。本书在基于知识本体的相关技术研究的基础上，力图构建科技人力资源的岗位需求胜任能力特征领域本体模型，来解决雇主需要的科技人力资源岗位需求胜任能力特征和人员实际具备的胜任素质特征存在的语义不一致、知识异构而导致的匹配精准度受限的问题，并试图构建基于本体的科技人力资源精准配置案例推理系统，以此来扩展知识本体和科技人力资源精准配置的相关理论，进一步丰富人力资源管理领域本体知识理论体系。

（2）推动了人力资源管理与大数据、人工智能等新一代信息技术的深度结合。2019 年，罗万等在《自然》（Nature）杂志中确立了机器行为学作为一个新的跨学科的科学研究领域而诞生，它将计算机科学研究扩展至行为科学研究中（Rahwan et al. 2019）。人力资源管理作为一门管理学科，主要研究工作环境中个体、群体、组织的工作行为，通过研究人的动机、爱好、性格、心理机制等，来探索如何激发人的工作积极性以提高劳动生产率，改善并协调人与人之间的关系，缓和劳资矛盾等。本书所要研究的科技人力资源精准配置中涉及的岗位需求胜任能力特征的获取、识别、预测，以及岗位候选人隐性知识的测算、根据人的兴趣爱好推荐人才社区等，都属于人力资源管理研究的范畴。本书为了实现研究的目的，利用基于网络爬虫获取海量数据来构建本体模型、构建用户画像的解决方案，基于社交网络和贝叶斯网络获取隐性知识，基于本体的案例推理系统及人才社区的开发等大数据、人工智能技术，推动了人力资源管理与大数据、人工智能等新一代信息技术的深度结合。

第三，为人岗精准匹配案例推理提供理论基础。组织中的科技人力资源精准配置主要涉及雇主需要的科技人力资源岗位需求胜任能力特征和科技人力资源具备的人员胜任素质特征的匹配，而科技人力资源精准配置案例则涉及目标案例与源案例的岗位需求胜任能力特征的识别与匹配。但是，科技人力资源的岗位需求胜任能力特征和人员实际具备的胜任素质特征，以及目标案例与源案例的岗位需求胜任能力特征知识之间往往存在语义不一致、知识异构而导致匹配精准度受限的问题，要实现科技人力资源精准配置的案例推理，必须形成一个统一的标准来对目标案例与源案例的岗位需求胜任能力特征知识进行描述和总结。因此，本书在本体理论与案例推理理论研究的基础上，根据构建的科技人力资源的岗位需求胜任能力特征领域本体模型，统一地、形式化规范地表示了科技人力资源精准配置案例的岗位需求胜任能力特征领域术语概念、属性、关系等，建立了基于本体的科技人力资源精准配置案例知识建模体系——案例库，来解决科技人力资源精准配置领域知识多源异构的问题，实现知识的共享和重用，为人岗精准匹配案例推理提供理论基础。

1.2.2 实践意义

1. 提升科技人力资源配置的精准度

本书通过构建雇主需要的岗位胜任能力特征知识本体模型，以及基于知识本体的科技人力资源精准配置案例推理系统，使企业能够根据岗位所处的具体情境属性特征，精准、动态、全方位地明确科技人力资源岗位所需的胜任能力特征。根据案例推理的结果对科技人力资源岗位候选人的隐性知识的测算与评价，进一步提高科技人力资源精准配置的精准性，通过科学的方法来提高科技人力资源精准配置的精度和广度，从而为企业经营者决策提供依据。

2. 帮助科技人力资源持续保持被雇佣的能力

通过构建的基于本体的科技人力资源精准配置案例推理系统，能够使科技人力资源结合自身情况及时掌握劳动力就业市场中岗位胜任能力所需，并通过积极行为的改变来不断地提高自己的胜任能力，实现终身学习，使科技人力资源持续保持能够被劳动力市场雇佣的能力以及向更好的职业生活迈进的能力。

3. 实现科技人力资源精准配置动态化智能化决策

本书主要探讨了社会语义技术如何帮助人们基于大量实时数据的综合分析，通过知识的开发来对科技人力资源岗位胜任能力特征与人员具备的胜任能力素质进行科学的预测与匹配，使科技人力资源与其岗位时刻保持最佳的配置状态。同时，根据科技人力资源精准配置的结果，企业可以及时调整工作岗位、晋升制度和薪资福利等，使员工队伍始终保持良好的工作状态。而科技人力资源作为企业创新活动的重要参与者，面对劳动力市场对科技人力资源特别是高级科技人力资源的巨大需求，挖掘这类人员的胜任能力素质知识，并构建科技人力资源胜任能力素质本体，是实现企业人岗精准化、智能化、持续化匹配的关键。

4. 优化人才社区用户网络结构和职业交流

通过社交网络构建的基于本体的人才社区知识共享平台，逐渐形成以领域为核心的用户兴趣网络，支持科技人力资源进行终身学习，能够有效地帮助求职者在特定的虚拟学习环境中根据自己的行为活动和学习活动情况来找到合适的工作，帮助他们在当今复杂多变的环境下拥有随时被雇佣的能力，使多元视角下的虚拟社区知识交流效果得到全面提升，优化了人才社区用户网络结构和职业交流。

1.3 研究结构

本书在分析知识本体的构建、案例推理的基本理论和方法的基础上，探讨雇主需要的岗位胜任能力特征领域本体、科技人力资源精准配置案例推理系统及其候选人隐性知识测算、基于本体的人才社区开发等内容，为研究人与岗位的精准化、智能化、动态化、持续化匹配提供理论和方法支持。本书主要通过

12 个章节的内容进行研究。

第 1 章：绪论。主要阐述了本书的研究背景和研究意义，介绍了本书的研究方法，并分析了本书研究的研究结构，选择了科学合适的研究技术路线，绘制了本书研究的研究结构图。

第 2 章：理论基础与文献综述。对本书的研究对象即科技人力资源的概念、内涵、特点进行了介绍，界定相关研究对象的外延边界，并根据研究方法与研究对象的特点，论述了本书研究选择的理论依据，包括科技人力资源精准配置理论、本体理论、基于本体的科技人力资源精准配置相关理论、案例推理以及科技人力资源相关研究。对国内外相关研究现状进行了梳理和述评，分析了本书研究存在的不足和本书研究的问题与方向。

第 3 章：科技人力资源岗位需求胜任能力特征本体构建。对雇主需要的岗位胜任能力知识的特征进行了分析，通过数据挖掘和中英文分词技术从招聘广告中获取雇主需要的岗位需求胜任能力特征知识，在此基础上构建了雇主需要的岗位需求胜任能力特征知识体系，并建立了科技人力资源岗位需求胜任能力特征本体模型，包括本体类、概念、属性、公理和实例的构建，为科技人力资源精准配置案例推理提供了语义一致性的基础。

第 4 章：基于本体的科技人力资源精准配置案例表示。在构建的岗位需求胜任能力特征知识本体的基础上，确定了科技人力资源精准配置案例表示由岗位问题描述、情境描述、解决方案三大要素构成，构建了科技人力资源精准配置案例本体知识模型，包括案例的概念、关系、公理和实例。建立了科技人力资源精准配置案例库，确定了案例的形式化表示内容与存储。

第 5 章：基于本体的科技人力资源精准配置案例检索。根据确定的科技人力资源精准配置案例统一的形式化表示，研究了目标案例与源案例的相似度计算方法，通过基于概念名称和属性的相似度计算以及相似度阈值设定，提取相似案例集，根据相似案例集的岗位胜任能力特征绘制最佳匹配者用户画像，作为目标案例的解决方案和评价候选人的标准。

第 6 章：基于案例推理的岗位候选人隐性知识测算与人才社区开发知识共享。通过社交网络、工作日志等途径，以及贝叶斯网络等方法，根据科技人力资源精准配置案例推理检索结果绘制的岗位最佳胜任者用户画像，对候选人的相关岗位胜任能力知识，特别是性格偏好、工作业务行为、完成特定任务反映出的隐性知识等进行精准测算与评价，以匹配出最适合的岗位候选人，并且通过人才社区的开发，为科技人力资源精准配置知识共享提供一个更好的途径。

第7章：科技人力资源精准配置案例推理系统的设计与实现。在前面研究成果的基础上，通过构建基于本体的科技人力资源精准配置案例推理系统模型和案例推理系统推理的工作机制，设计与实现了智能化的科技人力资源精准配置案例推理的系统机器运行界面，并进行实验应用。

第8章：宁夏科技人力资源的需求预测与对策研究。通过分析当前宁夏科技创新人才队伍的现状，对人才队伍2023～2030年的未来需求数量进行预测，并且结合需求趋势和发展瓶颈提出对策建议，促使宁夏能有针对性地引进和培养科技创新人才，确保科技创新人才供需平衡，提升队伍建设水平和质量。

第9章：宁夏科技人才创新能力对经济高质量发展的影响路径研究。了解科技创新能力与经济高质量的研究现状，分析国内部分区域经济高质量发展的路径和政策；构建科技创新能力与经济高质量发展测量指标体系；根据指标体系，描述宁夏科技创新能力与经济运行现状；探讨宁夏科技创新驱动经济高质量发展的主要问题；提出科技创新驱动宁夏经济高质量发展的路径。

第10章：高质量发展背景下宁夏科技人力资源引才育才政策评价与优化研究。开展宁夏高质量发展路径研究，探讨新时代下的宁夏引才育才政策制定和实施效果以及对经济高质量发展的影响、新路径、新模式，对发挥宁夏在新时代高质量发展的支撑和引领作用具有重要的理论和实践意义。

第11章：基于人才集聚效应的区域协同创新发展的政策建议——以宁夏五市一基地为例。做好新时代人才工作，落实新时代人才强区战略，坚持党对人才工作的全面领导，优化人才发展生态环境，着力发挥银川首府城市的示范效应，打造银川人才创新创业示范城，支持其他四市和宁东基地因地制宜打造区域特色人才聚集地，强化地区间协同、共享、互利的人才合作理念，形成全区人才发展"雁阵"格局。

第12章：总结与展望。总结本书的主要研究工作和结论，给出研究的创新点，并提出本书研究的不足之处，以及对未来研究的建议与展望。

总体来说，本书的研究对象是科技人力资源的智能精准配置与预测，采取了数据挖掘、本体案例推理以及数学建模的研究方法，通过对科技人力资源精准配置、本体、案例推理以及科技人力资源等相关理论与概念的梳理与述评，探讨如何构建模型以实现智能化的科技人力资源精准配置系统。首先，通过网络爬虫工具 Python 与自然语言处理技术对海量招聘信息进行数据挖掘与分析，使用 Protégé 软件构建雇主需要的岗位需求胜任能力特征领域本体，为科技人力资源精准配置案例表示提供本体语义基础；其次，利用构建的岗位需求胜任能力特征领域本体对科技人力资源精准配置案例进行统一的知识表示，形成科技人力资源精准配置案例库，为科技人力资源精准配置案例检索与相似度计算提供语义基础；再次，根据科技人力资源精准配置案例的统一知识表示与科技人力资源精准配置案例库，基于概念名称与属性对科技人力资源精准配置案例进行相似度计算和检索，并绘制目标案例解决方案的用户画像，完成科技人力资源精准配置案例推理；又次，根据解决方案用户画像的胜任能力全貌，利用社交网络、工作日志和贝叶斯网络等对候选人隐性知识与显性知识进行测算与评价，实现科技人力资源精准配置的精准匹配，开发人才社区知识共享平台，帮助企业全面了解候选人，同时也帮助候选人时刻保持被雇佣的能力；最后，将此四部分的研究成果以应用系统的形式予以实现，实现人与岗位知识共享、特征识别、预测和匹配等。本书的组织结构如图 1.1 所示。

1.4 研究方法

本书基于工商管理研究的规范研究方法，并涉及计算机科学、社会学、信息科学、心理学、统计学等领域的理论与方法，在梳理和分析国内外现有研究文献的基础上，利用本体、科技人力资源精准配置和案例推理等理论，参考借鉴国内外关于本体构建与案例推理的最新研究成果，综合运用各种数据挖掘、数学建模与分析的方法，对本书研究主题进行深入的探讨。具体研究方法如下：

第一，文献研究法。本书将充分利用各种科研文献资料，包括国内外期刊

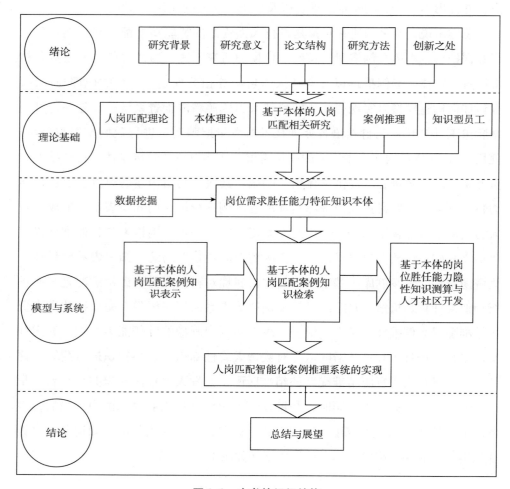

图 1.1　本书的组织结构

资料来源：笔者根据研究内容整理。

研究、会议研究、专著以及网络信息等，对国内外关于本体、科技人力资源精准配置、案例推理、科技人力资源等理论及其方法的最前沿研究作出系统梳理、分析与归纳，文献研究主要涵盖了本体的内涵，重点关注了本体构建的相关理论；科技人力资源精准配置的内涵以及科技人力资源精准配置的测量方法；科技人力资源精准配置本体技术的内涵、基于本体技术的科技人力资源精准配置理论，重点关注了基于人力资源管理领域的人岗本体智能匹配研究、基于组织能力管理的人岗本体智能匹配研究以及基于招聘与就业的人岗本体智能匹配研究；案例推理的内涵、方法、应用领域，重点关注了案例推理的过程；科技人力资源的含义和分类。通过文献研究，提出了本书的研究方向，并为构建理论模型框架和系统研究奠定基础。

第二，数据挖掘与本体案例推理法。利用网络爬虫工具挖掘与分析在线招聘广告和在线简历数据是人力资源管理领域大数据研究的热点，例如，刘善仕等（2017）根据爬取的领英（中国）职业社交网站的人才简历数据，构建了一个新颖的由人员流动而形成的企业人力资本社会网络。本书利用基于 Python 等编程语言的网络爬虫数据挖掘方法和自然语言处理的解霸（Jieba）中英文分词工具，来获取海量的招聘广告数据信息，并实现对算法的可行性验证，运用 Protégé 软件构建本书研究的领域本体与模型，通过对科技人力资源精准配置案例的统一规范化表示和相似度计算，实现基于本体的科技人力资源精准配置案例推理。

第三，数学建模方法。本书利用本体建模方法构建岗位胜任能力本体模型，建立科技人力资源精准配置案例知识模型体系，利用基于概念名称和属性的相似度计算方法对科技人力资源精准配置的目标案例与源案例进行相似度计算与检索，以获取科技人力资源精准配置的相似案例集，运用 TF – IDF 算法提取用户特征来构建用户画像。

第四，实证研究法。在提出构建人才社区知识共享平台的基础上，为调查人才社区平台是否适合当今社会的文化、价值观、人才发展和学习需要，以及验证平台理念的可行性和实用性，本书采用问卷调查的实证研究方法，对高校毕业生、高校教师、企业员工和招聘人员进行了问卷调查。借助 SPSS 统计分析软件对调查结果进行了探索性因子分析，以探讨人才社区平台理念的可行性、实用性和可发展性。实证分析对平台开发的检验，确保了研究过程和结论在逻辑上的完整可靠。

1.5　研究创新点

本书研究的基于本体的科技人力资源精准配置案例推理系统主要的创新点

在于以下四个方面。

第一，在本体理论研究和数据挖掘与分析的基础上，提出了岗位胜任能力特征领域本体模型。科技人力资源的岗位需求胜任能力特征和人员实际具备的胜任素质特征往往存在语义不一致、知识异构而导致匹配精准度受限的问题，本书利用先进的网络爬虫工具，在基于大量数据收集和分析的基础上，构建了科技人力资源的岗位需求胜任能力特征领域本体模型，定义了岗位需求胜任能力特征领域统一的术语概念、属性、关系、实例等，以此来解决科技人力资源精准配置领域多源异构的问题，实现知识的共享和重用，为科技人力资源精准配置案例推理系统的构建提供了语言基础，为岗位需求胜任能力特征的智能化、信息化识别和科技人力资源精准配置的精准化提供了理论基础。

第二，通过规范化的案例知识表示的研究，建立了基于本体的科技人力资源精准配置案例知识建模体系，即科技人力资源精准配置案例库，并利用相似度计算方法实现对案例的检索与匹配。将本体技术与案例推理技术相结合，根据本书构建好的岗位胜任能力特征本体模型，按照科技人力资源精准配置案例知识表示的"问题描述、情境描述、解决方案"三个部分的构成要素，对科技人力资源精准配置案例知识进行了统一的规范化表示，形成了基于本体的科技人力资源精准配置案例知识建模体系——科技人力资源精准配置案例库，使知识推理和案例推理形成互补，为科技人力资源精准配置案例的相似度计算与精准匹配提供了基础，为案例库的修正与维护提供了保障，有利于科技人力资源精准配置案例推理系统的持续更新和知识服务。通过概念名称与属性相似度计算方法，获取目标案例的相似案例集，并详细探讨了利用用户画像的方式构建目标案例的解决方案。

第三，开发了基于案例推理结果的岗位候选人隐性知识测算方法与人才社区知识共享平台，提高了科技人力资源精准配置的精准性，并使科技人力资源通过终身学习的方式持续拥有被就业市场雇佣的能力，以迈向更好的职业生活。本书根据基于本体的科技人力资源精准配置案例推理检索结果绘制了目标案例的解决方案，初步研究了通过社交网络、工作日志等途径，以及贝叶斯网络的方法，对候选人的相关岗位胜任能力知识，特别是性格偏好、工作业务流程行为、完成特定任务等反映出的隐性知识进行精准测算与评价，以实现科技人力资源精准配置隐性知识的共享，来达到根据用户画像匹配出最适合的岗位候选人的目的。同时，为了更好地实现人与岗位的长期性和动态性匹配，使科技人力资源时刻保持被劳动力市场雇佣的能力，本书还提出了人才社区开发的构想，通过优化人才社区用户网络结构和职业交流，为科技人力资源精准配置知识共享提供了一个更好的途径。

第四，根据基于本体的案例知识表示与相似度计算研究，设计并实现了基于本体的科技人力资源精准配置智能案例推理原型系统，帮助科技人力资源与岗位时刻保持最佳的配置状态。在领域本体构建、案例知识表示、案例检索、候选人隐性知识测算与人才社区开发的研究基础上，本书构建了科技人力资源精准配置案例推理系统模型，探讨了案例推理系统的工作机制，将基于本体的案例知识表示、案例检索以及候选人隐性知识测算的研究成果通过人机交互的运行界面予以设计和实现，为科技人力资源精准配置知识预测、特征识别、匹配方案的制定以及匹配后效果评估提供决策支持服务，实现了本书基于本体的科技人力资源精准配置的智能化、动态化、精准化、持续化研究目的，同时，根据科技人力资源精准配置的结果，企业可以及时调整工作岗位、晋升制度和薪资福利等，使员工队伍始终保持良好的工作状态。

第 2 章　理论基础与文献综述

本章内容将介绍关于科技人力资源、本体理论、基于本体的人力资源精准配置、案例推理理论、科技人力资源与人力资源精准配置五个方面的内容，对相关研究内容的国内外文献进行了梳理与述评，为本书研究提供了理论基础。

2.1　科技人力资源相关研究

2.1.1　科技人力资源的内涵

经济合作与发展组织（OECD）于 1995 年在《科技人力资源手册》中提出了科技人力资源是指正在从事或有潜力从事科技活动的人员，即完成自然科学相关专业高等教育的人员，或虽然不具备上述资格，但从事通常需要上述资格的科技职业或科技活动的人员，既包括掌握核心关键技术和引领产业发展的高层次领军人才，也包括各行各业规模宏大的具备一定知识和科学素养的普通科技人才；既包括主要从事研究开发的科学家、工程师，也包括宽泛意义上从事科技知识产生、发展、传播、转化、应用和管理等相关活动的人员。

2.1.2　科技人力资源的分类

中国科技人力资源统计主要包括专业技术人员（李燕萍，2008）、R&D 人员（于东华和田双，2019；肖振红和范君荻，2019）、科技活动人员（陈晓红等，2007）、科研人员和工程师（王奋和韩伯棠，2006）等指标。李国富和汪宝进（2011）认为科技人力资源包含科技活动人员、R&D 人员、大中型企业中的专业技术人员、高校研究人员四类。本书基于 OECD《科技人力资源手册》中提出的科技人力资源内涵的界定，借鉴国内学者对科技人力资源的分类构成

研究，将科技人力资源划分为专门人才、专业技术人员、科技活动人员、R&D
人员、科学家和工程师。

2.2 人力资源精准配置理论相关研究

2.2.1 人力资源精准配置的内涵

人力资源精准配置的思想最早由科学管理理论的三位创始人泰勒、法约尔
和韦伯于 20 世纪初提出，他们分别从不同程度、不同视角研究了关于员工的能
力与岗位要求之间相互匹配的问题，并向人们揭示了人力资源精准配置思想的
必要性和重要性，这也为本书进一步探讨科技人力资源精准配置相关理论提供
了思想依据。学者们基于不同的研究视角，对人力资源精准配置的内涵形成了
不同的认识与理解，最有影响的研究是施耐德等 1995 年提出的吸引—挑选—磨
合（attraction – selection – attrition）框架，施耐德等认为该框架的三个相互关联
的动态过程的结果决定了组织中的人员类型，并决定了组织的特性，即组织的
结构、流程和文化，即人与组织之间因为具有相似性而相互吸引（Schneider et
al.，1995）。布朗（Brown，1996）在总结前人研究的基础上对人与组织之间匹
配的概念进行了整合，构建了匹配的整合模型，该模型对于互补匹配和一致匹
配、需求—能力观点和需要—供给观点进行了整合，认为人与组织是需要密切
相关的。学者们关于人力资源精准配置的研究表明，人力资源精准配置的含义
从广义来说既包括人与岗位的匹配，也包括人与团队、人与组织的匹配。

本书从人力资源管理视角出发，采用欧（Oh，2014）对人力资源精准配置
的界定，即人力资源精准配置涵盖了岗位所需与个人能力相匹配、个人需求与
岗位薪酬供给相匹配两个方面，既包含了员工具备的知识、素质、技能与岗位
所需的要求相匹配，或者工作岗位能够提供满足员工需求和愿望的薪酬与员工
工作付出相匹配，又包含了个人属性和组织的特征之间的匹配。人力资源精准
配置思想的提出、运用和推广，不仅提升了管理理论研究的水平，同时也为管
理理论在实践中的具体操作提供了应用方法。

2.2.2 人力资源精准配置的测量方法

在人力资源精准配置的研究中，匹配度的计算方法始终是研究的热点问题。较早关于人力资源精准配置测量研究的有詹姆斯（James，1984），他认为个体在岗位匹配度上存在的差异反映了岗位中不同人员对岗位的特征属性理解存在真实的差异，因此，在人力资源精准配置研究中必须要注意不同人员对岗位特征属性评价结果之间的一致性，对于控制匹配测量误差的研究是人力资源精准配置研究的一项重要任务。施密特和亨特（Schmidt & Hunter，1996）在研究中提出了一些根据统计方法和研究设计来区分和控制测量误差的方法。

一些学者从影响因素角度研究了人力资源精准配置的测量，芮妮（Ryne，1991）认为个体可以通过与公司内其他员工的非正式接触以及应聘经历形成匹配知觉，例如，公司的地理位置、培训与发展的机会、组织结构、企业文化以及公司威望等都会影响个体对匹配的评价。凯博和乔治（Cable & Judge，1997）从工作选择决策和组织进入、人与组织的匹配等方面研究了匹配的测量问题。

随着对人力资源精准配置测量的误差以及影响因素研究的不断深入，计算机技术逐渐成为人力资源精准配置测量的主要方法，以实现更精确、自动化的人力资源精准配置主要目标。首次提出将计算机信息技术应用于人力资源管理中的是霍和凯恩斯（Huo & Kearns，1992），他们提出了应该设计一种灵活的、自动的员工管理信息系统的构想，能够使选人标准随着岗位要求的变化而自动变化，每当某个岗位需要人员的时候，这个系统应该能够依照系统自动生成的岗位标准找到最适合岗位要求的人，帮助组织在最优条件下部署人力资源，以此来优化人力资源精准配置。随后，基于计算机技术的各类人力资源精准配置系统被不断提出并逐渐优化，例如，纳雅（Nayak，2011）提出了一种在线社会匹配系统，该系统将协同过滤推荐方法与基于内容的社会网络知识相结合，通过最邻近算法来对相似用户进行分组，并利用基于关系的相似度预测算法计算相似度值和进行知识推荐，以满足用户对个性化推荐系统的更高要求。凯莫（Kmail，2015）提出基于多重语义资源的在线匹配系统，在现有的多重语义资源中重用获取的知识，使人员与工作岗位相匹配，使用基于统计的相关概念测量去减少在利用信息时出现的语义知识的不完整。

2.3 本体理论相关研究

2.3.1 本体的内涵

本体（ontology）的概念最早来源于哲学，从哲学的角度来说，本体是一个系统的客观存在的说明或解释，它关心的是抽象的客观现实的本质（Nasution，2018）。20 世纪 90 年代，研究者们将本体的概念引入人工智能领域，来解决知识表示、知识共享、知识重用和知识组织体系等问题。本体是一种正式的理论，它不仅包括定义，而且还包括一个支持的原理框架，本体论是研究实体存在性和实体存在本质等方面的通用理论。在人工智能界，本体提供了对领域的共同理解，可以跨越不同人员和规范系统进行沟通理解（Fensel，2004），也就是说，本体用一组概念及概念之间的关系来抽象地概括现实世界中的某些应用领域，通过构建领域本体，使计算机能够更加方便地处理该应用领域的知识。学者们针对本体提出了很多定义，其中被人们最为认可的是斯图德（Studer，1998）对本体的定义，即"本体是共享概念模型准确的形式化描述"，而知识本体则是对知识间的概念以及领域内共同认可的概念和概念间的关系的形式化规范说明，具有概念化、形式化、可共享、明确、描述领域知识五大特征，知识本体的目的是使不同本体间实现知识的相互交流与共享。

本体在知识组织中的优势主要有：首先，能够使逻辑表达语言自然化，促进隐性知识的显性化；其次，构建领域知识本体模型，是目前各专业领域解决多源异构、实现知识共享和重用的一种主要方法；最后，能够帮助实现向智能化趋势方向发展，提供个性化的知识服务。领域本体能够描述某个特定领域内的基本概念、结构关系、实体活动原理等，其构建的语义模型为用户进行个性化服务提供了基础（Martin，2019）。

2.3.2 本体构建的相关研究

1. 本体的基本元素

皮兹（Peez）在 1999 年归纳了本体所包含的五个基本元素，包括概念或类、关系、函数、公理和实例。

（1）概念（concepts）或者类（classes）。在本体中，概念等同于类，可以指任何事物，用来描述知识。一个本体通常由多个子概念（subclasses）组成，子概念能够使计算机或用户清晰地理解概念的内涵特征。

（2）概念之间的关系（relations）。关系代表了领域中概念之间的交互作用，本体的基本关系包括四种：等级关系，前者被后者包含，表示概念间的继承关系；非等级关系，前者是后者的一部分，表示概念间部分与整体的关系；非等级关系，前者是后者的属性，表示某个概念是另外一个概念的属性；非等级关系，前者是后者的实例，表示某个实例与概念之间的关系。

（3）属性（attribute）。主要通过概念的具体特征来体现概念与概念之间的区别，例如，概念 C_1 具有 A、B 两个属性，概念 C_2 具有 E、F 两个属性，则概念 C_1 与概念 C_2 是完全不同的两个概念。

（4）公理（axioms）。公理是对本体结构的描述，是构建本体模型的基础，是用来进行知识推理的，包括两种形式：C_1 包含于 C_2，或者 C_2 等于 C_1。例如，概念 C 包含概念 C_1，则概念 C 是概念 C_1 的父类。

（5）实例（instances）。实例代表元素，是本体中的最小对象，处于最低的逻辑层次，具有不可再分性。每个概念或类都包含实例，但每个实例都有不同于其他实例的属性。

2. 本体的类型

按照不同的标准，本体分为多种类型，研究者们一般采用国瑞诺（Guarino，1997）提出的本体分类方式，将本体按照依赖程度分为顶层本体、领域本体、任务本体和应用本体，除此之外，还有几种常见的本体，如通用本体、知识本体等。下面将对五种本体类型进行简要介绍。

（1）通用本体。用于描述一般性的事物，构建的本体没有领域之分。

（2）顶层本体。类似于通用本体，描述的是通用的最普遍的概念、关系、属性等，任务本体和应用本体都属于顶级本体的特例，而领域本体则可以直接使用顶级本体的概念和关系。

（3）领域本体。类似于知识本体，是对特定领域内的概念、概念间关系、属性、实例等进行的精确描述，它是专业的本体，如农业本体、医学本体等。领域本体不依赖于具体的软件存在，可以成为面向该领域的通用模型，目前对于本体的研究主要集中在领域本体。

（4）任务本体。是解决某一任务的本体，描述某一具体任务中的概念和概念之间的关系，与领域本体处于同一研究层次，但是任务本体不存在严格的领域区分，一个任务本体中的概念及其关系允许来自不同的领域。

（5）应用本体。类似于任务本体，用来表示在某一领域中为了完成某项任务所需要的相关术语及其关系，拥有某一个领域的应用本体，就能轻松掌握如何利用知识。

3. 本体的表示语言

本体在知识表示、知识推理、知识服务、知识管理、数据库存储与检索、自然语言处理等研究中具有重要的作用，是语义网基础结构的重要组成部分。目前国际上的本体描述语言种类很多，主要有：XML、RDF、OWL 等。XML 作为可扩展标记语言，可以进行自定义标签，具有能够使用预先定义的标记、定义数据的层次、筛选用户的需要数据、真正实现数据交互、可重用的优势；RDF 是资源描述框架，用户可以通过 RDF 使用自己的词汇表进行任何资源的描述，其作为一种描述 Web 资源的标记语言，已经成为领域本体描述语言的首选语言；OWL 是网络本体语言（Wang，2019），用于对本体进行语义描述，其基本构成元素包括类、属性、实例。

4. 本体的获取方法

领域本体可以通过手动和自动或半自动的机器学习两种方法进行获取，本体的自动获取方法适合本体库的构建与大规模本体的获取，可以节省时间用于本体资源的利用而不是人力的手动获取，但是自动获取本体只能提取文本形式的本体，所以自动本体构建生成的本体内容准确度较差；而人工获取本体除了提取文本形式的本体外，还可以得到图片、视频、动画等形式的本体，并可借助专家的参与更好地获得概念与概念之间关系的解释，但是人工构建方法的效率较低，两种方法各有优缺点，本书将两种方法结合起来，采用半自动化的获取方法（Muhammad，2018），以提高本体构建的效率和准确性。

（1）领域本体的自动获取方法。2011 年，赫兹曼等（Hazman et al.，2011）调查发现，自然语言处理技术被认为是从非结构化数据中获取本体知识的有效方法，当从半结构化数据中构建本体时，数据挖掘和 web 文本内容挖掘技术是非常适用的方法，并且可以使用领域关键词而不是根据每一个词来进行本体构建（Muhammad，2019）。因此，本书可以利用自然语言处理、网络爬虫等计算机技术，来研究和设计本体的自动获取方法及算法。网络爬虫技术能够从网页中爬取特定的目标内容，自然语言处理的中文分词技术能够整理网络爬虫获取的内容并提取出最初的本体概念术语。

①基于 Python 的网络爬虫。网络爬虫（Crawler），也叫网络机器人，是人们按照一定规则编写的一个自动获取网页的程序或者脚本，网络爬虫作为一种比较成熟的文本挖掘方法，可以实现本体概念的自动获取（赵强，2014），基于本体的网络爬虫流程包括以下几个步骤。第一步，设置爬虫种子 URL（uniform resource locator）和相关参数，也就是自定义初始化队列。选取与目标相符合的种子 URL 来让爬虫爬取，设置存储路径、停止条件等。第二步，运行爬虫程序。爬虫从初始种子中选取第一个 URL 种子，下载其对应的页面并存储到本体路径中。第三步，运行页面解析程序，提取所有的 URL 种子到爬虫分析模块进行分析。该模块主要通过链接表达来筛选 URL 的内容，通过页面相关度分析以及页面主体关键词频分析来对链接进行分析。在页面解析的过程中将种子 URL 放入待抓取的种子队列，进行下一个爬行过程。

本书主要采用了基于 Python 语言进行网络爬虫的方式获取构建本体的数据信息，Python 是一门面向对象的、强大的、有条理的程序设计语言，其代码简单易操作，程序运行速度快，且有丰富的编程库。

②基于解霸（Jieba）的中英文分词。目前常用的中英文分词技术主要有基于统计的分词技术、基于词典的分词算法和基于规则的切分方法。其中，基于

统计的分词技术可以不断归纳出关联信息并完善统计模型的词汇，易于处理大规模数据，但是对于非常用词的分词精准性不高；基于词典的分词算法易于编程实现，但是其分词规模受到词典的限制而难以广泛使用；基于规则的切分方法对于汉语很难统一结构，一般作为其他分词技术的辅助方法来使用。因此，本书选取基于统计的分词技术进行中英文分词，并辅以基于词典的分词算法。

在基于统计的分词技术中，选取 Python 的第三方中文分词库——解霸（Jieba）分词工具包，对完整句子进行词图扫描，找出句子中所有中英文词两两可能成词的情况，然后寻求最大概率路径，使用精确模式挖掘基于词频的最大切合组合。

（2）领域本体的手动获取方法。手动获取方法需要完全由专家来确定知识的概念及其关系，此方法获得的数据比较权威和规范，能够得到较高的本体质量，如语义词典 WordNet、HowNet，中文知识库——知网等。

比较成熟的本体构建方法包括：骨架法、TOVE 法（杨秋芬，2002）、WE-THONTOLOGY 法（Fernandez，1999）、五步循环法（Maedche，2001）和七步法等。

5. 基于本体的领域知识库构建

在人工智能领域，领域知识是指在某一特定领域内的重要概念、概念之间的关系以及概念的约束等的集合。而领域知识库是对某一专门领域的过程性知识和陈述性知识进行合理组织的集合，知识会通过一定规制的知识表示存储于知识库中。本体类似于领域知识库，但本体侧重的是对领域知识的内容进行规范化描述，而知识库则侧重的是进行领域知识表示、组织和存储。理想的领域知识库应该是建立在领域本体基础上的，本体是建立知识库的基础，可以实现可重用、便于查找、可靠性高、有助于任务解析、可维护等优势。

领域本体知识库的构建过程包括：知识获取、构建本体概念树和知识的表示。知识获取是指将从领域获得的数据转换成容易存储与处理的形式，并能使计算机读取数据；构建本体概念树主要是把该领域抽取的概念及其关系以树形结构表示出来，其中知识获取和构建本体概念树需要专家的参与；知识表示，即知识表达或知识描述，是为描述事件所做的一组约定，是知识的符号化过程

（马晓丹，2012）。

2.4　基于本体的人力资源精准配置相关研究

　　根据本体以及人力资源精准配置的相关理论基础，并结合本书的研究内容，本节将从人力资源精准配置本体智能技术、本体在人力资源管理领域中的应用研究、本体在基于员工胜任能力管理的人力资源精准配置中的应用研究、本体在基于招聘与就业的人力资源精准配置中的应用研究、本体对人力资源精准配置的影响及过程五个方面对国内外基于本体的人力资源精准配置相关研究文献进行梳理与述评。

2.4.1　人力资源精准配置本体技术的内涵

　　虽然基于本体技术的人力资源精准配置研究越来越多，但当前学术界和实务界并没有关于人力资源精准配置本体技术的正式定义。对于人力资源精准配置知识集成来说，知识异构是实现人力资源精准配置知识共享和重用的最大障碍，而语义不一致是当前人力资源精准配置知识异构的主要问题之所在，影响了岗位知识与人员知识之间的匹配，本体则是目前解决人力资源精准配置知识异构的主要方法之一，利用知识本体构建人力资源精准配置领域知识本体模型，可以定义该领域统一的术语概念、属性、关系等，降低知识在分析或匹配时的语义不一致带来的干扰，在一定程度上实现了人力资源精准配置知识的共享和重用。在语义一致的人力资源精准配置知识本体间通过映射和相似度计算，实现人力资源精准配置知识间的精准智能匹配。因此，构建人力资源精准配置领域知识本体模型，是目前人力资源精准配置领域解决多源异构、实现人力资源精准配置知识共享和重用的一种主要方法。

　　由此，基于本体和人力资源精准配置的核心概念，本书认为，人力资源精准配置本体技术是指在互联网技术和信息技术发展的背景下产生的，通过定义人力资源精准配置领域统一的术语概念、属性、关系等，在语义一致的人力资源精准配置知识本体间通过映射和相似度计算，实现人力资源精准配置知识间的共享和重用，最终达到人与岗位精准匹配的智能技术。

2.4.2　基于本体技术的人力资源精准配置理论研究

人力资源智能配置作为智能化技术的研究内容之一，存在着理论框架的构建与完善、理论和知识如何促进科学研究的问题。在总结当前学术界关于本体技术优化人力资源精准配置的研究理论与研究范式的基础上，通过文献的分析和实践的观察，本书提出基于本体技术的人力资源精准配置研究框架。该研究框架由三个研究议题组成，分别为：一是基于人力资源管理领域的人岗本体智能匹配研究；二是基于组织能力管理的人岗本体智能匹配研究；三是基于招聘与就业的人岗本体智能匹配研究。根据这三个研究议题，本书将现有的人岗本体智能匹配研究的理论构建归纳为三点：一是人力资源领域本体知识开发；二是基于本体的岗位胜任能力管理模型构建；三是招聘领域本体知识开发，并以此总结了相关实践成果、应用领域及其功能特点。人力资源精准配置本体技术的研究框架如图 2.1 所示。

1. 基于人力资源管理领域的人岗本体智能匹配研究

学术界将知识本体应用于人力资源管理领域的研究相较于其他领域来说比较晚，知识本体在人员与岗位和组织匹配中的理论研究主要在于构建和完善人力资源本体的基本通用框架，这种理论上的构建与不断完善能够使其他学者在此基础上进行更加自动化、智能化的人力资源精准配置系统实践研究，并应用于培训、失业率预测、绩效评估、电子学习过程等其他人力资源管理研究领域。

（1）人力资源领域本体开发。为了使岗位标准和人力资源精准配置更加具体，研究人力资源本体的通用框架成为学者们研究基于人力资源管理领域的人岗本体智能匹配的理论重点。有些学者对人力资源本体的通用框架进行归纳，试图找出能够整合各个维度的模型结构，至今并未达成一致意见。但是，很多学者构建和完善了人力资源领域本体，例如，彼兹（Bizer，2005）和迈克等（Mochol et al.，2004；Mochol et al.，2006）为德国国家范围内创造了电子就业的本体论和人力资源本体的开发，使得知识得到重用，广泛的标准和分类得到整合，他们还提出了代表能力概念的子本体，包括教育、就业、行业、岗位、

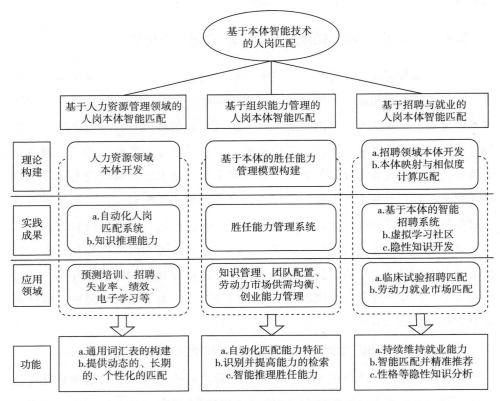

图 2.1　人力资源精准配置本体技术的研究框架

资料来源：笔者根据文献整理。

组织、技能和人员，并定义了胜任能力水平。但是，除了提到每个子本体中使用的标准之外，他们没有给出关于这些子本体组成的更多细节、属性以及子本体之间的关系。随后，皮兹等（Pérez et al.，2007）更进一步地研究了人力资源领域本体的通用框架，将参考本体描述为一种通用的语言并以一组词汇表的形式来体现，描述了工作岗位与求职者简历的具体细节，参考本体根据现有的人力资源管理标准和系统分类开发了十三个模块本体，并界定了其中十个模块本体（能力、补偿、驾驶执照、经济活动、教育、地理、劳动法规、语言、职业、技能和时间）分别与工作本体和求职者本体之间的关系，这种标准的重用可以节省整个系统开发过程的时间。斯凯里（Szekely，2010）也对人力资源本体的通用框架进行了更为细致的研究，在人力资源领域中发展出一种特定的本体，这个本体将通过定义概念、属性和这些概念之间的关系来支持共享关于人力资源信息的人提供一个通用的词汇表，其研究的本体的基本类包括部门、教育、工作、人员、项目、技能、任务。

（2）自动化人力资源精准配置系统。基于人力资源管理领域的人岗本体智能匹配实践研究的一个重要实践成果是自动化人力资源精准配置系统的建立。学术界将知识本体应用于人力资源管理领域的研究相较于其他领域来说比较晚，将本体应用于人力资源领域起源于霍和凯恩斯（1992）提出的自动化人力资源精准配置系统，这种基于计算机化的人力资源信息系统实现人力资源精准配置的优化应该是动态的、长期的以及自动化的，但是当时研究的系统不太可能为每一项特定的工作生成一套标准，因此，只能根据岗位需求之间的相似性，将所有工作分类为集群或工作群组与员工进行匹配。霍和凯恩斯（1992）展示了如何在基于经验数据的集群分析中生成有效的工作分类系统，在同一集群中，可以使用一组标准搜索潜在的优秀候选者。基于人力资源管理领域进行自动化人岗本体智能匹配系统研究，还要考虑到组织将当前和未来员工的技能与组织战略目标保持一致，因此，将人力资源的现有流程与本体集成在一起，在胜任能力管理环境中使用本体来进行战略培训计划。自动化的人力资源精准配置系统是基于人力资源管理领域的人岗本体智能匹配研究的主要研究成果。数字化与智能化发展带来的劳动力市场的技能需求结构发生重大变化（都阳，2017；余玲铮，2021），使得劳动者必须具备快速适应新技术变革的岗位胜任能力（谢璐，2019；窦畅宇，2020），因此，以知识为基础的科技人力资源管理中，人力资源配置要比过去更详细更动态地考虑劳动力的胜任能力与岗位的匹配（黄维德，2020），数智化时代的发展使得人力资源管理的对象将变为人力资源与数智化技术构成的复杂系统（李平，2018），因此，"十四五"时期必须通过自动化系统的渠道来提高人才配置与人才结构的效能，光晖（2020）通过构建人岗匹配领域本体的理论研究，建立了人岗匹配案例推理系统，并开发了具备个性化推荐的人才社区，初步实现了互联网 IT 类科技人力资源配置的智能化、精准化、动态化与个性化。

（3）提供知识推理能力。基于人力资源管理领域的人岗本体智能匹配实践研究的另一个实践成果就是知识推理能力。一些研究发现，知识本体除了实现知识的共享和重用之外，还具有能够实现异构知识服务之间的互操作、支持对隐性知识进行推理的功能。例如，米若达等（Miranda et al.，2017）提出了一种新颖的基于本体的体现胜任力的模型，能够体现胜任力更广范围的内容，使多源异构的概念间有互操作性和合作性，最后对这些胜任力实现检索和推理操作，目的是实现人与岗位之间更好和更长期的匹配。

（4）预测培训、人员流动、招聘、失业率、绩效、电子学习等。知识本体作为目前解决知识异构的主要方法之一，可以降低知识在分析或匹配时的不一致带来的干扰，对知识进行有效的表达与查询，或者消解不同领域知识的语义差异，在一定程度上帮助知识实现共享和重用，学者们基于网络挖掘技术来捕获概念、语义及其关系，构建人力资源领域本体，并为人力资源管理各个模块提供了应用渠道，包括预测培训、招聘、人员流动、失业率、绩效评估、电子学习推荐过程等（Hazman et al.，2011）。例如，道恩和皮驰曼（Dorn & Pichlmair，2007）开发了一个包含人力资源管理概念的本体，用于两个不同的项目：一个是用于在工作门户网站中寻找工作的元搜索引擎，另一个是大学胜任能力管理系统。李等（Li et al.，2014）描述了一种新的基于本体的网络挖掘框架，通过捕获与失业相关的概念及其语义关系，利用领域本体和搜索引擎查询来提高失业率预测的有效性，该框架的一个独特优势是，不仅提高了预测的性能，而且解释了失业率的变化趋势。因此，知识本体除了实现知识的共享和重用之外，还可以通过提高自动化水平，提供更加丰富的知识服务、知识匹配与组合，例如，朱卡瓦等（Zhukova et al.，2014）通过对人力资源管理领域的分析，利用人工智能的现代技术——基于案例推理和本体整合的方法框架，建立了案例表示模型和本体论知识库，构建了人力资源管理智能决策支持系统的原型，其意义在于实现了选择最有效的员工绩效评估方法和提高企业负责人决策的质量。其他一些研究还发现，知识本体还可以使能力与工作场所学习相结合，使组织学习领域实现个性化、智能化，例如，巴结纳如等（Bajenaru et al.，2015）构建了一个用于罗马尼亚医疗人力资源管理的基于本体的电子学习框架，开发了一个基于本体的能力管理系统，为选定的目标群体提供个性化、智能化的电子学习过程。扎古阿（Zaguia，2019）提出了一种基于模式技术的本体模型，该模型由不同的用户行为组成，用于预测用户的下一个可能位置。上述领域本体的应用实质是实现人与岗位匹配的动态化、长期化、自动化、个性化，以及人与组织匹配中的员工与组织战略保持一致、知识表达与查询、能力与工作场所学习结合等。

2. 基于组织能力管理的人岗本体智能匹配研究

对人力资源的胜任能力管理问题一直是学者们研究的重点，黄维德（2020）通过实证方法详细研究了人力资源胜任素质与人力资本之间的关系。以知识为基础的现代企业人力资源管理中，人与岗位的匹配必须比过去更详细地考虑劳动力的胜任能力的匹配。艾伦（Allen，2001）指出，胜任能力是一种特定的、可识别的、可定义的、可衡量的知识、技能和其他特征，这些特征是人力资源可能拥有的，而这对于人们在一个特定概念内的活动中的表现是必要的。随着对胜任能力更复杂的描述和企业中不同的组织之间需要交换胜任能力信息的要求，有必要对胜任能力和其他相关概念的描述进行标准化，以实现自动化的人力资源精准配置，而本体技术可以实现对胜任能力的标准化描述。

（1）基于本体的胜任能力管理模型。基于组织能力管理的人岗本体智能匹配的理论构建研究在于基于本体的胜任能力管理模型的构建，用本体论来研究培养员工胜任能力的想法在文献中并不少见，最早在 2000 年被爱丁堡大学人工智能应用研究所传播，斯塔德和麦金托什（Stader & Macintosh，2000）讨论了基于本体的员工胜任能力配置文件的可能用例，包括胜任能力差距分析（在公司层面是战略人才开发的一部分）、项目团队建设、招聘规划（战略人才规划）、培训分析（个人发展水平）等。

学者们基于知识本体的胜任能力管理模型与系统框架研究，同样既涉及人与岗位匹配层面，也涉及人与组织匹配层面。邰驰特和莱克勒（Trichet & Leclère，2003）最先引入了基于本体的胜任能力管理的通用框架，该框架基于能力、资源、背景和目标四个概念，涵盖了理论知识、过程知识、技能和行为能力四种类型的资源。司米德和库兹曼（Schmidt & Kunzmann，2006）研究了一个共同的概念化的领域本体——人力资源开发参考本体，将胜任能力管理和技术强化的工作场所学习结合起来。罗德威斯基和邰驰特（Radevski & Trichet，2006）研究了基于本体的胜任能力参考系统模型，目的是为了开发建立在本体上的以知识为基础的操作系统来进行胜任能力管理，类似于这样的基于本体的胜任能力管理模型的研究还有斯考特斯等（Cicortas et al.，2008）。

（2）胜任能力管理系统。知识本体在胜任能力管理的系统构建中扮演着重要的角色，基于知识本体的胜任能力管理系统可以实现人与组织匹配中的员工与组织战略一致性、工作能力的长期匹配、胜任能力管理与工作场所结合以及组织内部的能力管理等。例如，海洛欧等（Hajlaoui et al.，2009）和斯考特斯等（Cicortas et al.，2008）研究了与能力描述的通用元数据模型定义相关的潜在问题，详细介绍了一种多代理系统，该系统是为了便于描述、搜索和比较学生所获得的胜任能力，或者是公司要求申请者所需要的胜任能力。为了将胜任能力特征和基于本体的操作的实现进行规范化，塔偌索沃（Tarasov，2012）提出了一种基于本体的胜任能力配置管理的抽象模型，其建议的实现体系结构可以促进一个胜任能力概要管理系统的构建。凯姆博等（Kimble et al.，2016）进一步探索了基于本体的胜任能力管理，构建了知识密集型组织的基于本体驱动的胜任能力管理系统，旨在以结构化的方式对员工在知识密集型组织中对胜任能力进行管理，它被用来提供一个正式的、高级的规范，包含了在一个特定领域中发现的所有基本词汇、概念和约束，这是一种共识性的知识结构，可以构建一个有效的知识库。博兰德梅尔等（Brandmeier et al.，2017）建立了一个胜任能力管理系统，它能识别所有的能力并提高能力的检索功能，支持能力交换，并展示了如何将胜任能力数据集成到基于本体的能力管理系统中。马兰德诺和森斯（Malandrino & Sessa，2017）提出了基于本体的模型来维持企业内部的能力管理，用于减少劳动力市场中技能供给和需求的差距，降低组织甄选的成本，因为基于本体模型将能够识别、表示、评估和"标准化"非正规和非正式的能力，即使它们有最难识别的特征，该模型也能进行预测性更好的绩效衡量，改善劳动力供给与劳动力需求之间的匹配，促进在就业流动背景下的竞争力和可转移性，这就是知识本体具有的能够实现异构知识服务之间的互操作、支持对隐性知识进行推理的功能。虽然已经有了上述一些自动化系统开发的研究，但是，数智化技术在人力资源管理领域的研究仍然是落后于实践的（Cheng，2021），数智化技术大大提升了组织中的自动化过程，不仅使员工更加去技能化，也使得管理者在众多管理任务上让位于机器（Raisch & Krakowski，2021），因此，运用数智化技术对快速变化的岗位胜任能力进行自动化识别、精准匹配与预测的研究是新时代迫切需要解决的问题。

基于组织能力管理的人岗本体智能匹配研究的应用领域十分广泛，例如，知识管理、团队配置、劳动力市场供需均衡、创业能力管理等。莱福博偌等（Lefebvre et al.，2005）建立了一个与特定领域相关的计算机化的知识管理系统，以便根据企业的需要开发人力资源专门知识，在所有实现系统所需知识的本体中，胜任能力本体扮演着关键角色，胜任能力本体在元层次上定义了胜任能力的概念及其与文档或用户等其他概念的关系。塔偌索沃等（Tarasov et al.，2007）提出了一种构建胜任能力管理平台的方法，利用知识共享、性能分析、情境管理的本体知识表示技术，来匹配出生产网络中最适合完成特定任务的团队，实现团队配置，在塔偌索沃的能力管理平台中，每个企业的能力被描述为一个本体，这些能力对于确定哪些企业能够作为团队成员来执行特定的任务至关重要。皮卓和泰沃（Piedra & Tovar，2018）开发了基于创业框架的本体论，可以帮助欧洲公民和组织获得创业能力，为确定构成"创业心态"的知识、技能和态度奠定基础，其最终目的是促进企业适应家庭用户之间的交流，并最终对市民在社会和经济方面的流动、就业能力和参与产生积极影响。

3. 基于招聘与就业的人岗本体智能匹配研究

长期以来，人力资源从业者一直面临着将人力资源职能转变为一种既高效又能对组织作出战略贡献的压力。近年来，招募候选人的电子招聘工具得到了广泛的应用，企业在其公司主页和工作门户网站上提供了这一功能，许多企业和就业门户的发展推动了电子招聘的发展，当企业在这些工作门户网站或专业招聘网站上发布招聘信息时，求职者会用它们来发布自己的个人资料，因此，更多的职位描述和候选人资料在网上可以被找到。尽管这些大量的可用的候选人信息代表了提高匹配质量的一个很好的机会，但是这个潜力在很大程度上是未被完全开发使用的，因为搜索功能目前主要局限于关键字搜索。目前的实践和理论分析表明，这种类型的搜索在工作需求和候选者的能力之间不能实现较好的匹配。对于本体在基于招聘与就业的人力资源精准配置中的应用，学者们已经有了一定的研究，因此，本书研究将在此基础上提出一些探索方向。

（1）招聘领域本体开发。人岗本体智能匹配在招聘与就业中应用的研究同样也开发了领域本体，大多是在迈克构建的人力资源本体的基础上进行改进和调整，开发了与招聘相关的子本体，建立了招聘领域本体。例如，恩凯斯库（Enăchescu，2016）改进了迈克构建的人力资源本体，建立了较完整的互联网IT行业电子招聘本体的知识表示图，将原先的子本体作了调整，形成了语言、教育、工作经历、人员、雇主、企业和工作岗位七个子本体，并对每个子本体进行了详细的属性及其等级的描述，利用 Protégé 软件形成电子招聘的本体，构建了一个基于本体的利用手机 App 的工作推荐系统，更方便快速地更新人员和岗位信息，实现更精确的人力资源精准配置。通过聚类方法根据得到的文档构建工作知识本体，从而建立招聘领域本体框架，以提高确定具备所需知识和技能的可行人选的匹配度是招聘领域本体框架开发的最新手段，例如，库莫若士等（Kumaresh et al.，2013）基于内容和概念相似性的聚类方法，构建了招聘领域本体框架。

（2）本体映射与相似度计算匹配。在本体匹配方法的研究中，过去十几年里，电子招聘在全球范围内传播，许多人试图将招聘过程自动化、智能化（Lee，2007），一些学者根据人力资源本体框架的研究，提出了一些基于知识本体的能够使电子招聘智能化、精准化的工具和方法，包括语义匹配、混合方法、本体映射技术等。其中，利用语义匹配法的迈克等基于其之前的人力资源本体的研究，进一步提出了通过基于本体的查询来改进招聘流程（Mochol，2006），其出发点在于目前的招聘门户网站在进行职位匹配查询时，由于存在某些自然语言的歧义，或是某些工作描述与申请人能力特征之间缺乏一些相互关联的关系概念，导致无法实现相关匹配查询，而提出在门户中扩展工作提供的语义，来提高基于本体的匹配搜索精确度（语义匹配技术＋灵活查询方法），将职位要求与求职者特征的信息分组到"主题集群"中，最终将职位具体要求的每个主题集群与相应求职者特征的主题集群相比较，候选人特征与职位描述之间的总相似性等于主题集群相似性的平均值。这类似于霍和凯恩斯提出的根据岗位需求之间的相似性，将所有工作分类为集群或工作群组，通过集群比较来选拔候选人。利用语义匹配方法研究的还有玛纽（Maniu，2009）结合迈克构建的人力资源本体，利用语义网技术构建了招聘过程中的人力资源领域本体，并通过语义匹配的过程来提高查询结果的质量。卡拉和米德第（Karaa & Mhimdi，2011）提出了一种基于对电子招聘过程的简历语义注释的方法，将岗位需求与简历相匹配来促进简历的筛选过程，使用本体建模这些文档的语义内容，本体随后被用来自动注释简历以实现自动挑选符合要求的候选人。卡玛和玛芮（Kmail & Maree，2015）以及罗哈玉（Rahayu，2018）提出了一种基于语义的在线招聘系统，该系统可以重新利用现有语义资源中的知识来匹配求职者的简历和职位信息。除了语义匹配的方法之外，扎阮第和福克斯（Zarandi & Fox，2009）提出了一种基于本体的混合方法来实现求职者与工作岗位的有效匹配，在人力资源精准配置中求职者除了需要满足招聘广告的要求外，其他因素例如求职者和招聘人员的偏好、文化契合度、价值观、适应公司市场的能力以及公司发展的能力都在选择员工方面至关重要，此外，当考虑选择团队成员时，还要考虑到个人和其他团队成员之间的适应性的匹配。其他研究例如库曼然和珊卡（Kumaran & Sankar，2013）介绍了一种专家系统——利用本体映射技术筛选候选人才的智能工具，以采用相似度测量的方法推荐适合于工作要求的最佳候选简历的方法（Dada，2018），也是本体匹配方法研究的重点。除上述语义匹配、混合方法、本体映射技术外，还有其他方法如将简历格式化的方法来进行精确匹配，日土耳其最大的在线招聘网站和土耳其科学技术研究委员会共同开发了一个基于本体结构模型的生成系统和基于本体的简历解析器，它可以使自由结构化格式的简历转换为一个本体结构模型。学者们从技术层面上运用不同方法研究了知识本体在基于招聘与就业的人力资源精准配置中的应用，为后来研究者们更广范围或更具体领域以及更深程度的匹配研究奠定了基础。

（3）基于本体的智能招聘系统。学者们根据人力资源本体框架，利用计算机语义技术，开发了人力资源精准配置的智能招聘应用平台和匹配系统，这些平台和系统既对人与岗位的匹配产生影响，也对人与组织的匹配产生影响，既涉及特定区域或国家范围内的本体，也涉及更广范围的跨国家跨语言的本体，既包含特定群体的持续工作能力的匹配，也包含所有人员的就业能力的匹配。例如，桑克兹等（Sánchez et al.，2006）根据招聘领域本体设计的减少方案（仅包括申请人、能力概况、招聘广告、录用通知书、雇主五个子本体），构建了一种基于本体的智能招聘系统，开发了为西班牙东南部地区的招聘提供服务的智能门户网站，设计了一个能使求职者和工作岗位之间进行智能匹配本体导向的搜索引擎。特然兹等（Terrazas et al.，2011）利用网络本体构建了一种先进的电子就业系统，它是一个庞大的本体网络，以提供比以前的仅局限于区域或国家范围的本体更丰富的词汇表，使就业服务在一个语义互操作平台中，将不同语言数据信息的简历和招聘岗位进行匹配。还有一些学者构建了基于短信和本体技术的智能就业推荐系统，例如，陈等（Chen et al.，2009）提出了基于本体和代理技术的就业短信服务解决方案，也建立了招聘领域本体，提出了兼容的匹配算法，构建了求职者、招聘方和中介机构的三方代理模型，实现了智能搜索和双向推进。同样地，朱（Zhu，2009）将本体、智能匹配和基于短信的智能推荐等主流技术进行整合，构建了一种招聘领域的智能服务平台，目的在于解决智能匹配算法的低准确度和单一接口信息传递通道的低效率这两个主要问题。胡等（Hu et al.，2011）为中国校园招聘提供了一套基于短信的推荐系统，帮助大学招生办公室以更低的成本精确地匹配公司和学生，他们主要关注的是概要匹配和基于偏好列表的双边匹配以获得进一步的推荐。除此之外，本体还可以提高自动化水平，提供更加丰富的知识服务、知识匹配与组合，例如，特泊岚彻和王斯然（Terblanche & Wongthongtham，2016）提出了一种雇主需求智能工具，从在线招聘广告信息中收集和分析当前雇主需求信息，雇主需求领域知识在雇主需求本体中被获取，并被用作该工具的主要构建块，包括在线招聘广告一连串术语中的每个词都能找到合适的雇主需求本体中的概念，以及概念组件之间的关系，最终形成雇主需求本体数据集，用来识别电子就业市场中的当前雇主需求；阮兹等（Rácz et al.，2016）具体研究了一个人可能拥有的一组技能是否适合一个特定的工作所需要的一组技能，从鲍勃沃和杰博岚

（Popov & Jebelean，2013）的精确匹配测量开始，通过在本体层次结构中的匹配筛选器来扩展，然后考虑不同技能之间的相似性。本体是语义 Web 的基础，可以对知识进行有效的表达与查询，消解不同领域知识的语义差异，在一定程度上帮助知识实现共享和重用。

郭等（Guo et al.，2016）开发了一种个性化的简历—岗位匹配系统，这种系统利用基于本体的相似性指数统计方法，在用户输入最少信息的情况下直接从求职者的简历中智能地提取诸如经验、学历和技术资格等更多的相关信息，并与招聘岗位中所提取的岗位所需相关资历和经验条件进行相似性计算，使现有的信息检索效率提高了 34%。因此，基于本体的智能招聘系统是基于招聘与就业的人岗本体智能匹配实践研究的一个重要成果。

（4）虚拟学习社区。基于招聘与就业的人岗本体智能匹配实践研究的另一个重要成果就是虚拟学习社区的开发，人们通过平台的匹配找到最适合自己专业的虚拟社区，使虚拟社区内的成员通过相互学习持续提高自己的工作能力和就业能力。例如，戴斯克鲁等（Dascalu et al.，2017）根据之前研究学者构建的人力资源本体，构建了一个网络招聘平台——就业跳跃（EmployLeaP），目前，"就业跳跃"平台主要关注的对象为软件工程师专家。巴拉纳等（Barana et al.，2018）构建了基于本体的资源聚类的虚拟学习社区，该虚拟社区的基础是存在一个共同的能力框架，其目的是加强基本能力教育。

（5）隐性知识开发。基于招聘与就业的人岗本体智能匹配实践研究的第三个重要成果就是隐性知识的开发。随着信息技术的发展，基于本体的招聘与就业的人力资源精准配置系统不断得到升级，知识本体具有能够实现异构知识服务之间的互操作、支持对隐性知识进行推理的功能，可以帮助实现经验知识结构化、方便领域专家知识的融入等。例如，法拉卡等（Faliagka et al.，2012，2014）开发了电子招聘系统，通过提取申请者的领英档案来实现对求职者的预先自动化排名，只对系统识别出的最优秀的候选人进行面试和背景调查，并利用人格挖掘技术和文本分析程序，根据求职者的博客自动提取出他们的性格特征、情绪以及社会取向等隐性知识，为在线招聘和求职者排名提供一种新方法。扎阮第和福克斯（2009）提出了一种基于本体的混合方法来实现求职者与工作岗位的有效匹配，在人力资源精准配置中求职者除了需要满足招聘广告的要求外，其他因素例如求职者和招聘人员的偏好、文化契合度、价值观、适应公司市场的能力以及与公司发展的能力都在选择员工方面至关重要。

（6）临床试验招聘匹配与劳动力就业市场预测。基于本体的招聘信息匹配系统除了应用于招聘与就业领域之外，还大量用于临床试验招聘匹配领域和劳动力就业市场。例如，坡劳等（Patrão et al.，2015）描述了一个信息检索系统的设计和开发，目的是寻找符合条件的患者进行癌症试验，该系统使用本体整合来自多个来源的数据，这有助于提高匹配结果。知识本体在招聘与就业的人力资源精准配置应用中实现了人与岗位匹配的动态化、持续化、自动化、个性化、智能化，以及人与组织匹配的知识表达和查询、工作能力的长期匹配、能力与工作场所学习结合等。

4. 本体技术对人力资源精准配置的影响

本体技术应用于人力资源管理，特别是人力资源智能配置的研究正在不断深入，已经逐渐成为组织进行能力管理的先进技术并被得到重视。

从人与岗位匹配的层面来看，根据人力资源精准配置的概念，员工的知识、技能、能力与工作岗位的要求相称，通过知识本体的概念化、形式化、可共享，明确和描述领域知识的技术投入影响人力资源精准配置的结果，使人力资源精准配置实现动态化、长期化、自动化、个性化以及智能化的结果。

从人与组织匹配的层面来看，根据组织理论，组织具有自身的性质、规模、结构、组织文化、组织学习以及组织内部的关系等特征。组织通过投入获得产出——组织结果，知识本体作为组织投入，单独地或与其他要素一起发挥作用来影响人与组织匹配的结果。人与组织匹配的结果包括使员工与组织战略保持一致、实现员工工作能力的长期匹配、知识表达与检索、能力与工作场所学习结合、人与组织价值观的匹配、维持组织内部的能力管理等。本体技术对人力资源精准配置的影响如图2.2所示。

知识本体具有概念化、形式化、可共享、明确、描述领域知识的五大特征，用于不同知识本体相互的交流与知识共享。知识本体在岗位要求、组织要素之间起到中介的作用，通过概念化、形式化、可共享、明确、描述领域知识的功

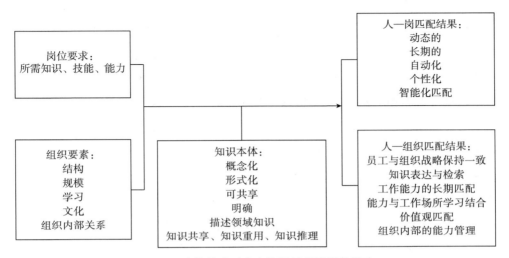

图 2.2　本体技术对人力资源精准配置的影响

资料来源：笔者根据研究内容整理。

能，实现知识的共享和重用，使岗位所需的知识、技能和能力变量，以及组织的一些特征，如性质、规模、结构、组织文化、组织学习以及组织内部的关系等变量影响人与岗位匹配的结果，包括人与岗位动态化、长期化、自动化、个性化和智能化的匹配，以及人与组织匹配的结果，包括使员工与组织战略保持一致、实现员二工作能力的长期匹配、知识表达与检索、能力与工作场所学习结合、价值观匹配、维持组织内部的能力管理等。

5. 数智化算法在人力资源配置中应用的研究

运用人工智能和大数据技术进行人力资源管理研究已经成为学术界重要的研究方向（刘善仕，2018），不少人工智能和大数据技术在人力资源管理的应用着重体现在人力资源配置的研究上。第一，基于大数据算法进行人力资源配置的研究中，学者们探索利用数智化进行精准选人、精益化用人，加强信息化与数字化在实现人与岗位、人与任务角色的精准、动态匹配中的作用（彭剑锋，2020），企业可以通过数智化算法来根据岗位需求自动筛选和匹配合适的求职者。同时，根据不同的人力资源发展需求，提供个性化的培训方案，将大大提高人力资源发展效率，为企业输送高质量的人才（赵曙明，2019）。目前，机器学习方法是实现数据挖掘的主要工具之一，在人力资源管理领域中可以通过机器学习的各种算法进行数据的挖掘和预测。大数据使得机器学习、云计算等算法变得尤为重要，以算法方式而非以传统的描述性统计或假设检验的统计模型等人工命令的形式呈现和分析数据的能力，是其区别于以往任何技术变化的重要特点（陈冬梅，2020），可以基于人才述职报告、360 度个人评价报告、访谈记录等数据构建人才画像，通过数智化算法识别和配置人力资源，帮助人力资源成长（王婷，2018；谢小云，2021）。第二，基于人工智能技术进行人力资源配置的研究中，人工智能技术可以对人力资源数据和信息进行集中规范的动态管理，提高资源配置效率和产出效率。其中，最主要的方法就是通过机器学习的算法来进行匹配，包括 BP 神经网络、卷积神经网络、支持向量机、监督分类器等算法，人工智能可以通过机器学习中的监督学习或无监督学习两种解决"匹配"问题的学习形式来归纳员工和岗位特征空间之间的关系（赵宜萱和赵曙明，2020），通过机器学习工具能够生成例如文本概要、统计均值、话题标签等数据集合全体的概括汇总和特征表示信息，并发挥积极的决策支持作用（陈国青，2021）。人工智能技术的应用可以通过设计不同的算法和模型结构，推进人力资源管理系统智能化建设，使人力资源管理工作信息化、数字化和智能化。

2.5　案例推理理论相关研究

2.5.1　案例推理基本理论

知识经济时代，如何有效挖掘和利用知识是企业关注的重要问题，案例推理（case – based reasoning，CBR）作为人工智能领域中一种基于问题求解与知识学习的重要方法，具有良好的自学习能力、可扩展性和可移植性（Norbert，1977）。国内外研究者对案例推理的理论和方法作了系统的研究，案例推理的思想最早来源于美国耶鲁大学斯凯克和埃博森（Schank & Abelson）于 1977 年提出的"知识表示脚本"理论，他们认为人们对世界的认识是以脚本的方式存储于大脑中的，以此能够对客观世界作出判断。而人工智能领域关于案例推理最早的思想是其中斯凯克提出的动态记忆理论，人们在解决复杂问题时，总是会借助自己记忆中的知识和经验，回忆当时的历史环境及其问题求解的方式。本书研究在总结案例推理早期研究思想的基础上，认为案例推理是指将已经被解决的问题的特征属性和解决方案以案例的形式存储于案例库中，当遇到新的问题或新的情境时，根据新问题的特征属性从案例库中找到最相似的历史案例（源案例），根据相似历史案例（源案例）成功的解决方案来获取此新问题的解决方案，并根据需要随时修改与更新历史案例（源案例）及其解决方案。

案例推理得以运行是基于两个假设：一是事件是会重复发生的，保证了根据新的问题或情境总是能够找到与之相似的历史案例（源案例）；二是相似的事件是会按照一定规律存在的，保证了相似的历史案例（源案例）会为新问题提供解决方案。

案例推理一般分为两种类型：解释型与问题解决型，其中，解释型案例推理是指利用案例库中已经分类的案例对当前新的问题进行分类、解释和判断；问题解决型案例推理是指利用案例库中相似历史案例（源案例）的解决方案为当前新的问题提供解决方案。本书所采用的案例推理类型属于问题解决型案例推理。

2.5.2　案例推理的方法与应用

在案例推理方法的研究上，国内外研究者进行了一系列系统的研究，张骐等（2012）提出了基于本体的中文案例相似度计算方法，有效提升了案例检索的准确性，孔欣等（2016）研究了一种基于向量计算的案例匹配算法，用于故障诊断案例推理，蔡玫等（2016）通过基于本体模型的案例推理应急决策方法，推进了突发事件的信息提取与共享，提高了突发事件历史案例的利用效率，为非常规突发事件快速生成解决方案，赵（Zhao，2017）提出了一种新的案例匹配过程，即 FCM 二次检索模型，FCM 在大规模案例库匹配中具有快速性和高效性，张双狮（2017）采用基于案例推理的智能决策支持方法，开发了基于案例推理的群体性事件智能决策支持 Web 系统，实现有效应急决策管理。

在案例推理应用范围的研究上，学者们主要在项目管理、风险管控、建筑物损伤修复、产品设计、突发事件网络舆情应对与决策、灾害应急管理等领域进行了应用与分析，例如，范（Fan，2015）利用基于案例推理的项目风险响应策略生成方法，帮助项目经理在项目风险管理中作出更好的决策，于峰等（2016）面向城市灾害情景提出应急案例本体建模与重用方法，实现了对应急案例陈述性知识与过程性知识的独立表达和目标约束下案例的有效检索与重用修正，崔晓兰（2017）利用本体方法对通信服务网络抱怨案例进行了相似度计算，杨东（2018）基于案例推理方法实现对绿色产品设计方案进行有效的选择，李志义（2018）对电子商务领域的本体概念及概念间关系进行了自动抽取与案例推理研究，徐照（2019）通过建筑物损伤领域的本体建模，设计了基于案例距离推理的建筑物损伤信息多属性分组案例库构建方法，实现了建筑物损伤修复信息的有效利用，谢健民（2019）将本体技术应用于网络舆情案例推理的过程中，将案例库中的案例结构进行了规范，提高了突发事件网络舆情案例知识的可重用性。

本书研究的人力资源精准配置问题中，岗位需要的胜任能力特征知识与人员具备的胜任能力知识之间具有多源异构的特征，本体技术具有能够规范特定范围内知识词语形成规则的作用，同时，案例推理又能够有效进行知识归纳积累，缓解经验缺乏和问题匹配不合理所带来的损失（Kleindorfer，2005），将本体与案例推理相结合可以有效避免案例库异构带来的匹配度低的问题，通过对领域知识的统一，结合案例推理的相似度计算方法，可以重复使用过去的匹配经验，推理出新岗位的匹配方案，因此，本书选用基于本体的案例推理技术来解决人力资源精准配置问题。

2.5.3 案例推理的过程

一个完整的案例推理过程包括案例表示、案例检索、案例重用、案例调整和案例存储。

（1）案例表示：将现实中的案例用计算机能够识别的方式进行统一的形式化规范表示，实现计算机系统与人对案例的共同理解和认识。案例的形式一般都是半结构化或结构化的，只有将案例表示成机器可识别的形式，才能实现后续的检索、重用与推理，一般采用 XML 技术的通用案例知识表示形式或基于语义网的案例知识表示形式（辜丽川，2015）。

（2）案例检索：是案例推理的核心环节，利用算法从案例库中提取与问题案例相似的一个或几个历史案例（源案例）。案例检索得到的历史案例（源案例）的质量和效率决定了案例匹配的准确性和案例重用的效果，因此，提取相似案例的算法非常重要，决定了提取历史案例（源案例）的精准性（Zhao，2017）。

（3）案例重用：是指案例知识的复用，包括直接复用和修正复用。依据领域知识从通过案例检索获取的候选案例中选取一个或多个最佳案例，如果匹配出的相似案例的解决方案不完全满意，那么需要对源案例进行适当修改。

（4）案例调整：如果检索出的案例结果的解决方案不能直接用来解决新的问题案例时，需要进行修正与调整，使调整后的案例更贴近问题案例实际情况，包括对案例特征的调整和对案例结构的调整（王宁，2014）。

（5）案例存储：将新的案例及其解决方案以一定的形式存储于案例库中，成为案例推理系统的增量学习方式（孔钦，2016）。

2.6　文献评述

根据上述理论基础与文献梳理，本书发现学术界为了促进知识的共享和重用，在人工智能领域中开发了许多领域本体模型，科技人力资源智能配置作为智能化技术的研究内容之一，存在着理论框架的构建与完善，以及理论和知识如何促进科学研究的问题。学术界对基于本体的科技人力资源精准配置案例推理方面的研究，一方面，主要集中在领域本体框架构建、科技人力资源精准配置相关系统模型开发、相似度计算等研究上；另一方面，对隐性知识开发、个性化知识推理能力、扩大知识范围等研究还不够深入。因此，本书结合理论基础与文献梳理，初步明确了本体、科技人力资源精准配置、案例推理以及科技人力资源的相关理论内容，并发现了当前研究的不足之处，进一步提出了本书需要重点解决的问题。

对上述理论基础与文献进行归纳和总结，本书得到以下三点认识。

第一，本体作为近年来计算机及其他领域比较热门的一个研究内容，已广泛应用于人工智能（顾基发，2020）、知识管理、计算语言、数据原理、医药、地理等领域，目前，本体也越来越多地被应用于社会科学的研究领域（Lasmedi，2019），如教育评价（Schneider，1995）、旅游信息（Brown，1996）、电子商务（李志义，2018）、法律信息系统等领域中。很多研究团队认为本体是代表知识的最合适的模型结构。20 世纪 90 年代以来，研究学者从各自的专业领域出发对本体的理论和应用进行了深入探讨，取得了一些成果，本体的理论和应用研究逐渐成熟。但是，本体知识目前应用于人力资源管理领域的研究仍然处于初级阶段，主要应用于招聘管理，构建招聘领域本体，为企业提供个性化员工推荐。

第二，从科技人力资源精准配置的内涵与测量方法的研究文献来看，关于科技人力资源精准配置的研究相对较早，文献也较多，从 20 世纪 90 年代开始，逐渐展开了对科技人力资源精准配置建模方面的研究，且越来越倾向于利用计算机智能化技术构建模型来计算科技人力资源精准配置相似度，说明研究者已逐渐认识到智能匹配模型的建立对提高匹配质量的重要性，能够使匹配更加客观和高效。总体说来，科技人力资源智能配置系统中的建模问题是一个比较新的研究内容，如何构建模型使海量的人与岗位的多重语义资源进行重用并测算相似度是科技人力资源精准配置智能决策系统的关键，而本体技术可以解决这一问题，将知识本体技术应用于构建科技人力资源精准配置的智能决策系统将是未来科技人力资源精准配置的一个新的研究话题。

第三，结合智能化时代背景，通过对基于本体的科技人力资源精准配置现有研究和相关文献进行梳理可以发现，目前学术界对于相关方面的研究已经基本形成了一些通用的领域本体研究框架，学者们根据领域本体知识框架探讨了相关技术、方法和工具，并构建了基于知识本体的科技人力资源精准配置系统，以进一步提高基于知识本体的人与岗位匹配的智能化、自动化、个性化、动态化、长期化水平，并能使基于知识本体的人与组织匹配中员工与组织战略保持一致，加强知识表达与检索、工作能力的长期匹配、能力与工作场所学习结合、价值观的匹配、组织内部的能力管理等。除此之外，学者们还将本体与科技人力资源精准配置的方法应用到了临床试验匹配、个性化电子学习匹配等多个领域。

本书也发现，目前基于本体的科技人力资源精准配置文献研究中，还存在以下几点不足之处：

首先，科技人力资源精准配置本体技术的匹配效度问题。建立的系统在识别出的最佳候选人与候选人真实绩效水平之间是否存在差异，存在的差异值有多少；使用招聘人员输入的性格特征作为识别候选人的参考标准，这样的自动化招聘系统的准确度有多高；系统的准确度会不会随着高级职位对复杂能力需求的提高而降低。

其次，科技人力资源精准配置本体技术的标准设置问题。创建选择的标准是建立一个智能匹配系统的关键任务，然而，不太可能为每一项特定的工作生成一套标准。原因在于以下两点：一是并不能做到总是以一种简单的方式重用所有人力资源标准，很多标准并不都是完美的也不是全面的；二是一些最新创建的职位可能没有足够的历史数据来建立健全的标准。

最后，科技人力资源精准配置本体技术的相似度计算问题。用相似性函数计算岗位要求与求职者能力之间的相似性，其缺点在于相似函数只能说明岗位要求与求职者能力之间有区别，但却不能说明这些区别的具体细节信息，而且相似性函数无法解释结果之间的差异等。

本体技术为人力资源管理特别是组织人岗精准匹配、精准招聘的研究提供了更新的方法和工具，使得组织中人与岗位匹配的智能化、自动化、个性化、动态化和持续化得以实现。但是现有基于本体技术的组织科技人力资源精准配置的研究尚处于初级发展阶段，有关人岗本体智能匹配的研究主题及其相关理论基础还有待延伸。基于此，本书基于本体技术的组织科技人力资源精准配置研究具体可以从以下几点开展进一步探索。

第一，面向科技人力资源精准配置知识的领域本体建模。针对人与岗位信息多源、异构等不确定性问题，在深入研究基于雇主需要的岗位需求胜任能力特征知识体系的基础上，面向科技人力资源精准配置领域，需要探讨科技人力资源精准配置领域本体建模的基本概念、方法，基于本体的科技人力资源精准配置中岗位胜任能力特征领域本体模型的构建等问题，通过网络爬虫工具获取数据并进行分析，构建岗位胜任能力特征本体库和子类树图等问题。

第二，科技人力资源精准配置案例知识的统一表示。在岗位需求胜任能力领域本体构建的基础上，需要对科技人力资源精准配置案例的知识如何进行统一化规范表示问题，以及如何进行案例检索问题进行研究，即探索如何通过对科技人力资源精准配置案例进行统一的形式化规范描述来形成科技人力资源精准配置案例库、如何表达解决方案的全貌以及如何研究目标案例与案例库的源案例之间相似度的计算与检索等问题。

第三，改进相似度计算方法以提高匹配精度。获得比早期更高的精度是任何自动本体匹配系统的典型和有效的结果，本书研究需要提出一种综合本体相似度计算方法，在进行案例本体结构的统一化表示后，可以采用基于概念的语义相似度计算和基于属性的相似度计算，自上到下对整体本体结构模型展开遍历，以有效提高知识本体匹配的精度。

第四，扩大候选人筛选标准的范围和渠道。在筛选系统中，本书还需要考虑候选人在社交网站的参与、技术论坛的贡献、研究的贡献等能够反映隐性知识与知识共享的渠道，充分利用社交网络平台，如微信、微博、Facebook、Twitter等。因为当前对企业十分有用的数据大量存在于社交网络中，社交网络中包括了用户很多的显性与隐性知识信息，通过社交网络可以将人员的隐性知识转化为显性知识，组织对社交网络信息的有效利用，能够帮助组织通过挖掘目标群体的隐性知识，及时锁定符合组织战略发展需要、与组织职位相匹配的合适人才。对人员而言，也能够找到最适合的岗位，获得展示自身才能、实现自我价值的平台。

第五，提高基于知识本体的科技人力资源精准配置系统的个性化推理能力。基于知识本体的科技人力资源精准配置系统在本书中必须提供个性化推理能力，以便表达本体之间的量化匹配，这样的功能将使用智能系统进行交互。因此，为了提供一种渠道使科技人力资源能够及时掌握劳动力就业市场中岗位胜任能力所需，并通过不断地提高自己的胜任能力来持续能够保持被就业市场雇佣的能力，本书研究需要基于构建的领域本体、案例知识表示与相似度计算，设计并实现科技人力资源精准配置案例推理系统以及人才社区知识共享平台，以满足企业人岗精准化、智能化、个性化、持续化匹配的需要。

2.7　本章小结

本章对本书研究的主题与内容所涉及的相关理论和文献进行了梳理与述评，主要包括：本体的内涵、本体的元素、类型、表示语言、获取方法以及知识库的构建等相关理论；科技人力资源精准配置的内涵和测量方法；科技人力资源精准配置本体技术的含义、基于本体技术的科技人力资源精准配置相关理论，重点关注了基于人力资源管理领域的人岗本体智能匹配研究、基于组织能力管理的人岗本体智能匹配研究、基于招聘与就业的人岗本体智能匹配研究以及本体技术对科技人力资源精准配置的影响；案例推理的基本理论、方法与应用，重点分析了案例推理的过程；科技人力资源的含义和分类，为后续的研究奠定了比较扎实的理论基础；对相关理论和文献进行了评述，提出了对文献研究的认识和不足，引出本书拟研究的主要问题和关键点。

第3章 科技人力资源岗位需求胜任能力特征本体构建

本书主要探讨了社会语义技术如何帮助企业根据岗位所处的具体情境属性特征，更加精准、动态、智能、全方位地明确科技人力资源岗位所需的胜任能力特征全貌，并以此为依据来预测和匹配最佳员工，使科技人力资源与岗位时刻保持最佳的配置状态。同时，也能够使科技人力资源通过知识的开发与积极行为的改变来维持其就业能力。本书基于大量数据的综合分析，需要对科技人力资源精准配置知识形成语义上的统一，对雇主需要的岗位需求胜任能力特征与人员具备的胜任素质特征进行科学预测与精准匹配，同时，根据科技人力资源精准配置的结果，企业可以及时调整工作岗位、晋升制度和薪资福利等，使员工队伍始终保持良好的工作状态。

为了实现本书的研究目的，需要构建相关的知识体系，但是，对于知识体系来说，知识的多源异构问题阻碍了知识间的共享与重用，而语义不一致则是当前知识异构的主要问题所在，语义不一致是指对数据存在着不同的解释。存在语义不一致就会导致知识异构，从而不能实现知识与知识之间的匹配，本体则是目前解决知识异构问题的主要方法之一，通过构建领域知识本体模型，可以定义某领域统一的术语概念、属性、关系等，降低知识在表示或匹配时的不一致带来的干扰，在一定程度上帮助知识实现了共享和重用，在语义一致的知识本体间通过映射和相似度计算，实现知识间的精准智能匹配。

组织中的科技人力资源精准配置主要涉及雇主需要的科技人力资源岗位需求胜任能力特征和科技人力资源具备的人员胜任素质特征的匹配，但是，两者往往存在语义不一致、知识异构而导致匹配精准度受限的问题，因此，本书在本体、科技人力资源精准配置等理论研究的基础上，构建了科技人力资源的岗位需求胜任能力特征领域本体模型，定义了岗位需求胜任能力特征领域统一的

术语概念、属性、关系等，以此来解决科技人力资源精准配置领域多源异构的
问题，实现知识的共享和重用。

　　本章主要构建了雇主需要的科技人力资源岗位需求胜任能力特征领域本体
模型，领域本体构建的关键阶段包括：分析岗位需求胜任能力知识的特征，确
定岗位需求胜任能力特征领域本体构建的目的和范围，收集和分析岗位需求胜
任能力特征领域数据信息，识别关键概念、属性及其关系，建立领域知识体系，
以及构建岗位需求胜任能力特征本体模型。科技人力资源的岗位需求胜任能力
特征领域本体构建的研究框架如图 3.1 所示。

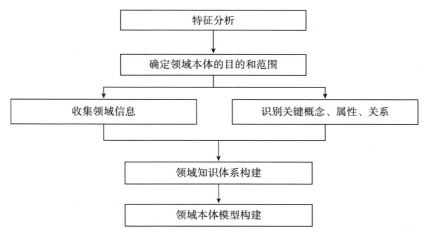

图 3.1　科技人力资源的岗位需求胜任能力特征领域本体构建的研究框架

资料来源：笔者根据研究内容整理。

3.1　岗位需求胜任能力知识的特征分析

　　科技人力资源精准配置领域属于人力资源管理领域，也属于管理学学科门
类，其中涉及本体方面的应用比较广泛，既存在静态的本体，又存在不断变化
的动态本体，涉及的知识比较繁杂。在这一领域中，要构建科技人力资源的岗
位需求胜任能力特征领域本体，首先要对该领域知识的特征有一定了解，其中，
科技人力资源的岗位需求胜任能力特征领域知识相比其他类型的知识主要有以

下六个特点。

（1）概念和获取来源量大。科技人力资源的岗位种类和数量都非常多，并且每种岗位都有其不同的岗位需求胜任能力特征，包括综合知识、专业知识、技能知识等各个方面，除此之外，每种岗位需求胜任能力特征获取的来源渠道也非常广泛，可以从招聘网站、社交网络、企业岗位职责和任职资格等各种渠道获取，因此，不仅数据量大，而且来源十分广泛。

（2）动态性。知识在不断变化，需求在不断更新，随着社会和组织政策、内外部环境、领域范围、工作内容等因素的变化，科技人力资源也需要不断学习新的知识和技能，更新自己大脑中的知识，因此，科技人力资源的岗位需求胜任知识是不断变化的、动态的。

（3）情境性。在特定情境下，科技人力资源的岗位需求胜任能力特征是不同的，在不同企业性质、企业规模、所属行业、所在地区、岗位等级、工作内容的情境下，相同的岗位所需要的岗位需求胜任能力要求是不同的，需要对岗位胜任能力特征知识进行具体的情境划分。

（4）多数为隐性知识，获取难度较大。科技人力资源的工作过程是看不见的无形的脑力劳动过程，其生产指标是质量而非数量，工作具有创造性和探索性，其最重要的岗位需求胜任能力特征和人员具备的胜任能力素质特征知识多数为"冰山下"的隐性知识，而要将隐性知识显性化并进行科技人力资源精准配置的测算与评价，其难度是非常大的，获取知识的准确度也不高。

（5）专业性。科技人力资源及其岗位需要有专业的知识、服务和技能作支持，在长期的专业知识工作过程中，科技人力资源已经将很多专业知识吸收并内化为自己大脑中的技能、经验和诀窍等知识，构建这些长期积累下来的领域知识的本体具有很强的专业性特点。

（6）持续性。构建组织的科技人力资源精准配置知识库，需要组织不断将科技人力资源的显性知识、隐性知识、业务活动过程中积累下来的知识加入知识库中；同时，组织也需要对知识库进行深度的加工与开发，发现更多的可以在科技人力资源及其岗位工作中能够反复利用的知识，实现知识的可持续利用。

3.2　雇主需要的岗位需求胜任能力特征知识获取

构建雇主需要的科技人力资源岗位需求胜任能力特征本体的主要目的在于，通过对岗位的最新海量数据信息进行知识集成与综合利用，建立科技人力资源精准配置案例的智能推理系统，使企业能够精准获取特定情境下科技人力资源的岗位胜任能力要求的全貌，对企业的人和岗位进行持续的动态匹配，同时也使科技人力资源根据系统检测结果随时更新自己的知识储备，促进终身学习，并持续保持能够被就业市场雇佣的能力，向更好的职业生活迈进。因此，基于本体视角构建科技人力资源精准配置知识库，形式化规范统一的岗位胜任能力特征知识，可以有效提升科技人力资源精准配置的精度，为实现科技人力资源精准配置案例推理建立语义基础。

在本书中，雇主需要的岗位需求胜任能力特征知识获取的流程主要包括确定构建雇主需要的岗位需求胜任能力特征知识本体的范围和对象、通过网络爬虫进行岗位需求胜任能力特征领域知识的收集、通过分词系统和统计方法进行关键词词频的统计、构建岗位需求胜任能力特征知识词表、建立岗位需求胜任能力特征知识体系。雇主需要的岗位需求胜任能力特征知识获取的一般流程如图 3.2 所示。

3.2.1　雇主需要的岗位需求胜任能力特征知识获取的数据来源

领域本体主要由概念、关系、属性、公理、实例五个部分组成，其中最重要的一个部分就是概念，领域本体的概念是指代表该领域知识词语的集合，其提取的数据源主要来源于两类：领域叙词表，包括通用词典、领域专业词典、同义词典；领域文本，包括书籍、期刊文献和网页。领域概念的提取需要综合多种数据源，以实现最大限度地提取领域概念。

本书主要是以互联网 IT 行业的科技人力资源作为研究对象来构建雇主需要的岗位需求胜任能力特征知识本体，通过招聘领域词典和 Web 文本收集相关数据信息，以此作为本书研究的数据来源，并将在以后的研究中实时更新知识本

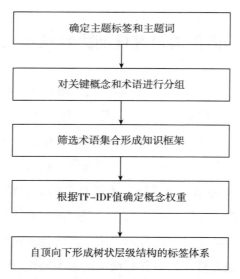

图3.2 雇主需要的岗位需求胜任能力特征知识获取的流程

资料来源：笔者根据研究内容整理。

体，构建科技人力资源的人岗动态匹配知识本体库，实现运用本体知识库来对雇主需求的以及科技人力资源具备的胜任能力提供相关信息的动态匹配、预测和案例推理等服务。

（1）基于叙词表的领域本体知识获取。为了保证雇主需要的岗位需求胜任能力特征知识本体构建的专业性和全面性，本书收集了科技人力资源精准配置和招聘领域专业书籍以及《经济学管理学研究题录索引词汇表》《管理学大辞典》《管理词典》《胜任素质辞典》等中的词条，以此作为中文分词的专业依据。

（2）基于文本的领域本体知识获取。新时代，大数据人力资源管理的研究日益增加，传统人力资源管理模式遇到前所未有的冲击，人力资源管理将由"面对面交流"转变为"运用信息沟通"，由"制度为重心"转换为"大数据为中心"（杨丽丽，2019）。大数据的应用能够挖掘员工的潜力、优化组织的架构（徐艳，2016），大数据人力资源管理能够为组织带来竞争优势（西楠，2017），由于就业市场的波动性和动态性，雇主需要的岗位需求胜任能力特征信息必须是最新的、海量的，收集需求特征的一种方法就是分析在线招聘广告。因此，本书选取专业招聘网站中的智联招聘和51Job上的招聘广告作为文本挖掘的主要数据来源，基于大数据的获取与分析来构建领域本体，理由有以下三方面。

第一，一个在线招聘广告可以直接捕获的信息包括：什么岗位未来需要什么样的员工，这个岗位所被赋予的责任，应聘成功的人可能被提供的薪水，空缺职位所在的组织及其地理位置，特定的职业类型可能存在的短缺技能，雇主期望雇员所具备的能力等。因此，基于文本的领域本体概念提取主要来源于招聘网站上的在线招聘广告。

第二，招聘广告一般发布在专业招聘网站、企业招聘网站和社交媒体中，其中，专业招聘网站是招聘广告最集中、数据量最大的来源，选取专业招聘网站中的智联招聘和51Job上的招聘广告作为文本挖掘的主要数据来源，主要原因在于这两家招聘网站是目前中国招聘网站中综合性、权威性比较高的专业招聘网站，所涉及的行业领域全面、广泛且职位分类非常合理和详细。

第三，由于本书所研究的互联网IT类岗位涉及多个行业类别，运用智联招聘和51Job的招聘广告作为网络爬虫数据源更能体现数据的广泛性和合理性，构建的领域本体也更加全面。

招聘网站内容的提取必须包含文本信息而非图片信息；招聘广告中网络爬虫的内容主要包括两部分：结构化数据和非结构化数据，其中，结构化数据主要包括职位名称、提供薪酬、福利待遇、公司名称、公司性质、公司规模、公司类型、所属行业、工作经验、工作地点、广告时间、广告媒介等，非结构化数据主要包括岗位职责（职位描述/工作内容）、任职要求（任职条件/技能要求）。

对于招聘广告中非结构化文本形式信息的爬取，需要使用与招聘职位的性质和领域相关的专业术语。此外，信息收集涉及数十万个招聘广告，手工处理是很困难的，开发一个能够为提取这些文本广告的结构化数据和统计数据的自动化流程是非常有用的。

因此，本书运用网络爬虫自动获取数据的方法，从在线招聘广告信息中收集和分析当前雇主的需求信息，雇主需要的岗位胜任能力领域知识在岗位需求胜任能力本体中被获取，并被用作该工具的主要构建模块，包括在线招聘广告中一连串术语的每个词都能找到合适的雇主需要的岗位胜任能力本体中的概念，以及概念组件之间的关系，最终形成雇主需要的岗位胜任能力本体数据集，用来识别劳动力就业市场中的当前雇主需要的岗位需求胜任能力特征。

3.2.2 雇主需要的岗位需求胜任能力特征知识获取的方法

1. 基于数据挖掘的知识获取

知识本体是领域概念名称、概念关系以及概念属性之间的模型高度规范化、形式化、概念化的描述，具有规范性、可重用性和明确性的特征。岗位需求胜任能力特征知识本体就是构建岗位需求胜任能力领域知识的概念、关系、属性、公理、实例的一种形式化模型，其目的在于，在科技人力资源精准配置的过程中实现雇主需要的岗位需求胜任能力特征知识和科技人力资源具备的人员胜任素质特征知识的共享和重用，并提供科技人力资源精准配置案例表示与案例推理知识服务。本书采用基于网络文本的数据挖掘和中英文分词技术，来获取雇主需要的岗位需求胜任能力特征知识。

要获取雇主需要的岗位需求胜任能力特征的全部知识，需要对海量数据进行预处理，以确定研究范围、提高研究的准确性。本书研究利用 Python 3.6 进行网络爬虫于 2019 年 10 月 19 日获取招聘广告中的相关研究主题的数据，然后利用 MySQL 5.6 数据库存储不同类型的数据信息，并用 Navicate 将数据库进行可视化，共爬取 279752 条数据，删除重复发布数据（同一企业在同一天内发布的同一岗位招聘广告）和缺失数据（缺少岗位要求或任职资格内容的招聘广告），共得到 253605 条有效数据，Python 网络爬虫代码片段如图 3.3 所示，部分爬虫结果如图 3.4 所示。

一些企业会发布重复性的招聘广告，并且爬虫所获取的数据信息存在多样性和不规则性，所以必须对数据信息进行去重处理、过滤字符、删除冗余、转换词形等工作，将数据转换成可分析的文本形式。

2. 基于分词系统的知识获取

一是用解霸（Jieba）分词技术进行中英文分词。要构建岗位需求的胜任能力特征本体知识库，除了从所爬取的结构化数据中提取岗位情境特征属性知识

```
try:
        job = t1.xpath('//div[@class="tHeader tHjob"]//h1/text()')[0]
        company = t1.xpath('//p[@class="cname"]/a/text()')[0]
        #print(company)
        label = t1.xpath('//div[@class="t1"]/span/text()')
        education = t1.xpath('//div[@class="cn"]/p[2]/text()[3]')[0]
        salary = re.findall(re.compile(r'<div class="cn">.*?<strong>(.*?)</strong>', re.S), r1.text)[0]
        area = t1.xpath('//div[@class="cn"]/p[2]/text()[1]')[0]
        try:
                publishtime = t1.xpath('//div[@class="cn"]/p[2]/text()[5]')[0]
        except:
                publishtime = t1.xpath('//div[@class="cn"]/p[2]/text()[4]')[0]
        companytype = t1.xpath('//div[@class="com_tag"]/p[1]/text()')
        companysize = t1.xpath('//div[@class="com_tag"]/p[2]/text()')
        companynature = t1.xpath('//div[@class="com_tag"]/p[3]/a/text()')
        workyear = t1.xpath('//div[@class="cn"]/p[2]/text()[2]')[0]
        describe = re.findall(re.compile(r'<div class="bmsg job_msg inbox">(.*?)任职|要求|资格]', re.S), r1.text)
        require = re.findall(re.compile(r'<div class="bmsg job_msg inbox">.*?任职|要求|资格](.*?)<div class="mt10">',
re.S),r1.text)

        describes1 = filter_tags(str(describe))
        describes=replaceCharEntity(str(describes1))
        describes2=describes.replace('\\r', '').replace('\\n', '').replace('\\t', '').replace("\\]",'').replace("[\\",'').replace(' ',',')
        requires1=filter_tags(str(require))
        requires=replaceCharEntity(str(requires1))
        requires2=requires.replace('\\r', '').replace('\\n', '').replace('\\t', '').replace('\\]', '').replace("[\\求：",'').replace
("[\\格：",'').replace("\\】",'').replace("[\\求】",'').replace("[\\求:",'').replace("[格:",'').replace("  ",'').replace(' ',',').replace('[]','')
except Exception as e:
        print(e)
        return None
    item = [str(company).strip(), str(job).strip(),str(education).strip(),str(label),str(salary).strip(),str(companytype).strip(),str
(companysize).strip(),str(companynature).strip(),str(workyear).strip() ,str(area).strip(),str(describes2).strip(),str(requires2).strip(),str
(publishtime).strip()]

    return item
def filter_tags(htmlstr):
    #先过滤CDATA
    re_cdata=re.compile('//<!\\[CDATA\\[[^>]*//\\]\\]>',re.I) #匹配CDATA
    re_script=re.compile('<\\s*script[^>]*>[^<]*<\\s*/\\s*script\\s*>',re.I)#Script
    re_style=re.compile('<\\s*style[^>]*>[^<]*<\\s*/\\s*style\\s*>',re.I)#style
    re_br=re.compile('<br\\s*?/?>')#处理换行
    re_h=re.compile('</?\\w+[^>]*>')#HTML标签
    re_comment=re.compile('<!--[^>]*-->')#HTML注释
    s=re_cdata.sub('',htmlstr)#去掉CDATA
    s=re_script.sub('',s)#去掉SCRIPT
    s=re_style.sub('',s)#去掉style
    s=re_br.sub('\\n',s)#将br转换为换行
```

图 3.3　爬虫代码截图片段

资料来源：爬虫程序处理代码的结果。

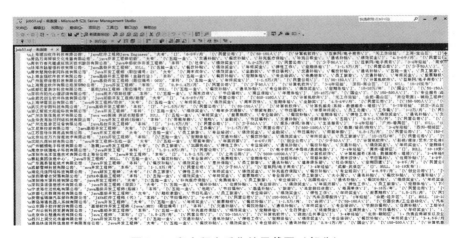

图 3.4　爬虫程序采集结果截图（部分）

资料来源：爬虫程序处理招聘广告数据的结果。

53

外，还要从非结构化数据即岗位职责（职位描述/工作内容）和任职要求（任职条件/技能要求）中提取本体知识，本书选取基于统计的分词技术——解霸（Jieba）分词，对岗位的所有岗位职责和任职要求的非结构化文本进行中英文分词。

二是去停用词与词频统计。在岗位职责（职位描述/工作内容）和任职要求（任职条件/技能要求）分词结果中，将文本中没有实际意义的字或词进行删除，包括一些普遍的功能词、连词和语气词等，并通过编写 Python 脚本程序以及 TF－IDF 算法对每类职位的岗位职责和任职要求作词频统计，试图找出雇主需求的互联网 IT 类所有岗位的岗位职责和任职要求的关键词词频排序，岗位的岗位职责和任职要求的部分分词与词频统计代码片段如图 3.5 所示。

```
stop = []
standard_stop = []
file_stop = r'./stopwords2.txt'
with open(file_stop, 'r', encoding='utf-8-sig') as f:
    lines = f.readlines() # lines是list类型
    for line in lines:
        lline = line.strip() # line 是str类型,strip 去掉\n换行符
        stop.append(lline) # 将stop 是列表形式
# stop的元素是一行一行的 句子,需要进行转化为一个词一行,即下面:
for i in range(0, len(stop)):
    for word in stop[i].split():
        standard_stop.append(word)
data = pd.read_csv('./datatest.csv') # 读取Excel转为databframe
df = pd.DataFrame(data)
nrows = df.shape[0] # 获得一共有多少行
#print(nrows)
file2 = df.任职要求.dropna(how='any')
text2 = ''.join(i for i in file2)# 把所有字符串连接成一个长文本
requirement = re.sub(re.compile(',|:|\,|,|,|\u4e00-\u9fa5]'), '', text2)
###requirement = re.sub(re.compile(',|:|\,|,|,'), '', text2)#英文
wordlist1=' '.join(jieba.cut(requirement,cut_all=True))#分析岗位要求
font_path = r'./simhei.ttf'
stopwords = list(STOPWORDS) + standard_stop # 分析任职要求
#去停用词,统计词频
wordlist01 = '*'.join(jieba.cut(requirement, cut_all = False)) # 分析职位职责
wordlist001=wordlist01.split('*')
print (wordlist01)
word_ = {}
for word in wordlist001:
```

```
import pandas as pd
import jieba, re
from scipy.misc import imread
from wordcloud import WordCloud, ImageColorGenerator, STOPWORDS
import matplotlib.pyplot as plt
stop = []
standard_stop = []
file_stop = r'./stopwords1.txt'
#file_stop = r'./stopwords2.txt'
with open(file_stop, 'r', encoding='utf-8-sig') as f:
    lines = f.readlines() # lines是list类型
    for line in lines:
        lline = line.strip() # line 是str类型,strip 去掉\n换行符
        stop.append(lline) # 将stop 是列表形式

# stop的元素是一行一行的 句子,需要进行转化为一个词一行,即下面:
for i in range(0, len(stop)):
    for word in stop[i].split():
        standard_stop.append(word)
print(standard_stop)

data = pd.read_csv('./datatest.csv') # 读取Excel转为databframe
df = pd.DataFrame(data)
nrows = df.shape[0] # 获得一共有多少行
#print(nrows)
file1 = df.职位职责.dropna(how='any') # 去掉空值
file2 = df.任职要求.dropna(how='any')
text1 = ''.join(i for i in file1) # 把所有字符串连接成一个长文本
text2 = ''.join(i for i in file2)
responsibility = re.sub(re.compile(',|:|\,|,|,'), '', text1) # 去掉逗号等符号
wordlist1 = ' '.join(jieba.cut(responsibility, cut_all=True)) # 分析职位职责
```

图 3.5　岗位职责（左）和任职要求（右）的分词与词频统计代码片段

资料来源：爬虫程序处理代码的结果。

表 3.1 为以 Android 工程师职位为例的岗位职责和任职要求部分词频统计结果。

54

表 3.1　以 Android 工程师职位为例的岗位职责和任职要求词频统计结果（部分）

岗位职责关键词	频率（%）	任职要求关键词	频率（%）
产品开发	4.91	Android	3.16
系统维护	2.71	编程	2.86
测试环境	2.07	本科以上学历	1.78
优化	1.74	UI	1.55
客户端	1.50	Java	1.55
代码	1.29	团队	1.51
问题	1.21	沟通	1.50
架构	1.18	多线程	1.40
移动	1.04	架构	1.35
性能	0.98	计算机相关专业	1.34
独立	0.89	网络通信	1.53
手机	0.85	代码	1.29
研发	0.84	责任心	1.24
编码	0.84	移动	1.24
方案	0.74	数据结构	1.24
程序	0.73	算法	1.22
配合	0.70	布局	1.22
调试	0.67	调试	1.21
框架	0.62	C	1.19
计划	0.61	App	1.17
……	……	……	……

资料来源：笔者根据数据分析结果整理。

三是本体术语界定。由于领域知识是供专业工作人员学习和应用的，因此对其术语的准确性要求很高，而解霸（Jieba）分词缺乏相应的专业名词，并且无论是人工获取知识本体还是自动获取知识本体，都会存在对术语语义产生歧义的问题，因此必须消除本体术语的歧义。本书根据本体术语的特点，借鉴了搜狗细胞词库中关于信息技术类、社会科学类、经济管理类等学科的词典和招聘领域词典的特定词语表述，对分词的文本进行了重新整合，同时也通过人力资源管理领域专家来保证术语语义的正确性，得到了雇主需求的互联网 IT 类所有职位的岗位胜任能力特征知识归纳，表 3.2 为术语界定后的以 Android 工程师职位为例的岗位职责和任职要求的部分归纳词频排序结果。

表 3.2　　以 Android 工程师职位为例的岗位职责和任职要求术语界定后的
归纳结果（按词频大小排序）（部分）

排序	岗位职责关键词	排序	任职要求关键词
1	产品开发	1	Android
2	系统维护	2	网络通信编程
3	测试环境	3	本科以上学历
4	客户端开发	4	UI
5	代码编写	5	Java
6	解决问题	6	团队合作能力
7	架构设计	7	沟通能力
8	移动端开发	8	多线程架构
9	性能调优	9	计算机相关专业
10	独立完成	10	代码编写能力
11	手机端开发	11	责任心
12	研发	12	移动互联网
13	项目编码	13	数据结构
14	方案设计	14	算法
15	程序开发	15	前端布局技术
16	配合完成	16	系统调试
17	调试	17	C 语言
18	计划制定	18	App 开发经验
19	……	19	……

资料来源：笔者根据数据分析结果整理。

3.2.3　雇主需要的岗位需求胜任能力特征知识体系

建立清晰的岗位需求胜任能力特征概念体系，是构建雇主需要的岗位需求胜任能力特征本体知识体系的首要任务，具体来说就是按照标准对岗位需求胜任能力特征知识进行分类。科技人力资源精准配置领域涉及人力资源管理、社会学、管理信息系统等专业领域的知识，目前，研究者们对岗位胜任能力特征的概括主要包括素质、知识和技术能力等。

雇主需要的岗位需求胜任能力特征本体知识体系中的主要内容是由概念名称、概念的属性、概念之间的关系以及概念的实例组成的。概念是对科技人力资源精准配置领域中涉及的实例或行动所进行的形式化规范描述，如综合素质中的沟通能力、理解能力、学习能力、团队合作能力等的模型参数选择和计算结果等。概念属性是对概念特征的形式化规范描述，是概念与概念之间的区别所在。同时，通过属性之间的关系关联起来之后，最终可以形成一个概念网络。为了弄清科技人力资源精准配置中的概念体系，基于本体思想建立雇主需要的岗位需求胜任能力特征知识体系，通过概念、概念的属性以及概念之间的关系，建立树状的层次结构来实现语义共享，并最终构建雇主需要的岗位需求胜任能力特征本体，最基本的就是对雇主需要的岗位需求胜任能力特征知识按照某种标准进行分类，以互联网 IT 类职位为例，雇主需要的科技人力资源的岗位需求胜任能力特征由职类及其职位、岗位等级、岗位性质、薪酬区间、工作内容、所在地区分布、公司性质、公司规模、所属行业类别、岗位胜任能力要求十类概念组成，其具体分类标准如下。

1. 职类及其职位

本书根据网络爬虫结果，结合全球最普及的美国标准职业分类系统（standard occupational classification，SOC）2018 版和中国职业分类大典，共建立了包括 Java 开发、UI 设计、UE 设计、Web 前端、PHP 开发、Python、Android、5G、美工、深度学习、机器学习、Hadoop、Node. js、数据分析、数据架构、物联网、人工智能、区块链、电气、电子、PLC、算法、运营管理等互联网 IT 类 26 种职类及其 76 种职位的职位结构，如图 3.6 所示。

2. 岗位等级

本书研究涉及的互联网 IT 类职位主要属于专业技术部门的科技人力资源，由于同一岗位存在不同的等级，根据网络爬虫的结果，将岗位等级由高到低依次划分为总监、高级经理、经理、高级主管、主管、专员 6 个等级。不同岗位等级所对应的互联网 IT 类职位构建的岗位需求胜任能力特征本体不同。例如，

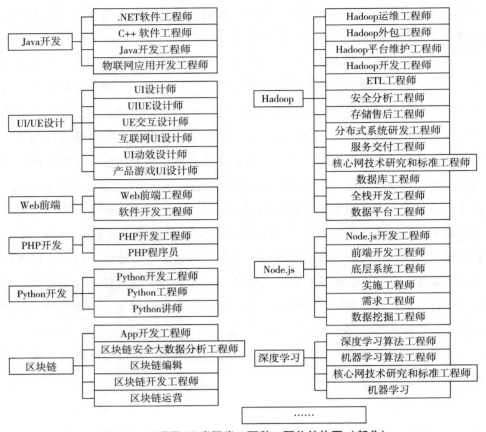

图 3.6　互联网 IT 类职类、职种、职位结构图（部分）

资料来源：笔者根据数据分析结果整理。

运营管理岗位中，按照岗位等级，可以分为运营总监、运营高级经理、运营经理、运营高级主管、运营主管、运营专员 6 个等级的岗位。按照职称等级，将岗位分为初级、中级和高级 3 种，例如，Python 初级开发工程师、Python 中级开发工程师、Python 高级开发工程师。

科技人力资源的岗位性质分为专业人员、技术人员和管理人员 3 类。

按照上述职类、职种、岗位等级以及岗位性质的划分，本书中不同岗位等级、不同岗位性质的职位，所对应的具体岗位需求的胜任能力特征也就不同。

3. 地区分布

一个招聘广告可能间接地暗示了在一个特定的地理区域内，特定的职业类型可能存在的技能短缺。本书通过网络爬虫挖掘到的岗位涉及全国 34 个省（区、市），每个职位所处的地区不同，岗位需求胜任能力特征也就不同，企业互联网 IT 类职位人员需求量最大的地区主要分布在珠三角和长三角区域，其中广东、江苏、上海和浙江的需求量最大。

4. 公司性质、规模和行业类别

将每个数据所对应的公司性质、规模、所属行业类别（公司类型）进行划分，不同企业性质、规模、所属行业类别（公司类型）所对应的互联网 IT 类职位构建的岗位需求胜任能力特征知识不同，根据网络爬虫结果，本书共爬取到了十种公司性质的企业，包括国有企业、民营企业、上市公司、创业公司、外资企业（欧美）、外资企业（非欧美）、合资企业、政府组织、事业单位、非营利组织，每个职位所处的公司性质不同，职位的具体岗位需求胜任能力特征也不同，互联网 IT 类职位需求量最大的企业性质是民营企业，占总企业的69.2%，如图 3.7 所示。

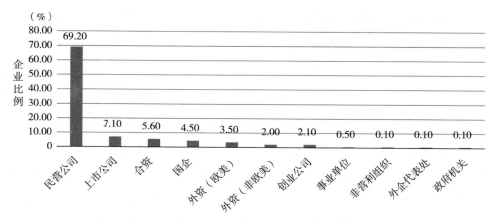

图 3.7　互联网 IT 类职位需求的公司性质结构

资料来源：笔者根据数据分析结果整理。

本书根据网络爬虫结果，将互联网 IT 类职位需求所处的公司规模按照公司人员数量进行划分，分为 50 人以下、50～150 人、150～500 人、500～1000 人、1000～5000 人、5000～10000 人共六种公司规模，每个职位所处的公司规模不同，雇主需要的职位具体需求胜任能力特征也不同，如图 3.8 所示，互联网 IT

类职位需求主要集中在 50～150 人、150～500 人和 50 人以下三种规模企业中，表明目前需要互联网 IT 类职位的企业以中小型企业为主。

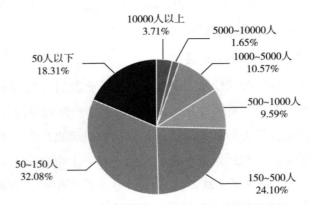

图 3.8　互联网 IT 类职位需求的公司规模结构

资料来源：笔者根据数据分析结果整理。

本书依照中国 2017 年发布的国民经济行业分类标准（GB/T 4754—2017），将爬取的数据所涉及的企业所在行业归为 20 个行业，爬取到的行业如图 3.9 所示，信息传输、软件与信息技术服务业对互联网 IT 类职位的需求量最大，其次是科学研究与技术服务业、教育、制造业行业。

5. 薪酬区间

对挖掘处理后的数据进行岗位薪酬统计分析，并将所有岗位的月薪大致分为 8 个区间，包括 0～3000 元/月、3000～5000 元/月、5000～8000 元/月、8000～10000 元/月、10000～15000 元/月、15000～20000 元/月、20000～25000 元/月、25000～50000 元/月、50000 元/月以上，将每种职位月薪范围所占比例最大的值作为薪酬的属性值，图 3.10 展示了互联网 IT 类职位薪酬知识的层次结构，其中，8000～10000 元/月和 15000～20000 元/月薪酬区间的比例最大，表明目前雇主提供的互联网 IT 类职位在科技人力资源劳动力就业市场中的收入比较高。

6. 岗位胜任能力要求

通过对爬取到的雇主需要的互联网 IT 类职位的岗位职责和任职要求数据信

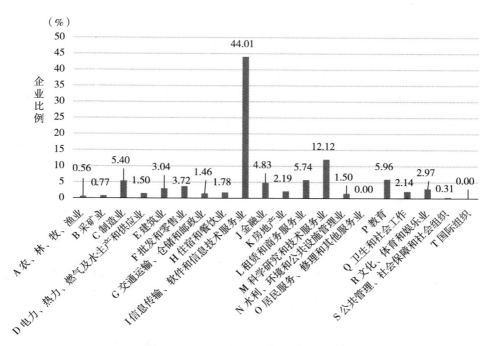

图 3.9　互联网 IT 类职位需求的行业类别（公司类型）结构

资料来源：笔者根据数据分析结果整理。

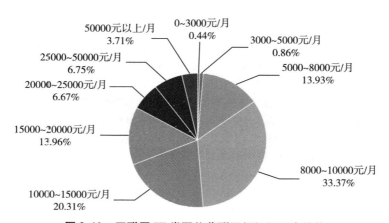

图 3.10　互联网 IT 类职位薪酬区间知识层次结构

资料来源：笔者根据数据分析结果整理。

息进行中英文分词、词性标注、关键词提取、词频统计与归纳，以及对爬取的互联网 IT 类职位所具有的其他属性特征例如所属企业性质、企业规模、所处地区、行业类别等进行统计与排序后，本书构建了互联网 IT 类职位的岗位需求胜任能力特征知识词表。岗位需求胜任能力知识特征词表由三大知识词类构成，分别是素质、知识和技能，每个知识词类中包含若干一级知识指标、二级知识指标和三级知识指标，如表 3.3 所示为互联网 IT 类职位的岗位需求胜任能力特征知识词表的结构，其中由于三级知识指标的内容过多，因此在表 3.3 中省略，在后续的本体构建中会列于本体库中。

表 3.3　　　　互联网 IT 类岗位需求胜任能力特征知识词表（部分）

词类	一级知识指标	二级知识指标
素质	A 综合素质	A1 责任心；A2 敏感性；A3 抗压能力；A4 扎实、稳重、吃苦耐劳；A5 敬业精神；A6 独立思考能力；A7 钻研精神；A8 积极主动；A9 严谨态度；A10 乐观心态；A11 诚实守信；……
	B 专业素质	B1 沟通能力；B2 理解能力；B3 学习能力；B4 团队合作能力；B5 逻辑思维能力；B10 协调能力；B11 执行能力；B12 协作精神；B13 管理能力；B14 研发能力；B15 思路清晰；B16 表达能力；B17 谈判能力；B18 团队精神；……
知识	C 综合知识	C1 学历要求；C2 专业要求；C3 工作经验；C4 英语水平；C5 职称等级；……
	D 专业知识	D1 计算机基础知识；D2 管理学专业知识；D3 经济、贸易与金融专业知识；D4 数学专业知识；D5 法律专业知识；D6 旅游专业知识；……
技能	E 专业技能	E1 计算机操作系统；E2 计算机设计；E3 计算机框架；E4 计算机开发；E5 编程技术；E6 数据库使用能力；E7 数据分析与处理知识；E8 社交通信、Office 等办公自动化软件；E9 搜索引擎优化知识；E10 计算机网络知识；E11 协议知识；E12 计算机网络布线；E13 其他计算机常用技术；……
	F 工具	F1 数据分析与处理工具；F2 计算机前端语言；F3 计算机后端语言；F4 平面设计工具；F5 视频编辑工具；……

注：三级知识指标略。

资料来源：笔者根据数据分析结果整理。

3.3　科技人力资源岗位需求胜任能力特征本体模型构建

本体表示方式在工程、人工智能、计算语言、数据原理、医药、地理等领域的应用中，凭借着其层次化、结构化的特点，能够比较好地完成对大量且无序的数据信息进行一致性描述，其良好的推理性和可扩展性除了可以解决工程、人工智能、医药、地理等领域信息的存储与重用问题外，在管理学领域也有较为广阔的应用前景，下面将探讨科技人力资源岗位需求胜任能力特征本体如何进行表示与模型构建。

3.3.1　岗位需求胜任能力特征知识本体构建的方法与形式

构建领域本体没有一个标准的、唯一的方法，构建本体的实际情况和构建者习惯影响了本体构建方法的选择，但无论选择哪种构建方法，其最基本的任务主要在于一是获取并定义领域本体的概念；二是确定这些概念之间的关系，其他内容均是在此基础上附加的。

本书借鉴斯坦福大学医学院的"七步法"（胡兆芹，2014）这种通用的本体构建方法，建立科技人力资源的岗位需求胜任能力特征知识本体，具体步骤如下。

（1）确定专业领域本体的范围。进行科技人力资源岗位需求胜任能力特征领域知识本体构建的首要任务，是确定所构建的本体将涉及哪些专业领域、该本体应用的目的是什么、本体中的信息能回答哪些类型的问题、本体的用户和系统维护者是哪些人、确定本体可以回答的专业问题等。这些任务的实现对科技人力资源岗位需求胜任能力特征知识本体的模型起到形式化约束的作用。

（2）考察复用现有的岗位需求胜任能力特征相关知识本体。岗位需求胜任能力特征领域知识本体的构建过程比较复杂，涉及的组织、岗位和人员范围广、数量多且不断变化，如果岗位需求胜任能力特征系统要实现与其他关联系统或应用平台之间的互操作，那么对现有的知识本体进行复用是有效构建岗位需求胜任能力特征系统的途径。在岗位需求胜任能力特征知识本体中，可以充分集中《经济学管理学研究题录索引词汇表》《管理学大辞典》《管理词典》《胜任素质辞典》等的研究成果，利用本体知识集成方法构建岗位需求胜任能力特征知识本体。

（3）列出本体中的重要术语。人与岗位智能匹配系统的知识范围广、数量繁多，其中的术语包括术语的概念范畴规范、术语的属性规范等。所列出的术语清单应该涉及整个领域，剔除重复的概念、属性和关系，如岗位需求胜任能力特征本体相关的岗位胜任要求知识涉及的重要术语包括综合知识、专业技能、工作经验等。

（4）定义类及其等级体系。知识在本体中以类的形式出现，类包括概念名称、属性特征以及概念之间的关系，完善类的等级体系可以通过自顶向下、自底向上和综合法，本书采用自顶向下法，由岗位需求胜任能力特征领域中最大的概念开始，将这些概念逐级细化。

（5）定义类的属性。类的属性体现了类之间的区别，是知识体系的重要特征。如计算机基础知识和其他胜任能力的区别，可通过列举计算机操作系统的具体内容等属性来描述。在确定类的属性的同时，要同时确定类的属性之间的关系、约束条件和特性等。

（6）定义属性的分面。一个属性的"分面"是由属性的数据类型、容许的取值范围、约束条件和与属性取值相关的其他特征组成的。

（7）定义类的实例。定义类的实例需要确定一个类，创建这个类的一个实例，添加该类的属性值。也就是说将每一条招聘广告作为一个实例，它所属的类别是判断应将其放置到哪些类型岗位上的依据（王军，2008）。

雇主需要的岗位需求胜任能力特征本体知识库在构建的过程中，涉及多种类型的知识，在确定本体的概念之后会产生很多类，而每个类又会包含很多个下属的子类，每个类及其子类都有各自的属性及其关系。为了对岗位需求胜任能力特征知识库中的知识进行共享和重用，减少知识工程师的工作量，本体通常提供可重用部件的复用功能。本体知识库的构建过程，实际上就是对类的定义及其属性添加的过程，是对岗位需求胜任能力特征知识概念的本体形式化的过程。

形式化的岗位需求胜任能力特征知识本体定义如下：

Job Demand Characteristics =（Info，C，R，X，A，I）

Info：基础元数据信息，包括本体的名称、知识的来源、创建者和初创时间等基础元数据信息；

C：概念范畴的集合；

R：概念与概念之间关系的集合；

X：关系的属性；

A：本体中公理的集合，是岗位需求胜任能力特征与人员胜任能力实体中概念、关系属性之间的一些约束条件；

I：概念实列的集合。

本体构建的工具有很多种，比较成熟、常见的主要有：OntoEdit、Apollo、Ontolingua、Ontosaurus、WebOnto、Protégé、KAON 等，在岗位胜任能力特征知识本体的构建中，本书选用斯坦福大学开发的 Protégé 作为工具，Protégé 简单易操作，采用 Java 编写，支持多种语言包括中文，适合本体构建的概念化、形式化阶段，适用于没有过多经验的本体构建者，下面以科技人力资源精准配置的岗位需求胜任能力特征知识本体的模型构建为例进行说明，具体构建技术路线如图 3.11 所示。

其中，确定领域本体范围和考察复用现有本体两部分已经在章节 3.2.1 和章节 3.2.2 的数据挖掘与知识体系构建中进行了明确，下面将从构建本体类库开始，研究如何建立岗位需求胜任能力特征知识本体模型。

3.3.2　岗位需求胜任能力特征知识本体类库的组成

知识库是数据库与知识工程相结合的产物，知识库中的知识必须有一个统一的体系结构，因此，确定本体类库是知识库构建的重要环节和重要组成部分。下面将分析如何建立岗位需求胜任能力特征知识本体类库。

岗位需求胜任能力特征知识本体：是指科技人力资源精准配置领域中所涉及的可共享、可重用的概念模型。和其他本体一样，岗位需求胜任能力特征知

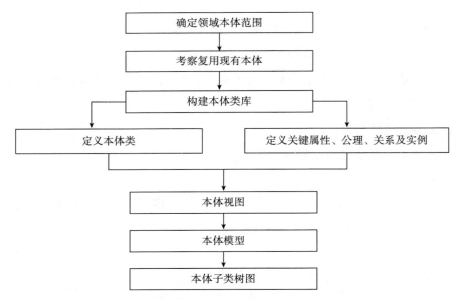

图 3.11 岗位需求胜任能力特征知识本体模型构建技术路线

资料来源：笔者根据研究内容整理。

识本体也包括概念、属性、公理和实例四个方面（阎红灿，2015）。

概念：是对领域名称的形式化规范描述，本体中的概念可以构成一个分类层次。因此，本体通常是以类（class）的形式出现，例如，在科技人力资源精准配置领域中，岗位需求胜任能力特征知识本体概念应该是涵盖了岗位名称、岗位等级、岗位性质、职类/职种、工作内容、薪酬区间、所处企业性质、地域、规模、行业、岗位要求等各方面涉及的概念名称的集合，也可以进一步划分为岗位胜任能力特征及其情境特征两个子领域集合。

属性：是对概念或类的特征的形式化规范描述，是判断概念与概念的区别之所在。属性一般具有的特征包括：（1）本质特征，如不同的岗位名称；（2）外来特征，如岗位的地区分布、所属行业、公司规模与性质；（3）组成部分，如综合素质、知识能力、职业能力、技术能力等；（4）个体间关系，如职位的岗位职责和任职资格之间的关系等。

公理：在人工智能领域中，公理被视为对某一领域知识的约束条件，能够限制并且明确定义概念和属性。如类公理"sub－class of"代表概念的包含和被包含关系，框架优化⊆计算机框架⊆计算机专业技能⊆技能⊆胜任能力要求。

实例：是对形式化规范描述的概念（类）、属性、公理等本体元数据的具体描述对象。实例继承了父类的属性，使每种职位的属性值在具体实例的属性值中都可以被找到。

3.3.3　岗位需求胜任能力特征知识本体类构建

本书利用 Protégé 5.5.0 工具构建科技人力资源精准配置本体类，以 Thing 类为父类，建立了一系列一级子类，如"岗位名称""地区分布""所处行业""薪酬区间""胜任能力要求"等，随后进一步界定了概念、属性、公理、实例等内容，最终形成了一个树状的层次结构，图 3.12 为部分互联网 IT 类岗位需求胜任能力特征的类层次结构图。

3.3.4　岗位需求胜任能力特征知识本体属性构建

属性由二元关系组成，包括概念属性和数据属性，本体属性的构建需要界定概念属性与个体之间的关系，以及数据属性个体实例与 RDF（XML Schema）数据类型之间的关系。本书添加的岗位需求胜任能力特征本体类属性是职类/职种、岗位性质、岗位等级、薪酬区间、所在地区、行业类型、企业规模与性质、胜任能力要求等包含的具体文本与数值内容，如图 3.13 所示。

3.3.5　岗位需求胜任能力特征知识本体公理构建

公理包括类公理和约束公理两种，其中，类公理是对全局性或局部性的概念及其属性标识符的形式化规范描述；而约束公理则是对概念及其属性所依赖的约束条件进行的详细描述。本书的类公理与约束公理主要归纳为以下几种，如表 3.4、表 3.5 所示。

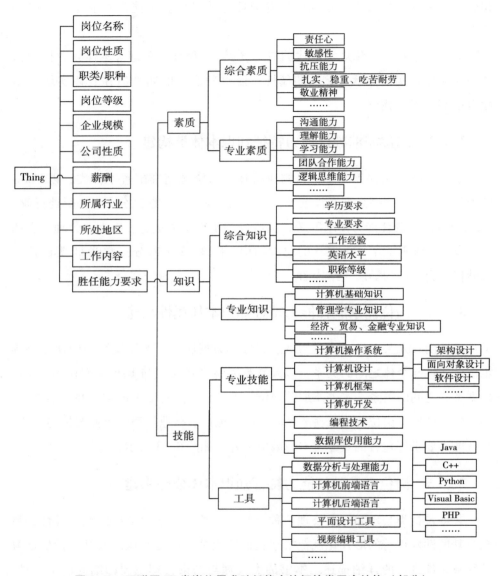

图 3.12 互联网 IT 类岗位需求胜任能力特征的类层次结构（部分）

资料来源：笔者根据数据分析结果整理。

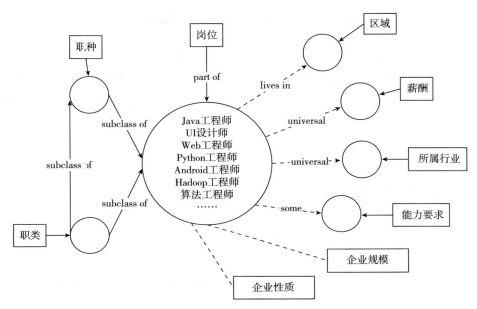

图 3.13　互联网 IT 类职位需求胜任能力特征本体类与属性

资料来源：笔者根据数据分析结果整理。

表 3.4　　　　　　　　　　　　　　　　　类公理

axiom	关系类别
sub - class of	包含关系
part of	部分与整体关系
attribute of	属性关系
instance of	概念与实例关系
lives in	空间关系

资料来源：笔者根据研究内容整理。

表 3.5　　　　　　　　　　　　　　　　　约束公理

axiom	关系类别
universal	属性取值必须在 only 所定义的范围之内
exactly cardinality	被约束属性的取值基数
some	属性取值必须有一个以上在 some 定义的范围之内

资料来源：笔者根据研究内容整理。

3.3.6　岗位需求胜任能力特征知识本体实例构建

如图 3.14 所示，本书构建的"岗位需求胜任能力特征"概念（类）包括诸多具体岗位需求胜任能力特征的实例，实例继承了概念（类）的属性，概念（类）是对实例的高度概括和抽象表示，即每种岗位需求胜任能力特征知识本体的属性值在实例中都可以得到实现。

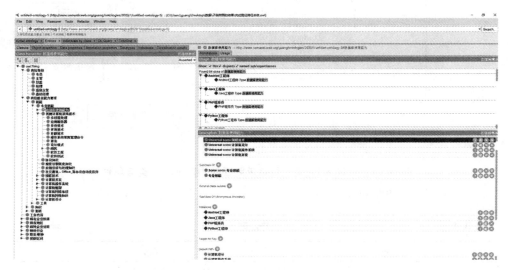

图 3.14　创建类的示例

资料来源：笔者根据数据分析结果整理。

图 3.15 为本书使用本体开发工具 Protégé 所构建的岗位需求胜任能力特征知识本体片段。该岗位需求胜任能力特征领域本体模型中，根据本书爬取到的数据特征，将涉及的岗位需求胜任能力特征严格区分开，用 9 个"类"、6 个"层级"描述了 154 种岗位需求胜任能力特征，基本完成了基于 Protégé 的岗位需求胜任能力特征知识本体的开发，完善了顶层概念库（分类本体）的构建。该本体共有 9 个类、312 个属性和 253605 个个体，并通过推理和测试来验证其正确性，为提供包括基于语义的智能案例推理检索系统和知识导航系统在内的一体化服务打下了基础。Protégé 具有自带推理机制功能，能够对实例进行一致性检验，消除语义之间的差异，可以使本体逻辑关系具有一致性，为后续本体

及案例推理提供保障。

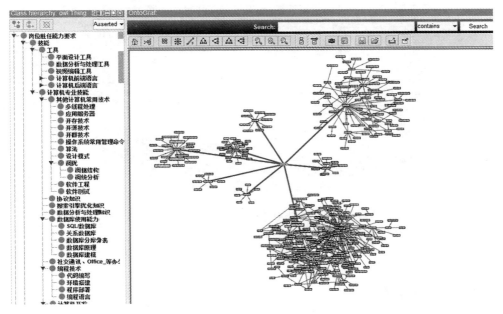

图 3. 15　岗位需求胜任能力特征子类树

资料来源：笔者根据数据分析结果整理。

同样地，根据构建的岗位胜任能力特征本体模型，本书初步绘制了岗位需求胜任能力特征知识图谱，如图 3. 16 所示。

构建岗位胜任能力特征本体的目的在于通过形式化规范科技人力资源精准配置领域的所有概念术语、关系、属性、公理、实例，为后续科技人力资源精准配置的案例表示、案例检索和案例推理提供语义基础，为领域内概念名称之间提供语义关系，实现概念名称之间的语义相似度计算，因为需要进行案例检索的目标案例和科技人力资源精准配置案例中存储的源案例都是实例化后的领域本体，构建的岗位胜任能力特征领域本体对进行语义检索时能够获得更好的检索效果起到了重要的作用。并且随着时间的推移和劳动力市场的变化，本体信息也会不断更新和完善，今后将能够实现科技人力资源岗位的胜任能力要求和科技人力资源具备的胜任能力的动态匹配，提高匹配的精准性，规避信息不对称造成的风险。

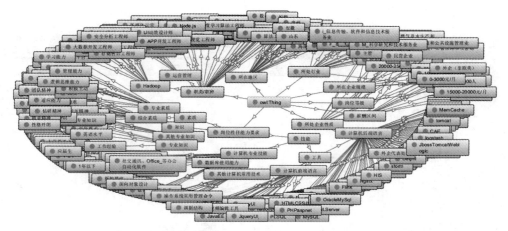

图 3.16　岗位需求胜任能力特征本体可视化展示

资料来源：笔者根据数据分析结果整理。

3.4　本章小结

　　根据第 2 章理论与文献的述评，针对科技人力资源精准配置领域信息的多源、异构等不确定性问题，通过岗位需求胜任能力知识的特征分析、确定岗位需求胜任能力特征领域本体的目的和范围、利用 Python 网络爬虫工具收集和分析岗位需求胜任能力特征领域数据信息、识别关键概念、属性及其关系、领域知识体系的构建等，初步建立了岗位需求胜任能力特征知识本体模型，实现了雇主需要的岗位需求胜任能力特征信息的结构化表述，形成了一个统一的标准来对岗位需求胜任能力特征进行描述和总结，解决了岗位需求胜任能力特征信息的存储、组织和重用的问题，本章的研究内容为后续进一步实现科技人力资源精准配置的案例表示、案例检索和案例推理、系统实现等知识共享、知识重用提供了语义基础。

第4章 基于本体的科技人力资源精准配置案例表示

由于雇主需要的岗位需求胜任能力特征的概念和获取来源量大，多数为隐性知识，且具有动态性、专业性、情境性和持续性等特点，因此，本书在第3章中通过构建雇主需要的岗位需求胜任能力特征本体模型，来实现岗位胜任能力特征知识信息的统一表示，并为后续研究科技人力资源精准配置案例的知识推理提供语义基础。在接下来的研究中，本书将本体技术与案例推理技术相结合。首先，根据第3章已经搭建好的岗位胜任能力特征本体库，对科技人力资源精准配置案例进行知识表示，形成科技人力资源精准配置案例库，以使知识推理和案例推理形成互补；其次，在第5章研究中，利用基于本体的概念名称相似度算法和属性相似度算法进行案例的相似度计算与检索，以获取相似的科技人力资源精准配置案例的特征和解决方案；最后，提出科技人力资源精准配置案例推理系统的设计与实现，为岗位需求胜任能力特征的智能化、信息化识别和人岗精准匹配提供合理的决策建议。

本章研究了案例推理的第一步——案例知识的表示，它是融合基于语义的本体技术和案例推理机制的关键步骤。科技人力资源精准配置案例与科技人力资源岗位需求胜任能力本体概念之间可以形成映射关系，即案例是岗位胜任能力特征概念类的实例，也可以称为岗位胜任能力概念类的成员，每一个岗位胜任能力概念节点下都聚集着与之对应的科技人力资源精准配置案例。结合语义本体的案例具有以下三点优势。（1）本体可以对科技人力资源精准配置案例进行明确规范的形式化说明，保证了案例的完整性和真实性，并且可以实现知识的通用性。（2）本体模型具有易理解、层次性、动态性等特点，案例存储结构丰富。（3）目前的本体开发平台已经比较成熟，可以满足案例库的易操作、稳定性和高效性等特点。

因此，基于本体的案例表示可以对科技人力资源精准配置案例的内容构成进行分析，从而实现对案例实现结构化的统一表示，同时也是对案例库进行有效应用和维护的前提。统一的结构化案例表示方法为案例相似度计算和精准匹配，以及案例库的维护提供基础，有利于科技人力资源精准配置案例推理系统的持续更新和知识的精准匹配。

基于此，本章在进行科技人力资源精准配置案例表示时，首先，对科技人力资源精准配置案例表示的构成要素进行分析；其次，基于岗位胜任能力特征本体，对科技人力资源精准配置案例进行形式化规范表示，定义科技人力资源精准配置案例本体知识模型；最后，建立融合本体的科技人力资源精准配置案例知识建模体系——案例库，实现半自动科技人力资源精准配置案例的获取。

4.1　科技人力资源精准配置案例表示构成要素

案例知识表示是指把相关文本案例表示成便于人和计算机识别与理解的、统一的数据结构形式，确定选择什么样的信息作为案例的描述，以及案例描述的结构形式是什么，包括案例的内容，以及案例的检索。一般来说，案例的内容涉及问题描述与情境描述、解决方案、结果及反馈三个部分，案例的检索涉及案例的组织结构形式。

在科技人力资源精准配置案例表示的过程中，首先需要根据领域特征有针对性地分析科技人力资源精准配置案例的内容构成，从而能够在案例的表示过程中有效地体现出科技人力资源精准配置实例的要素和内部机理，保存有价值的信息和知识；其次，对于科技人力资源精准配置案例的有效利用需要以适当的知识表示案例内容为前提，这样才能使科技人力资源精准配置案例中所包含的匹配方案的最佳用户画像和知识能够被计算机识别、存储和重用。因此，本章从科技人力资源精准配置案例的构成要素进行分析，然后对科技人力资源精准配置案例中各要素进行规范化表示，实现对科技人力资源精准配置案例的统一结构化描述，为后续科技人力资源精准配置案例相似度的计算以及案例库的修改和维护提供基础。

　　研究者和企业管理者对于科技人力资源精准配置知识的重用大多是根据招聘和岗位竞聘的经验并结合人员素质测评结果，但这些知识都会存在语义表达不规范的情况，降低了科技人力资源精准配置案例推理的精准度，也增加了重用匹配知识的难度。因此，需要通过明确的案例结构对科技人力资源精准配置案例进行统一表示。

　　在 CBR 案例推理中，知识一般是以案例的形式进行表示和存储的，一般来说，一个具体的案例可以表示为：

$$Case（P，F） \tag{4.1}$$

其中，P 表示描述问题的所有特征属性的集合，F 表示针对需要解决的问题所采取的方案的集合，它是解决新问题的依据。

　　基博（Giboa，1995）提出的"问题描述，解决方案，效果描述"三元组是最典型的案例结构描述形式，即：

$$Case（P，F，V） \tag{4.2}$$

　　结合对科技人力资源精准配置案例特征的分析，为了突出特定的问题描述与情境描述对于案例表示、案例检索的重要性，本书将科技人力资源精准配置案例结构表示为"问题描述（Problem Analysis）、情境描述（Real - Scene Analysis）、匹配方案（Fit Solution）"三元组，即科技人力资源精准配置案例（CBR - based Person - Post Fit，CPPF）：

$$Case（CPPF） = Case（P Analysis × R Analysis × F Solution） \tag{4.3}$$

　　为方便后面第 5 章相似度计算的表示，P Analysis、R Analysis、F Solution 分别简化为字母 P、R、F 代替。

　　具体来说，科技人力资源精准配置案例的表示就是把历史上已经发生过的进行科技人力资源精准配置的实例保存为匹配案例的形式，其内容包括三个部分。

　　（1）问题描述，即科技人力资源精准配置源案例的相关描述性信息和目标案例的问题描述。

　　（2）情境描述，即科技人力资源精准配置源案例与目标案例岗位所处的企业内外部真实情境描述。

（3）匹配方案，即与科技人力资源精准配置目标案例的问题描述和情景描述相对应的源案例的匹配策略（本书研究以构建的虚拟用户画像来描述匹配策略）。

科技人力资源精准配置案例三元组（CPPF）包含了"确定待匹配岗位问题—分析岗位情境—制定匹配方案—执行匹配方案"的完整过程。图 4.1 描述了科技人力资源精准配置流程、案例构成要素与案例结构的对应关系。

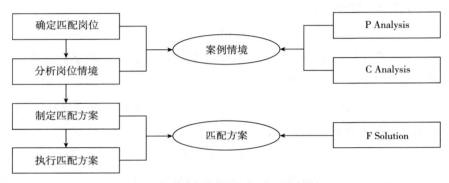

图 4.1　匹配流程与案例构成要素的关系

资料来源：笔者根据研究内容整理。

基于本体知识对科技人力资源精准配置案例进行知识建模，能够有效实现科技人力资源精准配置领域经验知识的再利用和知识的共享，使企业根据岗位所处的具体情境属性特征，精准、动态、全方位地明确科技人力资源岗位所需的胜任能力特征，并以此为依据预测和匹配最佳候选人。同时也能使科技人力资源及时掌握劳动力就业市场中特定情境岗位的胜任能力所需，并通过积极行为的改变来不断地提高自己的胜任能力，使科技人力资源持续保持能够被劳动力市场雇佣的能力。因此，本书所构建的基于本体的科技人力资源精准配置案例表示可以通过案例知识的统一规范化形式，有效解决人与岗位胜任能力和需求能力的信息不对称问题，并在此过程中提高案例重用的有效性。

本章研究的基于本体的科技人力资源精准配置案例知识表示，为下一章进行案例相似度计算与案例推理提供了统一的知识表达模型，通过科技人力资源精准配置案例表示的研究，能够建立各案例知识源之间的联系，形成科技人力资源精准配置案例知识共享体系结构。科技人力资源精准配置案例知识共享体系如图 4.2 所示。

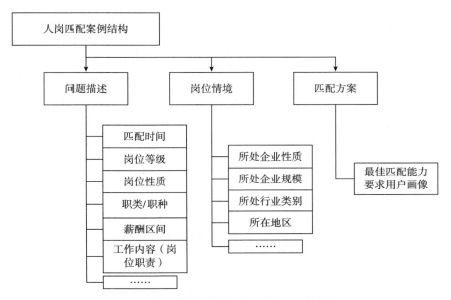

图 4.2　科技人力资源精准配置案例知识共享体系

资料来源：笔者根据研究内容整理。

由图 4.2 可知，一个具体的案例表示应该包括以下六个方面。

（1）案例编码：案例的唯一标识。

（2）案例名称：界定案例特有的名称。

（3）案例类别：将现有的科技人力资源精准配置方案按照职位名称进行分类，以方便检索。

（4）案例问题：描述案例的特征知识，定义了案例的检索知识，包括待匹配岗位的等级、匹配时间、职类/职种、岗位性质、岗位能够被提供的薪酬区间以及岗位的工作内容（来自岗位职责）等。

（5）案例情境：描述案例岗位所处的企业内外部情境，包括所处企业的性质、规模、行业、地区等，案例推理系统主要通过问题特征属性与情境特征属性进行检索和匹配。

（6）解决方案：源案例的解决方案暂时由案例的岗位任职要求构成，最终会根据检索的相似案例集来绘制目标案例在解决问题时所应采用的最佳匹配方案的用户画像，作为目标案例的解决方案，解决方案是案例构成要素中最重要的部分。

由此，根据式（4.3）与图4.2，一个具体的科技人力资源精准配置案例知识可以表示为：Case = （ID，N，S，P Analysis，R Analysis，F Solution），分别代表案例的编码、名称、类别、问题描述、情境描述以及解决方案。本书需要形式化表示的案例是关于企业如何根据岗位需求和情境特征来提供相应的科技人力资源精准配置解决方案，表4.1所示为目标案例知识构成的范例。

表 4.1　　　　　　　　科技人力资源精准配置目标案例知识构成范例

项目		内容描述
案例问题	案例编号	$CPPF_0$
	岗位名称	. NET 开发工程师
	匹配时间	2020 年 3 月 18 日
	岗位等级	高级主管
	岗位性质	专业人员、技术人员、管理人员
	所处职类/职种	软件开发类/. NET 开发
	薪酬区间	1 ~ 1.5 万/月
	工作内容	岗位职责的文本特征提取（略）
情境描述	所处企业性质	合资
	所处企业规模	5000 ~ 10000 人
	所处行业类别	租赁与商务服务业
	所在地区	北京
匹配方案	最佳匹配者胜任能力用户画像	解决方案集 $\{f_{1267,5}, f_{1267,12}, f_{1267,15}, f_{1267,15}, f_{1267,37}, f_{1267,59}, f_{1267,78}, f_{1267,119}, f_{1267,504}, f_{1267,738}, f_{1267,825}, f_{1267,909}, f_{1267,1022}, f_{1267,1137}, f_{1267,1260}\}$ 绘制的最佳胜任者用户画像

资料来源：笔者根据研究内容整理。

4.2　科技人力资源精准配置案例本体知识模型

科技人力资源精准配置案例知识表示是基于案例推理的智能决策的核心和

关键，岗位需求胜任能力特征知识与人员具备的胜任素质能力知识之间的共享，可以通过科技人力资源精准配置案例本体知识模型来实现。为了实现科技人力资源精准配置案例知识共享的目的，本节结合科技人力资源精准配置领域的特点，构建科技人力资源精准配置案例本体模型——CPPF OM（CBR - based person - post fit ontology model）。通过岗位需求胜任能力特征本体的形式化规范表示，定义了科技人力资源精准配置案例本体模型，建立了融合本体的科技人力资源精准配置案例知识建模体系，并实现案例检索的半自动化与推理机制。

在上一节中，本书研究探讨的案例是对一个问题或事件的描述，包括问题描述、情境描述和解决方案。对于科技人力资源精准配置案例而言，问题与情境描述是对岗位的需求、匹配时间、等级、性质以及岗位所处企业环境等进行的描述，解决方案是给出相应的人员或岗位的最佳匹配者用户画像。在这一节中，将根据科技人力资源精准配置案例的构成要素，进行科技人力资源精准配置案例本体的形式化规范表示，定义科技人力资源精准配置案例本体知识模型，通过科技人力资源精准配置案例本体模型和形式化本体描述，共同实现科技人力资源精准配置的案例本体知识表示。本书采用了四元组方法对科技人力资源精准配置案例本体进行形式化表示，下面将详细介绍如何通过构建领域本体来进行科技人力资源精准配置案例本体的表示。

CPPF OM：科技人力资源精准配置案例本体模型，是一个包含 CPPF On_Concepts，CPPF On_Axioms，CPPF On_Relationship，CPPF On_Example 的四元组，即：

CPPF OM ＝（CPPF On_Concepts，CPPF On_Axioms，CPPF On_Relationship，

CPPF On_Example）　　　　　　　　　　　　　　　　　　　　　　　　　（4.4）

其中，CPPF On 表示科技人力资源精准配置案例本体，CPPF On_Concepts 表示科技人力资源精准配置案例本体模型中概念的集合，CPPF On_Relationship 表示科技人力资源精准配置案例本体知识模型中概念与概念之间关系的集合，CPPF On_Axioms 表示科技人力资源精准配置案例术语公理的集合，CPPF On_Example 表示科技人力资源精准配置案例本体模型中对象实例的集合。

对该四元组进行如下详细的案例表示：

1. 案例概念

CPPF On_Concepts {C}：科技人力资源精准配置案例本体知识概念中，C 表示 CPPF OM 中的形式化本体知识概念，科技人力资源精准配置案例本体的概念可以按照科技人力资源精准配置的业务流程展开为岗位问题描述、岗位情境描述、匹配方案描述三个方面的核心概念，每个核心概念又可以进行具体细分，其形式化规范的描述表示如下：

$$CPPF\ On\_Concepts = \{C_1, C_2, C_3, \cdots, C_n\} \tag{4.5}$$

Person – Post Fit Time：匹配时间，科技人力资源精准配置经验获取的时间集合。

Post Grades：科技人力资源精准配置的岗位等级，目标案例与源案例按照岗位需求胜任能力本体界定的岗位等级确定案例的具体岗位等级。

Fit Solution：匹配方案，针对案例具体的岗位需求胜任能力特征而采取的基本匹配、素质匹配、知识匹配、技能匹配等具体匹配的计划。

2. 案例关系

CPPF On_Relationship：用于确定案例概念之间的联系，科技人力资源精准配置案例本体概念之间的关系主要是由于匹配流程之间存在着前后因果关系，因此，其关系主要有：整体与部分关系（is – part – of）、继承关系（is – a）、属性关系（is – attribute – of）、组成关系（compose – of）、包含关系（has）等，关系形式化规范描述如下：

$$CPPF\ On\_Relationship = \{R\ C_1, C_2 \mid C_1, C_2\}\ CPPF\ On\_Concepts \tag{4.6}$$

表示 CPPF OM 模型的任意两个概念 C_1、C_2 之间关系的集合。

3. 案例公理

CPPF On_Axioms：科技人力资源精准配置案例内永真式结论，在科技人力资源精准配置案例领域，公理一般是岗位需求胜任能力特征方面的知识，例如，珠海市的民营企业高科技行业公司的 Java 高级工程师的任职要求需要有 5 年以上 Java 开发经验，精通 Java 语言、多线程、高并发的处理技术，具有较强的分析设计能力并具备较强的文档编写能力。

科技人力资源精准配置案例公理形式化规范描述如下：

$$\text{CPPF On\_Axioms} = \left\{ \begin{array}{c} \text{A：}(S1，S2，\cdots，Sn-1) \rightarrow S \\ \mid Si，S \in \text{CPPF On\_Concepts} \cup \text{CPPF On\_Relationship} \end{array} \right\}$$

$$(4.7)$$

其中，S_i 和 S 是由概念和关系共同组成的，代表了科技人力资源精准配置案例中所记录的某一段内容。

CPPF On 模型中的公理主要有等价关系、子类关系和实例关系三种：

（1）等价关系：两个概念、属性间具有的等价性，例如，PHP 开发工程师的代码测试能力和代码维护能力都是其代码编写的主要能力。

（2）子类关系：是类之间的继承关系，例如，Web 开发工程师的搜索引擎优化知识是其计算机系统知识属性的子类。

（3）实例关系：是对类和实例对应关系的形式化规范描述，北京友聚四海网络科技有限公司的 Python 工程师的岗位需求胜任能力特征是岗位需求胜任能力特征的实例。

4. 案例实例

CPPF On_Example：描述了科技人力资源精准配置案例概念和关系的实例集合，其作用是表达具体的针对某种情境下的一个科技人力资源具体岗位的匹配案例。例如 2019 年 10 月 19 日，对处于苏州地区的 100 人规模高科技民营企业的软件工程师初级岗位进行的匹配是科技人力资源精准配置案例的一个实例。

其形式化规范描述如下：

CPPF On_Example ＝｛Example ｜ C（Example），R（Example），CPPF On_Concepts，CPPF On_Relationship｝

$$(4.8)$$

通过对 CPPF On 需要的建模元语进行表述，可以为后面本体建模提供基础。

4.3　科技人力资源精准配置案例库的构建

在对科技人力资源精准配置案例本体知识模型进行形式化规范后，每一个具体的案例都有了统一的案例表示形式，接下来需要对案例库进行知识表示，以此实现目标案例与源案例的相似度计算。

4.3.1 案例表示方法

科技人力资源精准配置案例表示的主要任务是确定适当的案例特征，确定科技人力资源精准配置领域特有的专业名词，收集典型案例。目前，案例的表示方法主要有结构化法、面向对象和基于 XML 表示法、基于文本方法、属性特征向量法等，本书选取属性特征向量案例表示法，用一组特征向量来记录一个案例的所有特征，组成属性特征集合，用来代表案例。

本书采用本体化的特征向量表示法进行案例表示，既能统一定义科技人力资源精准配置领域通用的基本知识，又能对科技人力资源精准配置案例本体知识进行形式化规范描述，通过特征向量的表示方式或结构化的表示形式定义案例，便于存储、检索和修改。

4.3.2 目标案例与源案例的形式化表示

案例推理需要大量成熟的历史案例作为支撑，但是由于科技人力资源精准配置案例的繁多性和动态性，再加上对层级越高、技术含量要求越高的岗位来说，其在进行科技人力资源精准配置时，难以获取的隐性知识的胜任能力匹配情况就越重要，如果以整个匹配案例作为科技人力资源精准配置案例推理的案例输入，那么比较难检索到合适和满意的案例，导致案例推理的失败。从科技人力资源精准配置案例的结构公式（4.3）Case（CPPF）= Case（P Analysis × R Analysis × F Solution）可知，科技人力资源精准配置案例可以划分为多个相互关联的案例问题和情境，每一个案例问题和情境在某一个特定时期内是相对稳定的，并且相对于整个匹配案例来说不具有明显的特殊性。

因此，本书对目标案例和源案例的形式化表示如下（李永海，2014）：

（1）CPPF：假设 $N = \{1, 2, \cdots, n\}$ 表示源案例的个数，Case（CPPF）= $\{CPPF_1, CPPF_2, \cdots, CPPF_n\}$ 表示源案例的集合，其中，$CPPF_i$ 表示第 i 个源案例，$i \in N$；假设 $CPPF_0$ 表示目标案例，目标案例涉及的解决方案是未知的。需要说明的是，源案例 $CPPF_i$ 的解决方案是由案例中的任职要求暂时确定的，

目标案例 $CPPF_0$ 最终的解决方案需要根据本书提出的检索方法或专家评价得到的相似案例集生成的用户画像来表示。

（2）P Analysis：假设 $M = \{1, 2, \cdots, m\}$ 表示问题描述的特征个数，$P = \{P_1, P_2, \cdots, P_m\}$ 表示问题描述特征的集合，其中 P_j 表示问题描述的第 j 个特征，$j \in M$。假设 $w^p = (w_1^p, w_2^p, \cdots, w_m^p)$ 表示问题描述的特征的权重向量，其中 w_j^p 表示问题描述的特征 P_j 的权重，$j \in M$。假设 $p_i = (p_{i1}, p_{i2}, \cdots, p_{im})$ 表示源案例 $CPPF_i$ 的问题描述的特征值向量，其中 p_{ij} 表示源案例 $CPPF_i$ 的问题描述的第 j 个特征值，$i \in N$，$j \in M$。假设 $p_0 = (p_{01}, p_{02}, \cdots, p_{0m})$ 表示目标案例 $CPPF_c$ 的问题特征值向量，其中 p_{0j} 表示目标案例 $CPPF_0$ 的问题描述的第 j 个特征值，$j \in M$。需要说明的是，关于目标案例与源案例的问题特征值（如 p_{ij}、p_{0j}）可能被表示为多种信息形式，如特征类别型、精确区间型、精确数值性、字符型等。

（3）R Analysis：假设 $G = \{1, 2, \cdots, g\}$ 表示情境描述的特征个数，$R = \{R_1, R_2, \cdots, R_g\}$ 表示情境描述特征的集合，其中 R_k 表示情境描述的第 k 个属性，$k \in G$。假设 $w^r = (w_1^r, w_2^r, \cdots, w_g^r)$ 表示问题描述的特征的权重向量，其中 w_g^r 表示情境描述的特征 R_k 的权重，$k \in G$。假设 $r_i = (r_{i1}, r_{i2}, \cdots, r_{ig})$ 表示源案例 $CPPF_i$ 的情境描述的特征值向量，其中 r_{ik} 表示源案例 $CPPF_i$ 的情境描述的第 k 个特征值，$i \in N$，$k \in G$。假设 $r_0 = (r_{01}, r_{02}, \cdots, r_{0g})$ 表示目标案例 $CPPF_0$ 的情境特征值向量，其中 r_{0k} 表示目标案例 $CPPF_0$ 的问题描述的第 k 个特征值，$k \in G$。需要说明的是，关于目标案例与源案例的情境特征值（如 r_{ik}、r_{0k}）同样也可能被表示为多种信息形式，如特征类别型、精确区间型、精确数值性、字符型等。

（4）F Solution：假设 $H = \{1, 2, \cdots, h\}$ 表示解决方案的特征个数，$F = \{F_1, F_2, \cdots, F_h\}$ 表示解决方案特征的集合，其中 F_e 表示解决方案的第 e 个特征，$e \in H$。假设 $f_i = (f_{i1}, f_{i2}, \cdots, f_{ih})$ 表示源案例 $CPPF_i$ 的解决方案的特征值向量，其中 f_{ie} 表示源案例 $CPPF_i$ 的解决方案的第 e 个特征值，$i \in N$，$e \in H$。需要说明的是，由于 $CPPF_0$ 目标案例最终获得的解决方案是通过源案例 $CPPF_i$ 岗位需求胜任能力网络爬虫数据构建的最佳匹配者虚拟用户画像得到的，并不是科技人力资源精准配置真实的结果，再加上除了参考此岗位胜任能力特征本体知识外，还要综合考虑人员的隐性知识，因此，本书通过设定方案集构建虚拟用户画像的方式供企业结合人员隐性知识的考察结果，综合选出最佳匹配候选人。

综上所述，目标案例与源案例的形式化规范表示可以总结为表4.2。

表 4.2 目标案例与源案例的形式化表示

目标案例与源案例	问题描述的特征				情境描述的属性				解决方案的特征			
	P_1	P_2	$\cdots$	P_m	R_1	R_2	$\cdots$	R_g	F_1	F_2	$\cdots$	F_h
$CPPF_1$	p_{11}	p_{12}	$\cdots$	p_{1m}	r_{11}	r_{12}	$\cdots$	r_{1g}	f_{11}	f_{12}	$\cdots$	f_{1h}
$CPPF_2$	p_{21}	p_{22}	$\cdots$	p_{2m}	r_{21}	r_{22}	$\cdots$	r_{2g}	f_{21}	f_{22}	$\cdots$	f_{2h}
$\vdots$	$\cdots$	$\cdots$	$\cdots$	$\cdots$	$\cdots$	$\cdots$	$\cdots$	$\cdots$	$\cdots$	$\cdots$	$\cdots$	$\cdots$
$CPPF_n$	p_{n1}	p_{n2}	$\cdots$	p_{nm}	r_{n1}	r_{n2}	$\cdots$	r_{ng}	f_{n1}	f_{n2}	$\cdots$	f_{nh}
$CPPF_0$	p_{01}	p_{02}	$\cdots$	p_{0m}	r_{01}	r_{02}	$\cdots$	r_{0g}	X			
权重	w_1^P	w_2^P	$\cdots$	w_m^P	w_1^r	w_2^r	$\cdots$	w_g^r	—			

备注：表中 X 是本书需要求解的未知数。
资料来源：笔者根据研究内容整理。

表 4.2 中关于目标案例与源案例所涉及的特征、属性及其权重将是本书在第 5 章案例检索中需要进一步研究和应用的，具体详情见第 5 章的实例验证。

结合数据库技术，将收集到的岗位案例按照以上的表示方式存放在一系列相互关联的数据表中，建立案例索引，使得案例推理机能够按照岗位分析的层次结构在案例索引中检索案例框架，然后根据检索结果进行进一步的推理。

4.3.3 科技人力资源精准配置案例库的存储

将构建的本体以案例的形式进行描述，形成案例库，在建立案例库中，本书利用数据库形式存储案例，有以下三个方面的理由。第一，数据库有利于案例检索，每个岗位案例以案例编码为索引标志，保证案例区别于其他案例并被有效检索；第二，数据库具有强大的数据管理能力，可以进行案例库的维护；第三，目前研究的基于本体的科技人力资源精准配置案例推理系统相对于工程类、医学类数据库案例推理系统而言，是一个相对比较简单的案例推理系统。

科技人力资源精准配置案例库涉及的岗位名称、所在地域、企业性质、所属行业等相关案例的问题和情境属性不同，相应的匹配解决方案也就不同，用结构统一的线性表表示案例结构和属性，并进行存储和检索的难度是很大的。而可扩展标记语言 XML（eXtensible Markup Language）是进行半结构化数据表示的首选方法。其特点在于：一是数据的组织性强，既能表示数据格式和数据间的关系，又能存储数据，具有数据库的功能；二是具有自由性和灵活性，允许用户自定义标签和结构。综合上述分析，XML 语言具有的半结构化数据表示特点符合科技人力资源精准配置案例的存储和检索，因此，本书以 XML 语言为工具，实现案例数据库的存储。

当案例构成要素与形式化的表示方法确定之后，就可以对具体案例进行形式化规范表示，可以按照形式化描述方法的规范对具体案例属性值进行特征值赋值。

4.4　本章小结

案例表示是融合基于语义的本体技术和案例推理机制的关键步骤，本章通过分析科技人力资源精准配置案例表示的"问题描述—情境描述—匹配方案"构成要素，根据已经构建的岗位需求胜任能力特征知识本体，定义了科技人力资源精准配置案例的本体知识模型，建立了基于本体的科技人力资源精准配置案例知识建模体系——案例库，从而对科技人力资源精准配置案例实现了结构化的规范表示。统一的结构化科技人力资源精准配置案例表示方法为案例相似度计算和精准匹配，以及案例库的有效应用与维护提供了基础，有利于后续科技人力资源精准配置案例推理系统的持续更新和知识服务。因此，本章的重点是探讨了科技人力资源精准配置目标案例与源案例如何进行知识表示，本章研究的规范性是下一章科技人力资源精准配置案例相似度计算与检索顺利进行的前提和保障，同时，本章的研究内容是后续进一步实现基于知识本体的科技人力资源精准配置案例推理与知识推送的基础。

第5章　基于本体的科技人力资源
精准配置案例检索

案例间的相似度计算与检索是科技人力资源精准配置案例推理系统中最重要的一个环节，它的核心内容是利用案例相似度计算方法，从案例库中匹配出与目标案例最相似的一个或多个源案例，并求得相似性最高的源案例的解决方案。本章将从目标案例与源案例的相似度计算及其方法选择、提高案例检索的精准度，以及如何构建目标案例的解决方案——最佳匹配者用户画像等方面展开研究，为最终的科技人力资源精准配置案例推理系统的构建和智能知识推送提供理论与实践的基础。

5.1　科技人力资源精准配置案例检索流程和方法

5.1.1　科技人力资源精准配置案例检索流程

基于本体及其推理机制的语义检索方法和基于本体的案例推理系统已经被应用于很多领域中，如医疗领域、应急管理领域（王宁，2014），但在人力资源管理领域里，目前还没有形成一个在企业中运行的比较完整的基于案例推理的人力资源管理领域检索系统，因此，本书在案例表示与案例特征识别的基础上，通过计算目标案例与案例库中源案例的相似性，得出最匹配的源案例及其解决方案，来构建基于本体的科技人力资源精准配置案例检索与推理系统，具体内容有以下四个方面。

（1）案例表示与案例特征识别。这一阶段是数据准备阶段，主要是分析并提取需要处理的案例问题和案例情境的特征，并对案例特征进行规范化表示，此部分研究在第4章中已经得到实现。

（2）案例概念相似性计算。对比计算需要处理的目标案例所提取的案例特征与案例本体知识库索引表，获取需要处理的目标案例概念名称和每个源案例概念名称的相似度。

（3）案例问题与情境特征的属性相似度计算。对目标案例与案例库中的源案例属性之间的相似度进行计算，然后根据计算的相似度阈值结合案例检索方法获取相似源案例集。

（4）相似案例集及其解决方案的选择。借助知识模型评估获得的候选相似案例集，必要时加入专家评估，对候选相似案例进行排序，根据得到的相似案例集来绘制该目标案例解决方案中的最佳匹配者用户画像，实现对科技人力资源精准配置案例的检索。

5.1.2　科技人力资源精准配置案例检索方法

案例推理系统最重要的前提是能否检索出最相似的案例，以及能否为目标案例提供最佳的解决方案，因此，检索功能是案例推理系统的关键，目前除了传统方法外，其他的一些案例检索方法主要有聚类分析法（胡学东，2004）、神经网络法（孟妍妮，2006）、贝叶斯相似法等具体的检索方法，基于云模型（Ma，2010）的案例相似性检索方法，还有基于语义相似度计算与属性相似度计算（袁晓芳，2009）的双重案例检索方法，基于本体及其推理机制的语义检索方法（闻敬谦，2009；李林，2011）等，以提高检索的准确性。

针对传统案例推理的局限性问题，本章在基于岗位胜任能力特征知识本体的基础上，提出了基于本体和案例推理的科技人力资源精准配置检索方法，该方法结合了基于概念、属性、综合相似度计算的案例检索方法和基于本体及其推理机制的语义一致性检索方法，通过将案例集以实例的形式与岗位胜任能力特征知识本体概念节点进行逻辑映射，实现案例知识的结构化表示和存储，并及时对案例进行修正与更新，建立了基于本体和案例推理的分层检索模型，如图 5.1 所示。

基于本体的科技人力资源精准配置案例检索模型分为三个层面。

（1）本体检索层，是基于岗位胜任能力特征本体的定性检索，通过概念名

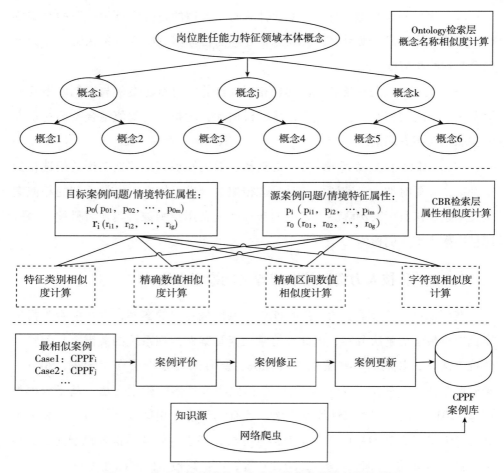

图5.1 基于本体的科技人力资源精准配置案例检索模型

资料来源：笔者根据研究内容整理。

称检索遍历整个岗位胜任能力特征领域本体，计算概念名称相似度，得到与目标案例有概念相似的可用子案例集，以缩小案例推理的检索范围。

（2）案例推理检索层，是基于岗位胜任能力特征属性的定量检索。通过对目标案例和源案例集中的属性特征进行相似度计算，得到最相似的科技人力资源精准配置案例集及其解决方案，并以此构建目标案例解决方案用户画像。

（3）案例修正与更新层，通过案例检索得到的相似案例集可能与目标案例不完全匹配，则需要对检索到的相似案例集进行评价，如果能够获得的目标案例的解决方案用户画像比较满意，那么匹配成功，如果没有得到目标案例比较满意的解决方案用户画像，那么需要对相似案例进行修改，以提高科技人力资源精准配置的效果，并通过案例学习来对案例知识库进行更新和完善。

5.2　基于本体的科技人力资源精准配置案例检索的相似度计算

本书在第 4 章进行案例表示研究的基础上，以特定的案例问题描述和情境描述概念及其属性值作为案例检索的依据，通过对目标案例和源案例中问题与情境描述本体实例间的相似度计算，以检索到与当前目标案例中问题描述、情境特征相似的源案例集为目标，进而全面检索案例中蕴含的有价值的科技人力资源精准配置解决方案的过程参考信息。

5.2.1　科技人力资源精准配置案例检索相似度计算的研究框架

概念 $C = Sim$（$CPPF_0$，$CPPF_i$）为目标案例 $CPPF_0$ 与源案例 $CPPF_i$ 的相似度，$C \in$（0，1），C 的值越接近 1，案例的相似性越高。其中，目标案例 $CPPF_0$ 是对待求解目标案例的问题与情境的描述，将当前需要匹配的岗位情况按照案例问题与情境结构进行描述，当某个岗位需要进行匹配时，案例推理系统会将待求解的目标案例转化为案例问题描述（P Analysis）和情景描述（R Analysis），对当前岗位的岗位等级、岗位性质、岗位薪酬区间、工作内容、岗位所处企业规模、企业性质、行业类型等特征进行描述，并进一步用科技人力资源精准配置本体实例化对象进行形式化规范表示；案例 $CPPF_i$ 是案例库中已有的按照科技人力资源精准配置案例表示方法存储的问题和情境描述的源案例，已知案例库中任何一个源案例可以表示为式（4.3）Case $CPPF_i$ = Case（P Analysis × R Analysis × F Solution）（简化为 P，R，F），因此，为匹配 $CPPF_i$ 中的案例问题与情境描述属性值，Sim（$CPPF_0$，$CPPF_i$）进一步转化为 $CPPF_0$ 和 $CPPF_i$ 中问题与情境本体实例间的相似度计算，即：

$$Sim（CPPF_C，CPPF_i）= Sim \{ CPPF_0（P_{01}，P_{02}，\cdots，P_{0m}，R_{01}，R_{02}，\cdots，$$

R_{0g}，F_{01}，F_{02}，…，F_{0h}），$CPPF_i$（P_{n1}，P_{n2}，…，P_{nm}，R_{n1}，R_{n2}，…，R_{ng}，F_{n1}，F_{n2}，…，F_{nh}）}

$$(5.1)$$

因此，根据上述结构分析，目标案例 $CPPF_0$ 与源案例 $CPPF_i$ 的检索过程可以分为多个层级，通过引入岗位胜任能力特征领域本体形式，把科技人力资源精准配置案例中包含的概念和属性分离出来，形成本体检索层和案例检索层，其中本体检索层的概念全部来源于 CPPF，由 CPPF 统一定义，由此消除了概念歧义。在检索过程中，根据 CPPF 中概念的语义和名称，可以减少检索范围，提高检索效率；属性特征中蕴含着具体的案例问题与情境的描述，是本体实例对象的属性取值集合，根据本体属性取值的约束，可以分为特征类别型、精确数值型、符号型、区间型属性。

基于上述分析，本书中科技人力资源精准配置案例检索的相似度计算的具体步骤分为以下三步。

第一步：根据第 3 章构建的科技人力资源精准配置领域知识本体进行基于概念名称的本体语义相似度计算，排除语义不相似的案例，提取初步的可用源案例集 $CPPF^A$。

第二步：根据第 4 章案例知识表示内容进行基于属性的案例相似度计算，筛选出相似案例集 $CPPF^R$。

第三步：设置相似度阈值，选出满足阈值的科技人力资源精准配置方案，构建相似案例集 $CPPF^{Sim}$，匹配结果满意则匹配结束，不满意则修正或更新源案例。

构建岗位胜任能力特征领域本体为案例的概念名称之间关系提供了语义基础，实现案例的概念名称之间的相似度计算，需要进行案例检索的目标案例和科技人力资源精准配置案例库中存储的源案例都是实例化后的领域本体，为了在岗位胜任能力特征领域本体中进行语义检索时能够获得更好的检索效果，本书在本体检索层采用的是基于概念名称的语义相似度计算，在案例推理检索层采用的是基于属性的相似度计算，并与总体相似度计算方法相结合进行备选案例集的筛选工作，其中，在基于属性的相似度计算中，分别进行了特征类别、精确数值、精确区间和符号型属性相似度计算。具体计算方法如图 5.2 所示，下面将详细介绍各相似度计算方法，并进行相应的算法应用。

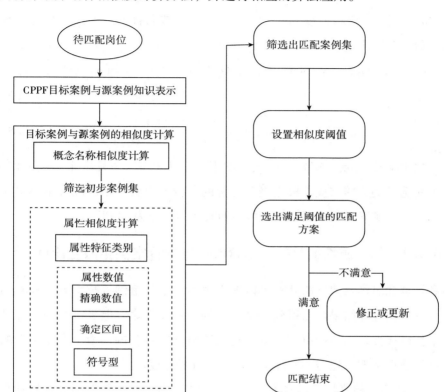

图 5.2　科技人力资源精准配置案例检索的相似度计算研究框架

资料来源：笔者根据研究内容整理。

5.2.2　基于概念名称的科技人力资源精准配置本体语义相似度计算

计算科技人力资源精准配置案例相似度首先需要进行基于概念名称的本体语义相似度计算，筛选出初步的可用案例集。概念名称的相似度包括本体和属性的名称相似度，其中，本体名称用来判断不同案例中的本体是否描述了同一类事物对象，例如是否都描述了开发类工程师职类，或者 5G 开发工程师岗位。属性名称用来判断当两个本体描述了同一类事物对象时，涉及的属性名称是否匹配。

假设本体 On_1 中包含了概念 $O_1 = \{O_{1C}, O_{1A}\}$，即本体名称 O_{1C} 以及一组属性名称 $O_{1A} = \{O_{11}, O_{12}, \cdots, O_{1n}\}$，本体 On_2 中包含了概念 $O_2 = \{O_{2C}, O_{2A}\}$，

即本体名称 O_{2C} 以及一组属性名称 O_{2A} = $\{O_{21}, O_{22}, \cdots, O_{2n}\}$，则本体 On_1 和本体 On_2 的概念名称相似度 Sim (O_1, O_2) 由本体名称的相似度和属性名称集合的相似度共同决定。

$$Sim_{cn} (O_1, O_2) = w_i Sim_{cn} (O_{1C}, O_{2C}) + (1 - w_i) Sim_{cn} (O_{1A}, O_{2A}) \tag{5.2}$$

$$Sim_{cn} (O_{1A}, O_{2A}) = \frac{|O_1 \cap O_2|}{|O_1| + |O_2| - |O_1 \cap O_2|} \tag{5.3}$$

其中，权重 w_i 由领域专家判断赋值，本书设定为 0.5，并且设定一定的阈值，来确定初选案例集的数量。根据概念名称的科技人力资源精准配置本体语义相似度计算，从源案例集中提取初步可用的案例集，记为 $CPPF^A$。

5.2.3 基于属性的科技人力资源精准配置案例相似度计算

利用概念名称相似度的计算可以缩小案例检索的范围、减少案例检索的空间，并且根据计算结果可以得到一个大致的备选案例集，但是每个概念都具有很多个特征属性，而属性值的数量是远大于概念的数量的，为了根据案例的特征属性值筛选案例，还需要计算案例间的属性相似度。

在 CBR 案例检索层，通过本体概念检索得到科技人力资源精准配置初步筛选的案例集后，需要对目标案例和初步筛选的案例集中的源案例进行基于属性的相似度计算，从而实现案例的检索与匹配。CPPF 的属性特征主要是指案例的问题描述（P Analysis）、情境描述（R Analysis）等属性特征，在 CPPF 的记录中，属性相似度计算存在两种表现形式：属性文本特征型，用以表达难以用数字或词汇描述的案例属性特征；属性数值型，包括精确数值型，即采用确定的数字对案例的属性特征进行准确表达，确定区间型，即概念中常用确定区间的数值对案例的属性特征进行表达；符号型，即通过准确的文字描述对案例的属性特征进行表达。下面将逐一对属性相似度计算方法进行介绍。

1. 属性文本特征相似度计算

属性文本特征的相似度记为 attribute text，主要是结合基于 TF – IDF 算法的特征提取和基于 LDA 主题模型训练的降维，计算某一属性值为文本时两个不同科技人力资源精准配置案例之间的相似度，即提取的共有文本特征个数占所有文本特征个数的比重，在科技人力资源精准配置案例中，属性文本特征相似度为：

$$Sim_{at}(CPPF_0, CPPF_i) = \left(\frac{N(P_0) \cap N(P_i)}{N(P_0) \cup N(P_i)}\right) \tag{5.4}$$

式（5.4）中，$N(P_0)$ 表示目标案例中属性 P_0 提取的文本特征的集合，通过两个案例中同一属性的共有文本特征个数在所有文本特征个数集合中的占比来确定属性文本特征相似度。在相同属性中，两个案例拥有的共同特征属性值越大，相似度就越高。

2. 属性数值相似度计算

属性数值相似度计算记为 attribute value，属性数值相似度计算有三种情况：

第一，精确数值型相似度计算。精确数值型相似度主要是计算科技人力资源精准配置案例岗位属性特征概念中的精确数值，为了对案例库中的源案例进行准确搜索，对概念节点的属性特征采用精确数值进行表示，通过基于概念名称的检索之后，对初步筛选的案例集中的案例进行进一步的精确数值相似度计算，并对属性进行定量确定，其属性数值相似度为：

$$Sim_{av1}(CPPF_0, CPPF_i) = 1 - \left(\frac{|x-y|}{max - min}\right) \tag{5.5}$$

式（5.5）中，$max - min$ 表示科技人力资源精准配置案例属性特征取值的区间范围，x，y 表示科技人力资源精准配置案例 $CPPF_0$ 和 $CPPF_i$ 中某特征属性的具体数值。

第二，确定区间型相似度计算。科技人力资源精准配置案例概念中常有确定区间型的数值属性，确定区间型数值相似度主要是计算科技人力资源精准配置案例属性特征中包含的确定区间数值特征之间的相似度，其属性数值相似度为：

$$Sim_{av2}(CPPF_0, CPPF_i) = \left(\frac{|(m,m') \cap (n,n')|}{|(m,m')| + |(n,n')| - |(m,m') \cap (n,n')|}\right)$$

$$\tag{5.6}$$

式（5.6）中，$|\ |$ 表示区间的长度，概念 C_0 的属性区间为 (m, m')，概念 C_i 的属性区间为 (n, n')，$|(m, m') \cap (n, n')|$ 表示两个区间的重叠区域，例如，目标案例岗位薪酬区间在 6000 ~ 7500 元，记为 [6000 ~ 7500]，而源案例

中的同岗位薪酬在 5000 ~ 8000 元之间，表示为［5000 ~ 8000］。｜（m，m'）∩（n，n'）｜ = 1500，即两者在［6000 ~ 7500］的长度上存在重叠，这表明两个案例确定区间的相似度是通过两个区间重叠的长度占两者总长度的比重来进行衡量的，重叠度越高，两个区间的相似度就越高；当两个区间完全重合时，两者的相似度最大。

第三，符号型数值相似度计算。符号型数值相似性计算方法主要是通过计算语义、语法、关键字等特征来实现的，其中语义和语法的相似度计算难度比较大，本书仅考虑关键字属性的相似度计算。目标案例与源案例之间的符号型属性值关系只存在两种情况——相同和不相同，如果相同，则取值为 1，不同则取值为 0。

$$Sim_{av3}(CPPF_0, CPPF_i) = \begin{cases} 1, & CPPF_0 \neq CPPF_i \\ 0, & CPPF_0 \neq CPPF_i \end{cases} \tag{5.7}$$

3. 加权属性相似度计算

由于不同的岗位属性特征和案例属性信息在相似度计算中对检索结果有不同的影响，为了保证岗位特征识别结果的客观性和准确性，需要引入权重并结合领域专家的权重分配意见。通过属性文本特征相似度计算和属性数值相似度计算得到加权属性相似度，表示为：

$$Sim_{add}(CPPF_0, CPPF_i) = w_i Sim_{at}(CPPF_0, CPPF_i) + \left(\sum_1^i (1 - w_i) Sim_{av}(CPPF_0, CPPF_i) \right) \tag{5.8}$$

式（5.8）中，w_i 表示每个不同属性的权重，且 $\sum_1^i w_i = 1$。

根据属性相似度计算，从初选可用源案例集 $CPPF^A$ 中提取相似案例集 $CPPF^R$，案例检索完成后，得到的匹配案例集可能与目标案例不完全相符，需要对源案例进行修改和更新，使其更加符合科技人力资源精准配置的需求。

5.2.4 案例相似度阈值设定

由上述相似度计算公式可知，$Sim_{add}(CPPF_0, CPPF_i)$ 的值越大，对应的可用源案例CPPF$_i$和目标案例CPPF$_0$就越相似，那么相应的CPPF$_i$越应该被提取。因此，为了提取适合的相似源案例集，可以事先设置针对属性相似度计算的相似度阈值 λ^{add}，根据简单多数原则，相似度阈值 λ^{add} 的计算公式为：

$$\lambda^{add} = Sim_{min}^{add} + \frac{1}{3}\left(Sim_{max}^{add} - Sim_{min}^{add}\right) \tag{5.9}$$

根据相似度阈值的设定，选出满足阈值的科技人力资源精准配置案例集，形成相似案例集 CPPF^{Sim}，以此来构建目标案例 CPPF$_0$ 的解决方案。目标案例 CPPF$_0$ 中采用的解决方案是由相似案例集中的每个岗位任职要求构成的，源案例 CPPF$_i$ 并未作中英文分词和词频统计，在最终的目标案例岗位的解决方案中会详细论述构建正式的岗位胜任能力用户画像，详见章节 5.3 内容所述。

5.2.5　算法实例验证

为了验证案例相似度计算的可行性，本节以 Java 工程师岗位科技人力资源精准配置为例，对目标案例与源案例进行相似度计算，匹配出目标案例的解决方案集。实验数据目标案例属性内容如表 5.1 所示。

表 5.1　　　　　　　　　　以 Java 工程师为例的属性描述

项目	概念	属性值
岗位 问题 描述	岗位名称	Java 工程师
	匹配时间	2019 年 10 月 19 日
	岗位等级	高级/高级经理
	岗位性质	专业技术人员、管理人员
	职类/职种	算法类
	薪酬区间	20000～30000 元/月
	工作内容	岗位职责特征描述（略）
岗位 情境 描述	所处企业性质	民营企业
	所处企业规模	150～500 人
	所处行业类别	科学研究和技术服务业
	所在地区	广东—深圳

资料来源：笔者根据研究内容整理。

1. 案例概念名称相似度计算应用与分析

已知科技人力资源精准配置案例的目标案例 $CPPF_0$ 中包含的本体概念名称集合 O_0 为｛Java 工程师，匹配时间，岗位等级，岗位性质，职类/职种，所处企业性质，所处企业规模，所处行业类别，所在地区，薪酬区间，工作内容｝，源案例 $CPPF_1$ 中包含的本体概念名称集合 O_1 为｛Java 开发工程师，工作经验，学历，岗位等级，岗位性质，职类，所处企业性质，所处企业规模，所处行业类别，所在地区，薪酬区间，工作内容｝。

两个案例中本体概念名称相似度为：

Sim_{cn}（O_0，O_1）$=0.5 \times Sim$（Java 工程师，Java 开发工程师）$+0.5 \times Sim$（匹配时间，岗位等级，岗位性质，职类/职种，所处企业性质，所处企业规模，所处行业类别，所在地区，薪酬区间，工作内容，工作经验，学历）

$$=0.5 \times 1 +0.5 \times \frac{9}{10+11-9} =0.875 > z \ （z=0.6）$$

此时 $CPPF_1$ 可以被列入初选可用源案例集 $CPPF^A$ 中，其他案例的概念名称相似度计算以此类推。这里需要说明的是，上述案例的具体相似度计算均可通过第 7 章科技人力资源精准配置案例推理系统的设计与实现来自动化进行，无须人工手动计算，本节只介绍了计算原理。

通过概念名称相似度计算的分析，在本例中，案例库中共有 2619 个源案例被筛选进入可用源案例集 $CPPF^A$ 中，进行进一步的基于属性的案例相似度计算。

2. 案例属性相似度计算应用与分析

根据概念名称相似度计算，本例中匹配出目标案例与源案例共同涉及的问题描述（P）与情境描述（R）的九个特征属性分别为：岗位等级（P_1）、岗位性质（P_2）、职类/职种（P_3）、薪酬区间（P_4，单位：万元/月）、工作内容（P_5），所处企业性质（R_1）、所处企业规模（R_2，单位：人）、所处行业类别（R_3）、所在地区（R_4），通过分析这九个特征属性，对初步筛选的案例集 CPP-F^A 的 2619 个源案例进行基于属性值的相似度计算。另外，通过领域专家评判的方式提供特征属性的权重向量分别为 $w_m^p =$（0.16，0.11，0.03，0.15，0.16），$w_g^r =$（0.06，0.11，0.06，0.16），结合表 4.3 的研究内容，本例中目标案例与源案例涉及的问题与情境描述的案例表示及特征属性值如表 5.2 所示。

表 5.2　目标案例与源案例涉及的问题与情境描述特征属性值

目标案例与源案例	问题描述特征值					情境描述特征值			
	P_1	P_2	P_3	P_4	P_5	R_1	R_2	R_3	R_4
$CPPF_1$	3	专业技术人员	软件开发类	1~1.5	工作内容描述1	民营公司	150~500	I	杭州—滨江区
$CPPF_2$	3	专业技术人员	后端开发类	1~1.5	工作内容描述2	国企	150~500	G	深圳—南山区
$CPPF_3$	3	专业技术人员	应用开发类	0.8~1.5	工作内容描述3	国企	1000~5000	J	成都—高新区
$CPPF_4$	6	专业技术人员,管理人员	算法类	2.5~3	工作内容描述4	外资(非欧美)	500~1000	J	上海—浦东新区
$CPPF_5$	3	专业技术人员	软件开发类	0.8~1.5	工作内容描述5	民营公司	500~1000	K	深圳
$CPPF_6$	3	专业技术人员	软件开发类	1~1.8	工作内容描述6	民营公司	50~150	I	上海—静安区
$CPPF_7$	5	专业技术人员,管理人员	应用开发类	2~3	工作内容描述7	民营公司	150~500	P	北京—朝阳区
$CPPF_8$	4	专业技术人员,管理人员	软件开发类	1~1.5	工作内容描述8	民营公司	150~500	I	江苏—盐城
$CPPF_9$	1	专业技术人员	应用开发类	0.4~0.8	工作内容描述9	国企	50~150	C	无锡—锡山区
$CPPF_{10}$	4	专业技术人员	应用开发类	1~1.5	工作内容描述10	国企	1000~5000	I	武汉—武昌区
$CPPF_{11}$	3	专业技术人员,管理人员	应用开发类	1.5~3	工作内容描述11	民营公司	150~500	Q	深圳—龙华新区
$CPPF_{12}$	3	专业技术人员	后端开发类	0.6~1.2	工作内容描述12	国企	≤50	I	河南—三门峡
$CPPF_{13}$	3	专业技术人员	算法类	0.6~0.8	工作内容描述13	事业单位	150~500	M	无锡
$CPPF_{14}$	3	专业技术人员	软件开发类	1~1.5	工作内容描述14	上市公司	500~1000	C	杭州
...	...						...	...	...
$CPPF_{2619}$	1	专业技术人员,管理人员	应用开发类	0.4~1	工作内容描述2619	民营公司	≤50	I	武汉—洪山区
$CPPF_0$	5	专业技术人员,管理人员	算法类	2~3	工作内容描述0	民营公司	150~500	M	广东—深圳

备注：R_3 中的字母代码来自第 3 章的岗位胜任能力知识中的行业类型代码。

资料来源：笔者根据研究内容整理。

在表 5.2 中，岗位等级（P₁）按照总监、高级经理、经理、高级主管、主管、专员 6 个等级分别赋值 6，5，4，3，2，1；所处企业规模（R₂，单位：人）按照 50 人以下、50~150 人、150~500 人、500~1000 人、1000~5000 人、5000~10000 人 6 种公司规模分别赋值 1，2，3，4，5，6。赋值的目的是便于后续对案例间相似度进行计算。表 5.3 为本书中科技人力资源精准配置案例特征涉及的属性格式。

表 5.3　　　　　　　　　科技人力资源精准配置案例特征属性格式

属性标记	属性名称	属性值类型
P₁	岗位等级	精确数值
P₂	岗位性质	符号型
P₃	所处职类/职种	符号型
P₄	薪酬区间	确定区间
P₅	工作内容（岗位职责）	特征类别
R₁	所处企业性质	符号型
R₂	所处企业规模	精确数值
R₃	所处行业类别	符号型
R₄	所在地区	精确数值

资料来源：笔者根据研究内容整理。

目标案例 $CPPF_0$ 和可用源案例 $CPPF_1$ 的属性数值相似度计算如下：

利用式（5.4），结合基于 TF－IDF 算法的特征提取、基于 LDA 主题模型训练的降维（具体算法见章节 5.3 内容），计算目标案例 $CPPF_0$ 和相似案例 $CPPF_1$ 的岗位工作内容（岗位职责）（P₅）属性文本特征相似度为：

$$Sim_{P5}(CPPF_0，CPPF_1) = 89 \div 127 \approx 0.7001$$

利用式（5.5）计算目标案例 $CPPF_0$ 和相似案例 $CPPF_1$ 的岗位等级（P₁）、所处企业规模（R₂，单位：人）、所在地区（R₄）精确数值型属性相似度为（其中，R₄ 的数值由当地最近一年 GDP 值表示）：

$$Sim_{P1}(CPPF_0，CPPF_1) = 1 - \frac{|5-3|}{6-1} = \frac{3}{5}$$

$$\text{Sim}_{R2}(\text{CPPF}_0,\ \text{CPPF}_1) = 1 - \frac{|\,3-3\,|}{6-1} = 1$$

$$\text{Sim}_{R4}(\text{CPPF}_0,\ \text{CPPF}_1) = 1 - \frac{|\,24691-13500\,|}{32679-540} \approx 0.66$$

利用式（5.6）计算目标案例 CPPF_0 和相似案例 CPPF_1 的薪酬区间（P_4，单位：万元/月）的确定区间型属性相似度为：

$$\text{Sim}_{P4}(\text{CPPF}_0,\ \text{CPPF}_1) = \frac{2-1.5}{0.5+1-0.5} = 0.5$$

利用式（5.7）计算目标案例 CPPF_0 和相似案例 CPPF_1 的岗位性质（P_2）、所处职类/职种（P_3）、所处企业性质（R_1）、所处行业类别（R_3）符号型属性相似度分别为：1，0，1，0。

综上所述，利用式（5.8）以及设置的属性特征值权重，计算目标案例 CPPF_0 和相似案例 CPPF_2 的加权属性相似度为：

$$\text{Sim}_{\text{add}}(\text{CPPF}_0,\ \text{CPPF}_1)$$

$$= \left(0.16 \times \frac{3}{5} + 0.11 \times 1 + 0.03 \times 0 + 0.15 \times 0.5 + 0.16 \times 0.7001\right)$$

$$+ (0.06 \times 1 + 0.11 \times 1 + 0.06 \times 0 + 0.16 \times 0.66) \approx 0.6686$$

以此类推，分别计算目标案例 CPPF_0 和所有 Java 工程师的相似案例 CPPF_i 中问题描述与情境描述特征属性的相似度值，结果如表 5.4 所示。

表 5.4 针对问题描述、情境描述属性特征的相似度计算结果

相似度计算值	问题/情境描述特征向量									
	P_1	P_2	P_3	P_4	P_5	R_1	R_2	R_3	R_4	Sim
$\text{Sim}(\text{CPPF}_0,\text{CPPF}_1)$	0.6	1	0	0.5	0.7	1	1	0	0.65	0.6686
$\text{Sim}(\text{CPPF}_0,\text{CPPF}_2)$	0.6	1	0	0.5	0.75	0	1	0	1	0.671
$\text{Sim}(\text{CPPF}_0,\text{CPPF}_3)$	0.6	1	0	0.45	0.675	0	0.6	0	0.71	0.5611
$\text{Sim}(\text{CPPF}_0,\text{CPPF}_4)$	0.8	1	1	1	0.95	0	0.8	0	0.75	0.778
$\text{Sim}(\text{CPPF}_0,\text{CPPF}_5)$	0.6	1	0	0.45	0.7	0	0.8	0	1	0.6935
$\text{Sim}(\text{CPPF}_0,\text{CPPF}_6)$	0.6	1	0	0.5	0.675	0	0.8	0	0.75	0.657
$\text{Sim}(\text{CPPF}_0,\text{CPPF}_7)$	1	1	0	1	1	1	1	0	0.82	0.8812
$\text{Sim}(\text{CPPF}_0,\text{CPPF}_8)$	0.8	1	0	0.5	0.85	1	1	0	0.40	0.683

相似度计算值	问题/情境描述特征向量									
	P_1	P_2	P_3	P_4	P_5	R_1	R_2	R_3	R_4	Sim
$Sim(CPPF_0, CPPF_9)$	0.2	1	0	0.1	0.5	1	0.8	0	0.59	0.4794
$Sim(CPPF_0, CPPF_{10})$	0.8	1	0	0.5	0.75	0	0.6	0	0.69	0.6094
$Sim(CPPF_0, CPPF_{11})$	0.6	1	0	0.75	0.7	1	1	0	1	0.7605
$Sim(CPPF_0, CPPF_{12})$	0.6	1	0	0.3	0.725	0	1	0	0.28	0.5218
$Sim(CPPF_0, CPPF_{13})$	0.6	1	1	0.3	0.650	0	1	1	0.59	0.6494
$Sim(CPPF_0, CPPF_{14})$	0.2	1	0	0.5	0.7	0	0.8	0	0.65	0.521
…	…	…	…	…	…	…	…	…	…	…
$Sim(CPPF_0, CPPF_{2619})$	0.2	1	0	1	0.5	1	0.6	0	0.69	0.6084

资料来源：笔者根据研究内容整理。

通过分析相似源案例 $CPPF_i$ 中所涉及的问题/情境描述特征与科技人力资源精准配置目标案例的关系，获得科技人力资源精准配置相似案例集 $CPPF^R = \{CPPF_7^R, CPPF_{566}^R, CPPF_{1471}^R, \cdots, CPPF_{2431}^R\}$。

3. 案例相似度阈值设置应用与分析

进一步地，运用式（5.9），计算案例相似度阈值，得：

$$\lambda^{add} = Sim_{min}^{add} + \frac{1}{3}(Sim_{max}^{add} - Sim_{min}^{add}) = 0.7605 + \frac{1}{3}(0.9346 - 0.7605) \approx 0.8185$$

当 $i = 7$，566，1471，…，2431 时，$Sim_{add}(CPPF_0, CPPF_i) \geqslant \lambda^{add}$ 成立，因此，相应的可用源案例 $CPPF_7^R$，$CPPF_{566}^R$，$CPPF_{1471}^R$，…，$CPPF_{2431}^R$ 中共 51 个案例将被视为相似源案例并从 $CPPF^R$ 中被提取，构建为最终的相似案例集 $CPPF^{Sim} = \{CPPF_7^R, CPPF_{566}^R, CPPF_{1471}^R, \cdots, CPPF_{2431}^R\}$，据此绘制"问题/情境—方案"用户画像关系图。这里同样需要说明的是，上述案例的具体相似度计算均可通过第 7 章科技人力资源精准配置案例推理系统的设计与实现来自动化进行，无须人工手动计算，本节只介绍了计算原理。

5.3　基于用户画像的科技人力资源精准配置案例解决方案的构建

根据上述科技人力资源精准配置案例构建的相似案例集，本书采用用户画像的形式来构建科技人力资源精准配置案例的解决方案，理由有以下三点。

第一，爬取的招聘广告数据中，无法采集到每个具体的岗位最终实际被雇佣者的数据信息，也就无法获取企业所需匹配岗位的真实解决方案。

第二，即便能够采集到每个具体的岗位最终实际被雇佣者的数据信息，此最终的实际被雇佣者也不一定是此岗位的最佳匹配者或最佳胜任者。

第三，通过大数据的信息采集和聚类分析，将目标岗位的胜任能力特征用虚拟的用户画像形式来表示，在一定程度上可以反映特定情境下岗位的最佳匹配者应该具备的胜任能力全貌，可以以此作为排序候选人的标准。

5.3.1　月户画像的内涵与特征

用户画像（user persona）由阿兰（Alan，2006）最早提出，其认为用户画像是一种真实月户的虚拟代表，以用户为中心，通过还原用户的典型特征，给出具体的场景描述，来构建的一种用户原型。学者们根据大数据的特点，对用户画像进行了相关研究，例如玛（Ma，2010）描述的用户画像是海量的网络数据下对用户偏好和用户特征的结构化表示。特鲁索夫等（Trusov et al.，2016）认为用户画像是用户通过在线活动表现出来的偏好或兴趣的特征集合。孟巍等（2017）构建的用户画像是通过对用户的人口属性、兴趣爱好、行为属性、社交网络等数据进行的抽象提炼的信息标签的组合。虽然国内外学者对于用户画像的含义理解不同，但是其基本内涵是一致的，与普通的用户研究相比，用户画像的研究更加注重用户的整体特征，试图通过还原用户全貌来了解用户需求以提供准确服务。

本书构建的科技人力资源精准配置案例解决方案的用户画像内涵包括三个要素：用户属性、用户特征和用户标签。其中，用户即为与岗位匹配的最佳胜任者，用户属性包括用户的基本信息，本书在章节 4.1 中已详细描述了包含案例问题描述和案例情境特征的用户属性，用户属性根据研究目的有针对性地进行划分，以此来构建更精准的用户画像；用户特征是通过一定的方法从具有同类属性的岗位中提取的岗位胜任能力特征；用户标签是根据用户特征进一步提炼出来的标签化文本，能够更加准确精炼地表示用户特征，便于理解和应用。因此，本书构建的科技人力资源精准配置案例解决方案的用户画像的实质是标签化的最佳匹配者胜任能力全貌，构建的用户画像是根据爬取的海量岗位数据构建的相似案例集，通过对用户属性的分类，以及聚类分析方法得到用户的特征，提炼出用户标签，最终得到用户画像。也就是说，科技人力资源精准配置案例的解决方案是由岗位最佳匹配者的用户画像构成的，这部分内容是科技人力资源精准配置案例知识的重要内容。

结合用户画像的内涵，本书构建的科技人力资源精准配置目标案例解决方案的用户画像具有以下三个特征。

一是时效性和动态性。岗位数据中的动态属性随着时间的变化而发生变化，随着岗位数据的不断变化和更新，用户特征（岗位胜任能力特征）和提炼的用户标签相应地也在发生变化，由于企业对于科技人力资源岗位胜任能力的需求变化很快，而提炼的用户标签又存在一定的滞后性，时间越久产生的用户画像可利用价值就越低，科技人力资源精准配置案例的解决方案用户画像具有明显的时效性和动态性特征，因此，构建的用户画像需要不断地更新才能够更加精准地表示用户特征，本书构建的案例推理系统在今后条件允许的情况下，将会每年更新一次数据。

二是标签化。用户画像的实质是对用户胜任能力全貌的标签化，通过岗位数据的收集处理，最终提炼出用户标签，生成用户画像。

三是全貌性。正是由于采集到每个具体岗位最终的实际被雇佣者数据信息的难度很大，并且即便能够采集到每个具体岗位最终的实际被雇佣者信息，此被雇佣者不一定就是此岗位的最佳匹配者或最佳胜任能力者，因此，大数据信息获得的特定情境下岗位最佳匹配者的胜任能力全貌的用户画像更能提高科技人力资源精准配置案例解决方案的科学性。

5.3.2　科技人力资源精准配置目标案例解决方案用户画像的构建

用户画像根据主体不同，分为单个用户画像和群体用户画像，单个用户画像是研究某种情境下一个具体的用户，通过提取某一具体用户的多维度特征，分别赋予不同的标签，来对不同的用户进行个体区分的用户画像；而群体用户画像是研究某种情境下的特定用户群体，通过提取群体用户的用户特征，对具有相似特征的用户进行聚类，构建不同群体类型的用户画像。

本书构建的科技人力资源精准配置案例解决方案用户画像属于群体用户画像，是研究在特定的岗位等级、岗位性质、匹配时间、工作内容、薪酬等，以及特定的岗位所处企业的性质、规模、行业类别、所在地区等的情境下，提取具有上述相似情境的多个岗位相似案例集的岗位胜任能力特征并进行聚类，构建出不同群体类型的用户画像，即为此特定情境下案例的匹配方案，然后用企业现有的候选人员或应聘的人员与之进行参照和对比，以进一步实现对候选人的相似度计算和排序。

本书构建的科技人力资源精准配置案例解决方案的用户画像流程包括数据收集、特征提取和标签表示，具体分为以下三个步骤。

第一步，数据收集。本书以数据挖掘和章节 5.3 通过案例相似度计算和检索构建的目标案例的相似案例集为依据，绘制科技人力资源精准配置目标案例解决方案的用户画像。

第二步，特征提取。对收集的用户数据进行整理和分类，通过 TF－IDF 算法提取用户特征，并进一步通过降维的方法提炼得到用户标签，进而设计科技人力资源精准配置案例解决方案的最佳胜任能力用户画像。

第三步，画像表示。本书采用直观明了的可视化图形——标签云，来呈现构建的特定情境属性岗位的用户画像，标签占比的大小代表了岗位胜任能力特征的显著性水平。下面将重点介绍基于 TF－IDF 算法的特征提取、基于 LDA 主题模型训练的降维和用户画像标签的表示。

1. 基于 TF－IDF 算法的特定情境下岗位最佳匹配者胜任能力特征的提取

通过文本挖掘算法构建用户画像的技术方法有 TextRank 算法、VSM 算法、

TopicModel 算法、LDA 主题模型、CRF 条件随机场等，本书选取最常用、最简便的文本挖掘与信息检索加权方法——TF – IDF 算法（term frequency – inverse document frequency，词频—逆向文件频率）来提取特定情境下岗位最佳匹配者胜任能力特征，该算法是指如果词 x 在一篇文档中出现的概率很高，但是在其他文档中出现的概率很低，那么词 x 具有比较好的类别区分能力，适合用来作为提取的特征，常被应用于文本特征权重的计算中。该模型主要有两个要素。一是词 x 在文档 d_j 中出现的次数和文档 d_j 中所有词汇出现的次数总和的比值，即词 x 在文档 d_j 中出现的概率 TF（term frequency）：

$$\text{TF}_{ij} = \frac{n_{i,j}}{\sum_k n_{k,j}}，\text{即 TF} = \frac{\text{在某一类岗位特定情境中词 x 出现的次数}}{\text{该类岗位特定情境中所有词出现的次数}} \tag{5.10}$$

其中，n_{ij} 是词 x 在文档 d_j 中出现的次数，$\sum_k n_{k,j}$ 是文档 d_j 中所有词汇出现的次数总和。二是文档总数 n 与词 x 所出现的文档数比值的对数，即词 x 在整个文档集合中的逆向文档频率 IDF（inverse document frequency）：

$$\text{IDF}_i = \log(|D|)/(|\{j:t\_i \in d_j\}|)，\text{即 IDF} = \log\left(\frac{\text{文档总数}}{\text{包含词 x 的文档数} + 1}\right) \tag{5.11}$$

其中，$|D|$ 为文档总数，$|\{j:t\_i \in d_j\}|$ 是包含 x 的文档数。

$$\text{TF} – \text{IDF} = \text{TF} \times \text{IDF}（词频 \times 逆文档频率） \tag{5.12}$$

因此，本书基于 TF – IDF 算法提取特定情境下岗位最佳匹配者胜任能力特征，计算出某一类岗位特定情境下案例中的每个词的 TF – IDF 值，然后按照降序进行排列，选取排在前 n 的词（阈值 n 由用户自由设定）作为用户画像的标签，同时，其排序和 TF – IDF 值也可作为标签权重设置的依据。

2. 岗位最佳匹配者胜任能力特征用户画像标签系统的设计

由于相似案例集中对企业需要的岗位任职要求提取的关键词数量比较多，因此，需要对这些关键词进行进一步的提炼，确定从哪些维度来精确刻画用户画像，其主题维度决定了用户画像标签系统的可行性，可以提高所提供的特定情境下科技人力资源精准配置目标案例解决方案的精准性。

根据用户的特定情境为用户匹配合理的标签是构建用户画像的重点，本书利用网络爬虫构建的岗位胜任能力特征本体知识，建立符合科技人力资源精准配置案例中胜任能力主题特征的本体标签体系，从不同层次描述特定情境下岗位的最佳匹配者胜任能力特征用户画像的主题，从而形成科技人力资源精准配置目标案例解决方案的较为全面的、规范统一的主题知识体系，将其作为用户画像标签体系，并为标签赋予合理的权重。特定情境下目标案例最佳匹配者胜任能力特征用户画像标签系统的构建流程如图 5.3 所示。

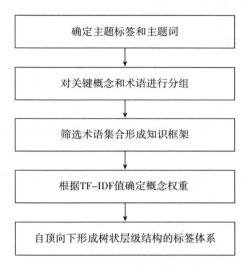

图 5.3　科技人力资源精准配置目标案例最佳匹配者用户
画像标签系统的构建流程

资料来源：笔者根据研究内容整理。

详细的用户画像构建流程包括以下四个步骤。

首先，根据章节 3.3.3 构建的岗位需求胜任能力特征知识本体类库中胜任能力要求的知识体系，筛选特定情境下的相似案例集的岗位胜任能力特征主题标签和主题词（相似案例集的具体筛选见章节 5.2、章节 5.3）。

其次，结合构建的岗位胜任能力特征本体知识库中的概念和关系，对罗列出的关键概念和术语进行分组（Weng，2006），梳理出相关性较强的词汇组以形成子领域。

再次，筛选出精简准确的术语集合作为特定情境下相似案例集的岗位胜任能力特征领域的知识框架，建立领域本体框架体系，然后根据特定情境下的相似案例集的岗位胜任能力特征 TF - IDF 值来评估概念术语的重要性并赋予其权重。

最后，划分概念性最强的顶级标签分类，采用自上而下的方法从顶层标签概念开始，向下梳理下级标签分支并添加子类细化的概念，使用树状结构将领域内的主题标签组成具有层级结构的知识体系，形成特定情境下的科技人力资源精准配置案例最佳胜任者用户画像标签体系。

5.3.3　实例验证

为根据上述相关研究和算法，构建特定情境下的科技人力资源精准配置目标案例解决方案的最佳岗位胜任者用户画像，本书接着章节 5.2 中以 Java 工程师职位为例构建的相似案例集的研究结果，绘制"问题—情境—解决方案"用户画像，进行相关算法验证和实验评估。

根据岗位问题与情境属性的描述，本书对目标案例提取了相似案例集，相似案例集中共获取了案例库中 51 条符合此情境条件下的相关源案例，通过解霸（Jieba）分词技术从案例的任职要求文本中共获得了 846 个有效词语，并结合搜狗细胞词库中关于信息技术类、社会科学类、经济管理类等学科的词典和招聘领域词典的特定词语，对分词的文本进行了重新整合，得到了雇主需求的 Java 工程师的任职要求归纳，根据 TF - IDF 算法求得每项词的 TF 值、IDF 值和 TF - IDF 值，取 TF - IDF 值排序前 50 的统计结果，如表 5.5 所示。

表 5.5　以 Java 工程师为例的相似案例集提取的任职要求 TF - IDF 值（Top50）　　单位:%

任职要求关键词	TF	IDF	TF - IDF	任职要求关键词	TF	IDF	TF - IDF
SQL/数据库	4.77	1.17	5.58	算法	0.27	2.27	0.61
框架搭建	3.56	1.29	4.60	程序部署	0.26	2.28	0.59
Java	2.79	1.40	3.89	积极主动	0.26	2.28	0.59
计算机基础知识	1.97	1.54	3.03	CSS	0.24	2.30	0.55
计算机相关专业	1.87	1.56	2.92	redis	0.46	2.10	0.96
主流数据库开发	1.38	1.68	2.32	MyBatis	0.24	2.30	0.55

续表

任职要求关键词	TF	IDF	TF – IDF	任职要求关键词	TF	IDF	TF – IDF
编程语言	1.35	1.69	2.28	SpringMVC	0.23	2.32	0.53
架构设计	1.31	1.70	2.23	思路清晰	0.23	2.32	0.53
分布式系统	1.26	1.72	2.17	协调能力	0.2	2.36	0.47
大学本科学历	1.18	1.75	2.06	SVN	0.15	2.43	0.36
沟通能力	1.14	1.76	2.01	Struts	0.15	2.43	0.36
多线程处理	1.02	1.80	1.84	表达能力	0.14	2.45	0.34
开源技术	0.97	1.82	1.77	团队精神	0.14	2.45	0.34
Web 开发	0.91	1.85	1.68	Eclipse	0.12	2.48	0.30
设计模式	0.78	1.91	1.49	大型项目经验	0.12	2.48	0.30
理解能力	0.77	1.91	1.47	严谨态度	0.12	2.48	0.30
独立能力	0.77	1.91	1.47	Hibernate	0.12	2.48	0.30
框架优化	0.76	1.92	1.46	操作系统常用管理命令	0.12	2.48	0.30
软件开发	0.76	1.92	1.46	英语四级以上	0.12	2.48	0.30
前端开发	0.74	1.93	1.42	软件设计	0.12	2.48	0.30
数据库原理	0.73	1.93	1.41	UML	0.11	2.50	0.28
钻研精神	0.67	1.96	1.31	一年以上工作经验	0.11	2.50	0.28
责任心	0.61	2.00	1.22	集群技术	0.11	2.50	0.28
代码编写	0.58	2.01	1.17	数据库分库分表	0.11	2.50	0.28
缓存技术	0.55	2.03	1.12	JS	0.11	2.50	0.28
Linux	0.54	2.04	1.10	金融相关知识	0.11	2.50	0.28
合作意识	0.53	2.05	1.08	软件测试	0.11	2.50	0.28
Spring	0.49	2.07	1.02	iBATIS	0.11	2.50	0.28
面向对象设计	0.49	2.07	1.02	旅游相关知识	0.11	2.50	0.28
应用服务器	0.46	2.10	0.96	Oracle	0.11	2.50	0.28
开发规范	0.46	2.10	0.96	管理系统	0.11	2.50	0.28
Oracle	0.46	2.10	0.96	SpringCloud	0.11	2.50	0.28
抗压能力	0.43	2.12	0.91	环境搭建	0.11	2.50	0.28
调优	0.41	2.14	0.88	数学相关知识	0.09	2.54	0.23
管理能力	0.37	2.17	0.80	Hibernate	0.09	2.54	0.23

续表

任职要求关键词	TF	IDF	TF – IDF	任职要求关键词	TF	IDF	TF – IDF
协作精神	0.37	2.17	0.80	自学能力	0.09	2.54	0.23
大专以上学历	0.35	2.19	0.77	系统分析	0.09	2.54	0.23
开发技术	0.34	2.20	0.75	程序开发	0.09	2.54	0.23
数据结构	0.34	2.20	0.75	数据库建模	0.09	2.54	0.23
JVM	0.34	2.20	0.75	jQuery	0.09	2.54	0.23
软件工程	0.31	2.23	0.69	关系数据库	0.08	2.56	0.20
研发能力	0.3	2.24	0.67	乐观	0.05	2.63	0.13
操作系统	0.28	2.26	0.63	诚信	0.05	2.63	0.13
开发工具	0.27	2.27	0.61	ORM	0.05	2.63	0.13
逻辑思维	0.27	2.27	0.61	敬业精神	0.05	2.63	0.13

资料来源：笔者根据爬虫数据结果分析整理。

为了准确又形象地绘制科技人力资源精准配置目标案例解决方案的用户画像，需要确定用户画像的方向和维度，从人格、知识、能力、技能、业绩、心理素质、行为表现等方面多维度进行用户画像的描绘，但是寻找立体化的方向和维度比较难，要求深入浅出，需要挖掘各维度之间可能存在的隐性知识和关系，由于这部分知识构成的维度难以量化，全方位地描述大批量的岗位胜任能力特征及其隐性知识不切实际，因此，本书构建的特定情境下目标案例的岗位胜任能力特征用户画像以第3章形成的岗位胜任能力特征本体为依据，主要从岗位需要的素质、知识、技能三个维度和主题进行展开。

根据上述岗位胜任能力特征用户画像及其标签系统的设计流程，本书构建了特定情境下科技人力资源精准配置案例解决方案的用户画像，即为每一个特定工作情境的目标案例检索到的相似案例集生成一套岗位胜任能力参考标准，如图5.4描绘了特定情境下Java工程师科技人力资源精准配置目标案例解决方案的用户画像，图中胜任能力特征按照重要性进行了排序，数值为TF – IDF值，即为特征权重。

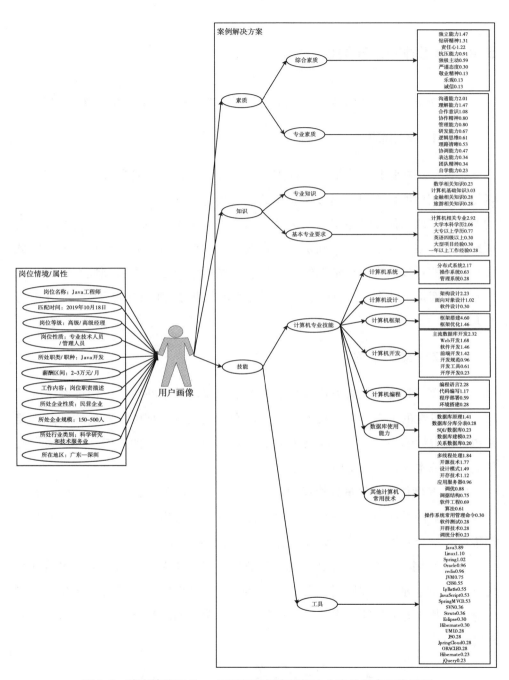

图 5.4 特定情境下 Java 工程师目标案例解决方案的用户画像示例

资料来源：笔者根据研究内容整理。

5.4　案例修正与案例学习

案例修正与案例学习涉及案例库的数据治理机制和迭代机制等关键问题。

5.4.1　案例修正

案例修正在科技人力资源精准配置案例推理中，主要是通过对目标案例检索得到的相似度最高但不超过阈值 λ 的源案例进行科技人力资源精准配置方案的调整和修改，使之适用于当前科技人力资源精准配置问题。由于科技人力资源精准配置案例复杂多样，确定一个普遍适用的修正方法是比较困难的，因此面对复杂的科技人力资源精准配置案例，案例的修正通常需要领域专家对案例的匹配方案部分进行人工修正，在案例运用成功之后再对匹配评价部分进行补充。

5.4.2　案例学习

案例学习是使科技人力资源精准配置案例库能够不断更新、保证系统的适用性和先进性的关键。在科技人力资源精准配置案例推理中，案例的学习主要是包含两方面的内容：一是科技人力资源精准配置案例库的更新；二是岗位胜任能力特征本体模型的更新与优化。

（1）案例作为案例推理检索的基础，其质量的高低以及案例库规模的大小直接决定案例推理结果的好坏。在对目标案例进行检索之后，可以对案例及案例集进行一个简单的评价，如果评价通过，则可以将该案例储存到案例库中。

（2）案例本体模型的更新优化主要是为了使科技人力资源精准配置案例系统具有更加合理的推理机制，在案例推理的使用过程中可以根据需要在检索层面对岗位胜任能力特征的本体模型进行更新优化，如增加特征属性、调整特征属性权重等。

5.5　本章小结

　　本章将案例相似度计算的方法引入科技人力资源精准配置案例检索中，首先，根据基于本体的案例知识表示，对科技人力资源精准配置目标案例与案例库的源案例进行基于概念名称和属性的相似度计算，筛选出符合匹配条件的相似案例集，并根据相似案例集绘制目标案例的最佳匹配者用户画像作为目标案例的解决方案，为每一个特定工作情境的目标案例生成一套岗位胜任能力特征的参考标准，为企业挑选匹配的科技人力资源候选人提供评价标准；其次，通过算例验证的方法检验了相似度计算的有效性；最后，探讨了科技人力资源精准配置案例的修正与案例学习。本章的研究内容是企业进行科技人力资源精准配置案例推理的关键，能够根据上一章案例知识的表示结果对需要匹配的案例岗位确定精准的匹配方案，并作为企业挑选人员的标准，这一章研究内容决定了后续隐性知识的测算和科技人力资源精准配置案例推理系统的实现的精准性。

第 6 章　基于案例推理的岗位候选人隐性知识测算与人才社区开发知识共享

本书研究在第 3 章、第 4 章、第 5 章中构建的基于本体的科技人力资源精准配置案例智能推理主要是从技术层面上，通过 Web 文本知识挖掘建立本体知识体系，来获取、组织和检索科技人力资源精准配置案例及其解决方案，最终形成基于素质、知识和技能等的岗位胜任能力特征用户画像，作为候选人相似度匹配的参考标准。接下来，就要对候选人在用户画像中描述的各项岗位胜任能力特征情况进行识别、测算与评价，并综合确定岗位的最佳匹配者。然而，对于这些素质、知识和技能等岗位胜任能力特征用户画像中的显性知识，在候选的科技人力资源中比较容易识别和评价，但是用户画像中描述的一些岗位胜任能力特征的隐性知识，例如科技人力资源的性格、团队合作能力、学习能力、逻辑思维能力、经验等动态的隐性知识，却难以衡量和评价。然而在复杂和动态的劳动力市场竞争环境中，科技人力资源动态变化的隐性知识在科技人力资源精准配置中是非常重要的，因此，通过科技人力资源精准配置案例推理获得基于素质、知识和技能的岗位胜任能力特征用户画像之后，如何以此为标准对候选人的这些胜任能力特征进行识别和评价，特别是对难以获取的隐性知识的测算和评价将是本章研究的内容和重点。

本章根据案例推理检索结果构建的用户画像，主要研究如何测算与评价科技人力资源的岗位胜任能力特征中的隐性知识，并结合显性知识评价结果综合判断候选人的匹配度，其内容主要是对前几章科技人力资源精准配置案例推理中检索出的结果进行的后续研究和补充，探讨了如何在案例推理检索出的用户画像的基础上，对科技人力资源候选人具备的隐性知识进行测算和评价，实现候选人隐性知识的共享，以综合考虑岗位的最佳胜任能力匹配者。接着，本章还提出了人才社区的开发构想，以更好地帮助企业挖掘科技人力资源的隐性知识，并帮助科技人力资源持续保持能够被劳动力市场雇佣的能力。

6.1　基于隐性知识测算的科技人力资源精准配置知识共享

6.1.1　需求分析与研究框架

学者们研究发现，企业中影响科技人力资源工作绩效的显性知识仅占 10%，而隐性知识占比高达 90%（李永进，2009）。显性知识是能够被人们以一定符号形式完整表达的知识，通过对书本、文献资料、网页、数据库等信息收集和分析而形成；而隐性知识是难以进行规范化和传递的知识，是难以通过文字、数字等形式进行表达的知识，它们存在于人的大脑、心智和肢体中，需要亲自在实践中学习和积累才能形成（徐芳，2018）。但是，隐性知识比显性知识更具有创造价值，是企业核心竞争力的基础。因此，如何挖掘和共享隐性知识，如何将隐性知识转化为组织与个人具有的持续竞争力是组织知识管理的核心。基于此，组织应该逐渐将过去存在于人们大脑中的经验和知识，以及科技人力资源工作过程中积累下来的已经显化了的隐性知识以隐性知识库的形式进行规范化存储。

在本书中，科技人力资源精准配置隐性知识的测算与评价主要包括两类：一类是对存在于科技人力资源大脑中的知识和经验的隐性知识，包括认知方面的隐性知识（如思维方式、价值观、认知方式、信念与文化等）和技能方面的隐性知识（如经验、诀窍、技术、管理等）（Nonaka，1991；Nonaka，1998；王天力，2013）的测算；另一类是对员工工作过程中积累下来的已经显化了的隐性知识的测算。基于隐性知识测算的科技人力资源精准配置知识共享的需求分析与研究框架如下。

1. 需求分析

岗位需求胜任能力特征与人员胜任素质是比较复杂的知识体系，在构建相应的科技人力资源精准配置本体案例知识库时不能仅考虑显性知识的匹配，还应该更加重视其隐性知识的匹配。因此，为了能够有效提高科技人力资源精准配置案例推理中检索结果的岗位需求胜任能力特征与具体候选人胜任素质之间的匹配程度，就要对候选者个体的隐性知识和显性知识进行测算与评价，以有效提升科技人力资源精准配置的精确度，实现科技人力资源精准配置的知识共享。

基于隐性知识测算的科技人力资源精准配置知识共享研究，需要满足以下四点需求和特征。

（1）能够根据检索出的用户画像提供的岗位胜任能力特征指标和权重，精准测算出具体候选人的相应指标数值，并进行排序。

（2）通过社交网络、工作日志等渠道，以及利用贝叶斯方法可以对候选人所具备的相关隐性知识进行评价，再结合静态数据形成的岗位需求胜任能力特征，实现更为全面、精准的科技人力资源精准配置的知识共享。

（3）根据岗位的具体需求特征和人员具备的胜任能力素质情况，可以利用差异化的推荐措施，为其提供个性化的岗位和人才社区推荐方案。

（4）可以根据目前所获取的岗位胜任能力特征，有效结合用户之前的浏览行为数据、工作记录数据等，构建出用户的访问模式、用户性格偏好、工作行为过程等因素的用户模型，以及与岗位和人才社区建立的关联模型，以便能为其提供一个更加自动化和智能化的科技人力资源精准配置知识共享服务。

2. 研究框架

在知识密集和知识动态变化的科技人力资源精准配置环境中，知识是组织进行科技人力资源精准配置的主要资源之一，大多数人力资源管理系统的设计和科技人力资源精准配置工作都集中在技术方面，并且考察的大多是显性知识，较少也比较难测算和评价到个体用户的隐性知识。此外，在选择岗位匹配者时，企业并不能从面试中完全评估人员的隐性知识，全面而准确的测算和评估可能需要一个很长的过程。因此，产生的问题是，仅对比较容易获得的显性知识进行评价，依照人岗相似度匹配结果挑选出的候选人可能是此岗位最优秀的人，但并非是此岗位最适合的人，在案例推理层面中为目标案例匹配了相似度比较高的目标案例的解决方案，但是在依据解决方案来测算与评价最佳匹配者用户画像的岗位胜任能力和具体的候选人岗位胜任能力相似度时，精准度或许不太高。而现代的人力资源管理系统需要有一个渠道可以使企业对科技人力资源的工作行为、兴趣爱好等隐性知识的长期动态情况进行了解和评价，精确把握科技人力资源具备的隐性知识情况；能够帮助人们通过知识的开发与积极行为的改变来维持科技人力资源的就业能力，使人们具有适应持续学习的能力和适应动态变化的岗位胜任要求的能力；作为企业里最重要的资产之一——科技人力资源，也需要有充分适合和匹配自己所处岗位的能力和兴趣，能够识别自己的长处和短处，从而不断提高自己。

因此，本章针对科技人力资源精准配置系统反映出的这一问题，在构建的基于本体的科技人力资源精准配置案例推理的基础上，提出了一种通过科技人力资源的社交网络、工作日志等测算和评价其工作行为过程、性格偏好等能够反映出岗位胜任能力特征隐性知识的方法，并借助贝叶斯网络方法根据情境任务设计来测算科技人力资源的相关隐性知识，以此来提高最佳胜任能力特征用户画像与候选者的相似度匹配精准度，同时，本章还提出了人才社区的开发，通过岗位与人才社区建立的关联模型，构建个性化的科技人力资源精准配置推荐系统，可以实现更加个性化的、动态的、智能的、持续的科技人力资源精准配置。

基于隐性知识测算与评价的科技人力资源精准配置知识共享的研究思路如下。

首先，根据前几章构建的科技人力资源精准配置案例推理模型获取目标案例的最佳匹配者用户画像，根据用户画像指标测算候选人的显性知识，如学历、专业、掌握的工具、数据处理能力等。

其次，可以利用社交网络对科技人力资源的性格偏好反映出的相关岗位胜任能力隐性知识进行测算与评价。

再次，可以通过员工的工作日志对科技人力资源的工作行为过程反映出的相关岗位胜任能力隐性知识进行测算与评价。

最后，可以基于贝叶斯网络对科技人力资源通过情境任务的完成反映出的相关岗位胜任能力隐性知识进行测算与评价。

图 6.1 为本章基于隐性知识测算的科技人力资源精准配置知识共享与前几章基于本体的科技人力资源精准配置案例推理研究的关系。

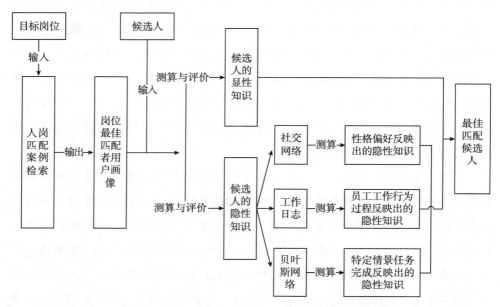

图6.1 基于隐性知识测算的科技人力资源精准配置知识共享的逻辑关系

资料来源：笔者根据研究内容整理。

6.1.2 基于社交网络的员工性格偏好隐性知识测算

目前，以人工智能为代表的数据分析在市场营销、运营管理、财务金融等领域已经取得了丰硕成果，但是人力资源管理领域的数据分析仍然处于研究的初级阶段（姚凯，2018）。企业所拥有和能够利用的人力资源方面的动态数据信息比较少，大多数相关信息是存储于企业内部的静态结构化信息，其所具备的应用价值十分有限，主要起到辅助具体事务工作和保存信息的作用，并不能为人力资源管理工作未来的发展需要提供服务，实际上，大量存在于社交网络中的、对企业十分有用的、长期的、动态的人员信息数据，对企业人力资源管理的研究具有十分重要的应用价值。

社交网络，即社交网络服务，是为社会网络中的人际交流提供服务，为更深层次的知识交流、学习与共享提供条件的平台（王平，2006）。社交网络包括很多用户的显性与隐性资料，如用户的所在地、生活状况、兴趣、社会关系、工作能力等。一些研究者们根据用户的浏览行为、收藏行为、历史行为等进行兴趣与性格建模分析，然后根据相近的兴趣与性格特征划分用户群体（尹红军，2014）。绝大多数人员的隐性知识是通过社交网络获得的，通过社交网络可以将人员的隐性知识转化为显性知识（Bartlett，2019），组织对社交网络信息的有效利用，能够帮助组织通过挖掘目标群体的隐性知识，及时锁定符合组织战略发展需要、与组织职位相匹配的合适人才。对人员而言，也能够获得展示自身才能、找到最适合的岗位、实现自我价值的平台（王通讯，2016）。根据 We Are Social 2018 年全球数字报告的统计数据显示，全球社交媒体的用户量持续增长，新用户比 2017 年增长 8%，其中中国用户使用最多的社交网络分别为微信、QQ、QQ 空间、新浪微博，因此，为了评价候选人的性格特征反映出的岗位胜任能力隐性知识，本节借助微博社交网络手段，提出自动化人格挖掘方法来获取科技人力资源性格偏好隐性知识。其可行性在于：在互联网时代，Web 用户在微博中拥有大量的文本条数据，这些数据已经被证明是能够可靠预测用户性格特征的，因为微博当中包含一系列能够反映用户性格方面的语言特征（Oberlander，2006）以及情绪特征，相比其他社交媒体，微博能够更好地发挥信息分享与解读的职能（于李胜，2020）。这些研究主要是基于文本分析程序，例如语言查询与字数统计程序（LIWC），来提取语言特征，结合心理学和语言学语义分类的词典，将提取的关键词与性格特征联系起来，作为用户个性特征的标记。潘尼贝克和金（Pennebaker & King）早在 1999 年就发现了博客文本关键词的频率计数与作者的人格特质之间存在显著的相关性，并通过五大人格维度来进行衡量。

但是，微博这类社交网络并不能全面准确地反映用户隐性偏好的特征，原因在于以下四点。首先，用户发表微博的内容太短，不能准确反映用户的偏好特征；其次，用户微博内容多为日常交流或唠叨，关键词较难体现用户的偏好特征；再次，大部分普通用户微博的内容为转发别人的发布，很少有自己的原创（尹红军，2019）；最后，一些人员并不愿意提供自己的微博作为科技人力资源精准配置考察的参考内容，或者有意在微博里提供一些有利于成功匹配于此岗位的内容。因此，本书只将本节研究内容作为基于性格偏好隐性知识测算的科技人力资源精准配置研究的部分参考借鉴。

基于微博社交网络进行自动化人格挖掘来测算科技人力资源性格偏好反映出的岗位胜任能力特征隐性知识的大致思路如下：要求候选人在本书构建的基于本体的科技人力资源精准配置案例推理系统中输入其微博或博客地址，如果候选人提供了微博或博客地址，案例推理系统的性格挖掘模块便会对微博内容进行语言分析，得出能够反映候选人性格特征的属性值。

6.1.3 基于工作日志的员工工作行为特质隐性知识测算

当企业甄选一些重要的科技人力资源时，他们面临的挑战之一就是从众多候选者中精确识别其优点和缺点，并判断其是否具备快速适应该岗位的能力，而精确判断又需要一个长期的过程才能实现。在本书构建的科技人力资源精准配置案例推理系统中，通过目标案例的问题与情境属性匹配出最佳胜任者用户画像后，如何精准识别具体候选人的岗位胜任能力特征，并与用户画像的岗位胜任能力特征进行相似度匹配，是科技人力资源精准配置案例检索后面临的一个研究问题，然而，精确识别候选人的岗位胜任能力特征同样也需要一个长期的过程才能实现。针对上述问题，本节提出了一种面向过程的工作日志管理模式，通过对员工的工作业务流程信息进行分析，来识别和测算科技人力资源的工作行为过程反映出的岗位胜任能力隐性知识。

数字化的人力资源管理要求员工信息的数字化，企业可以利用大数据技术监测和分析员工的日常行为表现，预测员工的工作行为和未来绩效（李凤，2019）。将数字化人力资源管理与企业员工工作日志相结合，企业员工根据自己的工作情况，在线详细、客观地记录其所面对的选择、观察的过程、处理的方法以及最终结果与效果等，并有相关知识管理部门的参与和记录。也就是说，面向过程的工作日志管理模式需要将用户的工作内容、工作经验和工作流程以在线日志的形式记录与储存下来，通过构建用户的行为模型，来挖掘用户工作行为过程中的动态行为偏好反映出的隐性知识。

企业工作日志除了需要企业员工自己记录外，还需要相关知识管理部门根据不同岗位可能存在的隐性知识的类型进行梳理与分类，在企业员工的工作日志中建立相关联的要素维度，使员工在工作日志中，通过这些分类的要素维度将自己的工作情况与解决问题的关键点呈现出来，从而给接下来的隐性知识的挖掘与分享提供比较清晰的线索。

除此之外，在企业实际工作中，科技人力资源的一些有价值的经验、技巧、方法和信息等隐性知识，存储在人的头脑中的时间是非常有限的，如果缺少对这些隐性知识的管理，科技人力资源的工作容易停留在重复性工作效率低、决策能力差的水平上，而如果对存储于科技人力资源大脑中的工作经验、方法、技巧和信息等隐性知识以工作日志的形式进行记录与存储，可以将碎片化的知识进行整合与利用。相关知识管理部门可以指定专人负责员工工作日志的管理，将工作日志中没有记录清楚或没有表述出来的隐性知识进行进一步的确认和完善。

通过企业员工工作日志的挖掘，分析员工承担的工作任务的流程，从中获得员工工作行为过程中的动态行为偏好反映出的隐性知识，在一定程度上解决了对科技人力资源岗位胜任能力特征的精确识别与测算需要一个长期的过程才能实现这一问题。

6.1.4　基于贝叶斯网络的员工隐性知识测算

目前，对科技人力资源的隐性知识进行测量和评价主要是通过问卷量表调查的形式（永同，2012），但是这种方法会受到测试者主观因素的影响，还有一些方法，如 ANP、AHP 等通过计算指标权重的科学统计方法来减少测试者的主观性，但对专家主观赋值的依赖性又较高，因此，本书利用贝叶斯网络的概率测算方法（陈友玲，2019）来测算和评价候选人的隐性知识，贝叶斯网络的概率测算方法是将候选者具备的隐性知识的外在特征表现作为网络结构的子节点，将隐性知识作为其父节点，通过概率的推理来得到父节点所代表的隐性知识的概率。

本书研究的基于贝叶斯网络对科技人力资源岗位胜任能力特征中的隐性知识进行测算与评价的方法，通过设定需要测算的隐性知识的情景任务，构建基于贝叶斯网络的隐性知识测算模型，然后通过学习贝叶斯网络节点的参数，推理与排序隐性知识测算模型的概率，来测算岗位候选人的隐性知识，下面将进行详细流程介绍与实例应用。

1. 基于贝叶斯网络的隐性知识测算流程

（1）设定需要测算的隐性知识的情景任务。假设存在一个特定的情景任务，使测试者在完成该情景任务的过程中，能够充分表现出其所具备的某一项或某几项隐性知识，该情景任务的内容包括测试的场景、子任务、主任务以及系统整理的各级任务（张庆生，2006）。

（2）构建基于贝叶斯网络的隐性知识测算模型。基于贝叶斯网络的隐性知识测算模型主要包括构建贝叶斯网络拓扑结构和确定贝叶斯网络节点文档概率。其中，在构建贝叶斯拓扑结构中，首先，要确定所有待识别的隐性知识的种类，以及与所有种类的隐性知识相关的特征变量种类；其次，确定每个特征变量的取值和评价维度，并分别与检测到的原始信息相对应，形成联合概率分布；再次，分析每个变量特征之间以及每种隐性知识之间的因果关系，并进行条件独立性分析；最后，构建该隐性知识测算模型的贝叶斯网络拓扑结构（乔秀全，2008）。

（3）贝叶斯网络节点的参数学习。通过样本数据的统计获得相关特征变量之间的条件概率分布，由经验丰富的领域专家来为网络节点分配赋值，形成初始的概率分布，即样本数据各网络节点的参数值，然后输入新的测试数据集来计算其各网络节点的概率，得到新的测试数据各网络节点的参数值。

（4）推理、排序隐性知识测算模型的概率。就是根据贝叶斯网络拓扑结构和网络节点的参数，在设定的情景任务下，来推算某些节点取值的概率（明刚，2014），并进行排序，完成隐性知识的测算。

2. 实例应用

本节以软件测试工程师岗位为例，测算与评价其检索得到的用户画像中的团队合作能力，选取测试候选者10人。假设在通过科技人力资源精准配置案例推理系统检索获得最佳胜任能力匹配者用户画像后，需要对10名候选人与用户画像中相对应的团队合作能力指标的隐性知识进行测算和评价，下面将具体探讨如何基于贝叶斯网络对此10名候选人的团队合作能力隐性知识进行测算。

首先，设计软件测试工程师团队合作能力评价的情景任务。假设这 10 名候选人已经为该公司的软件测试工程师，需要自由组成两个团队，并在一周内对一个拟上市的软件产品进行需求分析的测试、相关测试环境的搭建、测试方案的设计，并对版本测试执行情况进行分析和总结，编制版本测试报告。

其次，构建基于贝叶斯网络的隐性知识测算模型。对测试工程师的团队合作能力进行测算，需要考察其是否能够建立自己的团队或融入一个团队中，使其所在的团队具有团队精神、能够互帮互助以达到团队最大的工作效率，本实验将团队合作能力分为包容成员、获得支持、任务协调、资源共享四个维度，并扩展了可观测的三级指标（王春丽，2019），构建了软件测试工程师隐性知识中的团队合作能力的贝叶斯网络树形拓扑结构，具体拓扑结构如图 6.2 所示。

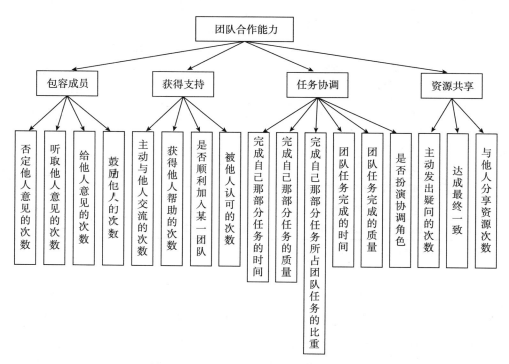

图 6.2　软件测试工程师团队合作能力测算的网络拓扑结构

资料来源：笔者根据研究内容整理。

再次，贝叶斯网络节点的参数学习。对团队合作能力指标的结构进行定义，并确定指标的评价维度与区间，如表6.1所示。

表6.1 　　　　　　　　　　　团队合作能力的评价指标与评价维度

二级指标	三级指标	评价维度			
A 包容成员	A1 否定他人意见的次数	1：1~2	2：3~4	3：5~6	4：≥7
	A2 听取他人意见的次数	1：1~2	2：3~4	3：5~6	4：≥7
	A3 给他人意见的次数	1：1~2	2：3~4	3：5~6	4：≥7
	A4 鼓励他人的次数	1：1~2	2：3~4	3：5~6	4：≥7
B 获得支持	B1 主动与他人交流的次数	1：0~5	2：6~10	3：11~15	4：>15
	B2 获得他人帮助的次数	1：1~2	2：3~4	3：5~6	4：≥7
	B3 是否顺利加入某一团队	1：是	2：否		
	B4 被他人认可的次数	1：1~2	2：3~4	3：5~6	4：≥7
C 任务协调	C1 完成自己那部分任务的时间	1：0~30分钟	2：30~60分钟	3：>60分钟	
	C2 完成自己那部分任务的质量	1：优	2：良	3：合格	4：差
	C3 完成自己那部分任务所占团队任务的比重	1：<10%	2：10%~20%	3：20%~30%	4：>30%
	C4 团队任务完成的时间	1：60~120分钟	2：120~240分钟	3：240~360分钟	4：>360分钟
	C5 团队任务完成的质量	1：优	2：良	3：合格	4：差
	C6 是否扮演协调角色	1：是	2：否		
D 资源共享	D1 主动发出疑问的次数	1：0~5	2：6~10	3：11~15	4：>15
	D2 达成最终一致	1：是	2：否		
	D3 与他人分享资源次数	1：1~2	2：3~4	3：5~6	4：≥7

资料来源：笔者根据研究内容整理。

采集若干老员工的样本数据对参数进行训练，形成样本量为30的样本集，并将样本集投入训练该模型的网络节点参数中。遍历所有样本集合，分别计算各级指标的概率，得到各节点参数，然后根据此参数分别计算10名候选者的三级指标、二级指标和一级指标的概率，完成隐性知识的测算。

最后，推理、排序隐性知识测算模型的概率。利用构建的贝叶斯网络拓扑结构和训练完成的概念节点参数，对候选者的各节点进行推理得到概率值，即团队合作能力值，并由大到小进行排序，完成基于贝叶斯网络的科技人力资源团队合作能力隐性知识的测算与评价。由于没有进行真实实验，故具体参数值和测算值略。

6.2　基于人才社区的科技人力资源精准配置知识共享

随着知识经济时代的到来，科技人力资源作为经济发展进程的中坚力量，在矛盾多变的职业环境中，面临着职业相关的各种挑战，取得职业成功的难度正在不断增加。本书构建的基于本体的科技人力资源精准配置案例推理系统的目的，是使企业能够根据岗位所处的具体问题与情境属性特征，精准、动态、全方位地明确科技人力资源岗位所需的胜任能力特征，并以此为依据来预测和匹配最佳员工，在一定程度上使企业内部的所有科技人力资源与岗位实现动态性、智能化、精准性地调整与匹配，使企业员工与岗位时刻保持最佳的配置状态；同时，也使科技人力资源能够及时掌握劳动力就业市场中岗位胜任能力所需，并通过积极行为的改变来不断地提高自己的岗位胜任能力，使科技人力资源持续保持能够被劳动力市场雇佣的能力。

本节在科技人力资源精准配置案例推理的基础上，提出了一种虚拟社区知识共享平台的开发构想——人才社区的开发，利用人才社区能够使科技人力资源更好地及时掌握劳动力就业市场所需，也可以解决精确识别候选者胜任能力隐性知识需要一个长期的过程这一问题，可以更好地实现科技人力资源精准配置隐性知识的共享。

6.2.1　人才社区知识共享平台

虚拟社区是与实体社区相对应的概念，是指通过互联网媒体将拥有共同目标或共同兴趣的个体快速聚集形成群体，群体之间互相共享知识。Web 2.0 时代以来，虚拟社区中知识交流行为发生了很大的变化，学者们对虚拟社区与人的行为的关系研究也在逐渐增加（迟铭，2020）。原因在于以下三个方面。首先，以领域为核心的用户兴趣网络逐渐形成，用户的话语权提升，隐性知识显化成本降低，并且用户对领域知识的订阅和参与，使得知识交流的网络凝聚力更加有保障。其次，传统的虚拟社区以门户网站为主要形式，用户的主要需求是获取信息，但是，随着大数据、云计算、社交网络等技术的发展，社会网络关系逐渐形成，而社交网络被作为无处不在的学习环境，社交网络中的论坛、微博、微信等被用来支持招聘与应聘，同样的，它也是一种新的、越来越普遍的学习方式。但是，目前比较少有社交平台能够有效地帮助求职者在特定的虚拟学习环境中，根据自己的行为活动和学习活动情况来找到合适的工作。其实，论坛、微博这样的社交网络平台在帮助求职者求职的同时，也可以支持科技人力资源进行终身学习，帮助他们在当今复杂多变的环境下拥有随时被雇佣的能力。最后，多元视角下虚拟社区知识交流效果全面提升。大数据时代带来的数据存储能力和科学计算能力的提升，对传统研究方法是一种革新，基于机器学习、深度学习、社会网络、数据挖掘等技术，对虚拟社区中的多元主体和复杂知识进行针对性分析，推动了行为科学和信息科学的深度结合，也丰富了用户知识交流的体系。因此，本书利用虚拟社区的知识交流特点，结合社会网络分析、社交网络平台等，提出了基于人才社区的科技人力资源精准配置知识共享。

6.2.2 科技人力资源的被雇佣能力与社交网络

目前，科技人力资源面临着就业相关的各种挑战，例如，其具有的专业能力过时有可能会使其在短时期内被社会快速淘汰、没有能力去选择其他更合适的工作场所、由于全球老龄化现象严重导致的劳动力市场竞争加剧等，面对劳动力就业市场的这些挑战，如何使自己时刻保持具有被雇佣的能力是当今社会科技人力资源的一大担忧。福凯特等（Fugate et al., 2004）认为，一个人即使没有现在的工作也可以随时被其他工作所雇佣，这样的人就具有可雇佣性，可雇佣性是与人的适应性、职业认同、人力和社会资本密切相关的。一个具有较强就业能力的人应该是具有很强的社会适应性的，他可以实现自我创业、自我营销和自我商品化，人际关系在塑造个人行为和自我认知方面是很重要的，而人力资本和社会资本，尤其是社会支持，在人必须要应对的压力面前也是至关重要的。社会环境和持续的专业培训（终身学习）被认为是影响科技人力资源能力发展的重要因素。由于当前的信息技术，使社会和学习的环境通过在线的高度协作空间得到了扩展。

但是，目前比较少有平台能够有效地帮助科技人力资源在特定的虚拟学习环境中根据自己的活动来找到工作。因此，本节研究了科技人力资源如何在接受正规教育之外发展自己的能力，同样也研究了企业如何在员工发展自己的过程中持续地获取其隐性知识。本节提出了构建一种能够支持科技人力资源维持就业能力的知识共享平台，可以利用社交网络的广泛性、便捷性和网络性等特点，创造出一种随时随地、无处不在的学习环境，使科技人力资源有机会找到有意义的专业人才社区，以促进他们向更好的职业生涯迈进。在人才社区中，他们可以向社区内的同行学习，并且在与社区成员学习和分享知识的过程中，科技人力资源的专业显著性也得到了提高，他们在人才社区的活动行为越多，就越会被推荐给那些正在寻找有能力的员工的招聘人员，从而优化了人才社区用户网络结构和职业交流，科技人力资源的就业能力或可被雇佣能力因此也得到了提高。

6.2.3　科技人力资源人才社区的特点

本书根据基于本体的科技人力资源精准配置案例推理构建目的，提出了科技人力资源人才社区的构想，能够支持科技人力资源维持持续就业的能力，以促进他们向更好的职业生涯迈进。构建的科技人力资源人才社区具有以下三个特点。

（1）社交网络被视为确保员工终身学习的工具。社交网络被视为无处不在的学习环境，是复杂的、综合的信息提供者，社交网络中的论坛被用来支持人才社区的开发，这也是一种新的、越来越普遍的学习方式，但是，目前比较少有论坛平台能够有效地帮助求职者在特定的虚拟学习环境中根据自己的论坛行为活动来找到合适的工作，然而，论坛、微博这样的社交网络平台除了可以帮助求职者求职，也可以支持科技人力资源进行终身学习以及在当今复杂多变的环境下拥有随时被雇佣的能力。

（2）知识共享活动是人才社区管理中一项重要的知识活动。人才社区运行的核心过程就是人才通过在社区的知识分享行为活动来获取各种知识、技能和经验，通过人才社区内的总体目标的学习来维持人才现阶段的就业能力，待需要发展为新阶段知识能力时，再迈向更高一级的人才社区，并进行新的知识分享活动和学习，实现不断提高自己被雇佣能力的目的。

（3）人才社区中的科技人力资源是以共同的兴趣、知识和职业等因素聚合在一起的。拥有相同兴趣、知识、职业的人通过人才社区的个性化推荐系统被推荐到同一人才社区中，在与平台成员学习和分享知识的过程中，用户的职业显著性得到提高，也就更有机会被推荐给招聘人员，用户的被雇佣能力也因此而得到提高。

6.2.4　科技人力资源人才社区的构建

本书在戴思凯乐等（Dascalu et al. ，2017）构建的网络招聘平台——就业跳跃（EmployLeaP）的基础上，建立了科技人力资源人才社区开发平台，它是一个基于 Web 的应用平台，用户可以通过电子设备（电脑或手机）登录 Web 网页轻松访问，它具有一个用户友好的界面。其具备的功能主要有以下五点。

第一，对平台的访问可以通过一个专业的社交网络账号完成（例如可以与领英、智联招聘、微信账号同步），增加了该平台的可访问性（见图 6.3）。注册后，所有的专业社交网络账号中可用的用户静态信息（例如个人资料、照片、联系朋友、职位、技能等），都自动导入该人才社区学习平台，而不需要用户再去填写每个区域数据的所有步骤。通过访问个人资料，用户可以看到自己的相关技能信息以及被推荐的基于工作位置、技能和兴趣的人才社区，用户也可以访问平台提供的其他可用人才社区，了解其他人才社区的活动，人才社区学习平台提供了个性化的学习渠道和招聘渠道。

第二，每个人才社区都是通过一个论坛的媒介来呈现的。在论坛中，感兴趣的用户可以关注人才社区提供的主题（见图 6.4），然后确定用户的角色（是招聘人员还是应聘人员），但无论是招聘人员还是应聘人员，都可以通过账户来访问其他用户的资料并联系他们。对应聘人员或学习者来说，一旦进入一个人才社区，就可以开始一个新的流程，在该流程中发布与该人才社区相关主题的

图 6.3　注册/登录人才社区平台

资料来源：笔者根据开发的系统网页界面截图整理。

帖子，帖子的内容既可以发布文本，也可以发布多媒体。为了保持学习者的积极性和受欢迎程度，该平台设置了积分系统，学习者可以通过在论坛中的积极参与，例如对社区成员的评论和点赞来获得积分，一个人在社区里活动行为越多，获得的积分就越多，社区成员间通过相互学习和互动来提高自己的职业显著性，因此在该人才社区中就越有机会被招聘人员选中。

图 6.4　人才社区界面

资料来源：笔者根据开发的系统网页界面截图整理。

第三，通过建立人才社区来改善招聘流程，可以把更多具备所需技能的人员纳入其招聘网络中。为了帮助建立人才社区，企业通过召集专业技术人员写下他们的工作内容，其中重点突出刺激有趣的工作、有丰厚的回报、有社会意义的工作机会、居住在某地区的高品质生活、相对较低的生活成本以及整个城市有许多文化景点和专业运动队等。企业逐渐建立起一个不断增长的人才网络，通过社交媒体扩大其影响力。关于企业的新事实和新见解得以在更广泛的人才圈中分享，从而产生了积极的连锁效应以及创造出更强大的人才网络。这种方法可以帮助企业吸引所需人才，而这些人才又能满足招聘要求、期限要求和项目要求。

第四，招聘人员或专家将综合考虑候选人在社交网站的参与、技术论坛的贡献、研究的贡献、候选人的社会活动和好友列表等。通过对社交网站的参与，可以发现候选人的社会行为和个人特征等隐性知识，通过论坛数据和研究贡献可以判断候选人的技术参与程度等。

第五，当用户觉得基于本体推荐的人才社区不适合他的整个发展计划时，用户可以添加自己的技能和兴趣（见图6.5），或者更换人才社区（见图6.6）。用户还可以主动发起一个符合自己兴趣，但在现有平台中没有的人才社区，使具有相同兴趣的用户被推荐加入该人才社区中。

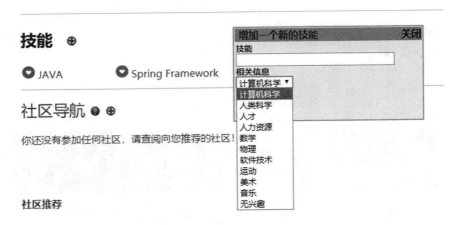

图 6.5　用户在人才社区平台中添加新技能

资料来源：笔者根据开发的系统网页界面截图整理。

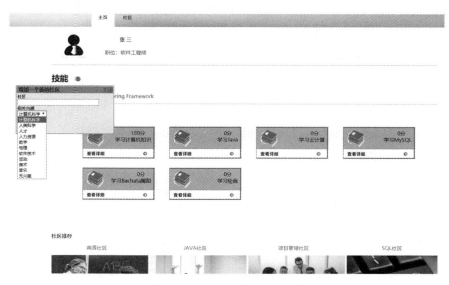

图 6.6　用户在人才社区平台中添加一个新的社区

资料来源：笔者根据开发的系统网页界面截图整理。

6.2.5　基于本体的科技人力资源人才社区推荐机制

科技人力资源人才社区是对社交网络的一个具体应用，促进了参与式信息知识的共享（Newman，2016），用户之间通过一些共同的目标连接起来，包括用户的工作、大学、业余爱好、兴趣等，他们具有相似的职业和教育兴趣，并通过社交对象，如讨论、书签、注释、个人资料、微博、多媒体等来分享这些内容。

本书根据第 3 章构建的岗位胜任能力特征本体，并通过预定义的职位、技能、兴趣及其之间的关系，扩展了相关领域本体知识，增加了社区、兴趣子本体，在社区成员的活动行为中，领域本体得到了动态的丰富，实现用户档案的自动构建。

人才社区的推荐机制为每位用户提供了将个人资料匹配到合适的人才社区中的可能性，在这种情况下，社区成员可以通过相互学习、相互分享，来提高他们的职业显著性，从而提高被雇佣的能力。从用户注册开始，用户的个人资料数据便被进行了过滤，只保留相关的知识、技能、职业和兴趣等信息，对于每一个相关的知识、技能、职业和兴趣等信息，在扩展的岗位胜任能力特征领域本体中都有一个链接，使人才社区能够为用户提供推荐。用户总是能够根据需要更新其在平台中的个人资料，并随时更新自己的领英、智联招聘等账户信息，平台也能随时向用户推荐适合的人才社区。但是，推荐机制的成功与否很大程度上取决于岗位胜任能力特征领域本体的范围。图 6.7 描述了一个典型的推荐过程的工作流程。

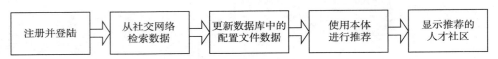

图 6.7　基于本体的推荐机制的工作流程

资料来源：笔者根据研究内容整理。

6.2.6　人才社区平台的调查分析

1. 调查方法

为了调查人才社区平台是否适合当今社会的文化、价值观、人才发展和学习的需要，以及验证平台理念的可行性和实用性，本书采用问卷调查的方法，由高校毕业生（毕业两年内）、高校教师、企业非招聘员工和招聘人员填写关于人才社区平台开发理念的可行性的调查问卷，以验证平台的开发是否适合当今社会的文化、价值观、人才发展学习需要以及实用性和可行性（问卷调查表见附录）。

2. 调查对象

为了保证调查数据的有效性，本书选取了高校毕业生、高校教师、企业非招聘员工和企业招聘人员四类人员作为实验调查的对象。其中，高校毕业生选取的是中国全日制高等院校应届毕业生和毕业两年内的毕业生，涉及管理学、经济学、计算机、文学、数学五大类专业；高校教师选取的是中国东部、中部、西部的部分高校专任教师，企业员工和企业招聘人员选取的是中国中部、东部地区城市企业的员工，涉及医药、电子、汽车制造等多个行业。

3. 结果分析

本书设计了《人才社区开发调查问卷》，于2019年10~12月共计发放303份问卷，其中剔除了25份无效问卷，共得到有效问卷278份。问卷发放对象包括213名企业工作人员（包括招聘人员）、78名中国高校的毕业生和12名高校教师，涉及奥地利、澳大利亚、马来西亚三个国家的企业工作人员，以及中国的18个省份的企业工作人员、高校毕业生和高校教师，被调查者男女比例为1:1，年龄主要集中在21~35岁，全部为本科及以上学历，总体分布比较均匀。问卷结果分析如下。

（1）信效度检验。对数据进行去量纲处理后，进行信效度检验，由表6.2可知，克朗巴哈系数（Cronbach's Alpha）值为0.739，基于标准化项目的克朗巴哈系数值为0.758，大于0.7，说明该问卷的信度可以被接受，本次调查问卷题项具有一定的内在一致性，问卷具有一定的可靠性。

表6.2　　　　　　　　　　　　　　　　　**可靠性统计**

克朗巴哈系数	基于标准化项目的克朗巴哈系数	项数
0.739	0.758	16

资料来源：笔者根据问卷调查结果分析整理。

由表6.3可知，KMO值为0.774，介于0.7~0.8，说明问卷的效度较好，能够反映要调查的内容，并且从表6.3中还可以看到巴特利特（Bartlett）球形检验的显著性水平为0.000，小于0.05，说明数据之间存在相关性，因此该样本数据适合进行因子分析。

表6.3　　　　　　　　　　　　　　　**KMO与Bartlett检验**

取样足够多的KMO度量		0.774
Bartlett球形检验	近似卡方	713.830
	自由度	120
	显著性	0.000

资料来源：笔者根据问卷调查结果分析整理。

（2）探索性因子分析。首先，作总方差解释和旋转成分矩阵，由表 6.4 可知，本书全部样本变量中提取的五个因子的最终累计方差贡献率为 73.389%，说明本次的因子分析是有效的。

表 6.4 　　　　　　　　　　总方差解释和旋转成分矩阵

因子	因素	成分				
		A	B	C	D	E
A 与当今社会的人才发展和学习需要的符合性	（4）	0.550	−0.455	0.141	0.245	−0.080
	（5）	0.672	−0.271	0.050	0.183	−0.005
	（7）	0.641	−0.280	0.125	0.102	0.026
	（8）	0.644	−0.081	0.079	0.203	0.164
	（10）	0.699	0.114	−0.240	−0.222	−0.193
	（11）	0.673	0.209	−0.190	−0.349	−0.076
	（12）	0.609	0.210	−0.218	−0.285	−0.071
	（16）	0.558	0.023	−0.113	0.308	0.007
B 平台的实用性	（9）	0.187	0.271	−0.153	−0.435	0.238
	（13）	0.058	0.537	0.153	0.157	−0.443
	（14）	0.289	0.464	0.435	0.192	−0.141
C 平台的可发展性	（2）	0.013	0.119	0.665	−0.093	0.171
D 与当今社会的文化、价值观的吻合度	（3）	0.032	0.564	−0.156	0.495	−0.016
E 平台理念的可行性	（1）	0.203	0.197	0.407	−0.250	0.506
	（6）	−0.244	0.125	−0.404	0.301	0.387
	（15）	0.287	0.204	−0.143	0.224	0.566
方差贡献率		31.935%	14.198%	7.812%	7.497%	11.948%
累积方差贡献率		31.935%	46.132%	53.944%	61.441%	73.389%

资料来源：笔者根据问卷调查结果分析整理。

其次，进行因子得分系数计算，得到成分得分系数矩阵，并得到五个因子的表达式，成分得分矩阵与因子表达式略。

再次，计算因子权重，根据因子权重的计算公式：W_i = 方差贡献率/累积方差贡献率，由表 6.4 中 SPPS 分析得出的方差贡献率和累积方差贡献率，可以求出样本数据中5个因子的权重，如表6.5所示。

表6.5　　　　　　　　　　　　　　　　　　因子权重　　　　　　　　　　　　单位：%

因子	A	B	C	D	E
权重	43.51	19.35	10.64	10.22	16.28

资料来源：笔者根据问卷调查结果分析整理。

最后，得到样本的平均综合得分函数FA：

FA ＝43.51%A＋19.35%B＋10.64%C＋10.22%D＋16.28%E＝88.47

全部样本的平均综合得分＞85%，表明人才社区的开发理念符合当今社会的文化、价值观、人才发展和学习需要，人才社区平台的理念具有可行性和实用性，并且其在未来具有可发展性。

（3）其他关键问题的描述性分析。除了进行问卷调查的因子分析之外，本书还对部分企业工作人员进行了访谈，下面将对问卷和访谈中涉及的一些关键问题的统计结果作简单描述性分析：在对人才社区开发的调查中，几乎所有的被调查者都认为该人才社区平台的开发与提高就业能力是相关的（98%），他们认为如果需要的话他们同意推广这个平台（84.5%），并且有兴趣参与平台的开发（73.6%）。但是，在调查中，被调查者在充分了解平台所具备的功能后，认为要实现提高就业能力这一目标，平台未来还需要提供更多的信息和功能（96.7%）。

所有的被调查者都认为这是一个很好的开发计划，它可以是一项增加当地就业机会的相关措施（94.06%）。他们希望这个平台是免费的（85.48%），并且认为这个平台是一个现实的、可行的项目（91.42%），本书认为，被调查者作为年轻的科技人力资源，拥有互动性、好奇心以及对知识和信息的渴望，愿意使用这样的平台，有被调查者在接受问卷调查后认为"人才社区或许将改善内部电子学习计划或优化业务流程，为潜在的候选人提供与企业更好、更快的接触"。

对企业员工来说，大多数的被调查者（98%）都认为，一个人不仅可以从正规全日制教育中获得知识，也可以从个性化和自我参与的学习过程中获得更多的知识；有62.71%的被调查者对注册人才社区的理念感到满意，因为他们认为自己所获得的最有价值的信息往往是由电子在线资源提供的；有82.18%的被调查者表示他们愿意通过这样的人才社区平台来进行终身学习；除此之外，有近一半的被调查者（58.41%）认为，现在的招聘人员并不能准确地选择最适合的应聘者，即仅通过面试并不足以证明一个人的技能与该应聘岗位完全匹配，而需要为招聘人员提供与所应聘岗位相关的、实时的、持续的教育和职业发展状况，因此，被调查者们认为人才社区平台或许能够提供这项功能。

对企业招聘人员来说，该调查的大多数参与者描述了这样一个事实，即当甄选企业重要的员工时，他们面临的挑战之一就是从众多求职者中精确识别其优点和缺点，并判断其是否具备快速适应该岗位的能力，但这又需要一个长期的过程才能实现精确判断，他们认为人才社区平台或许能够提供这方面的帮助，因此，大多数的被调查者（91.75%）认为人才社区会是一个不错的平台，但是，大多数的被调查者（62.05%）也认为未来没有准备放弃传统面试这项招聘程序的打算，但他们愿意得到应聘者不断更新自己知识的动态监督过程的信息。

6.2.7　人才社区开发的小结与讨论

对于企业招聘人员来说，人才社区可以为其提供应聘人员长期的、动态的行为活动与能力，其提供的个人信息比简单地阅读简历可能更可靠。

对于学习者或应聘人员来说，人才社区提供了一个比较容易获得的电子环境，该平台的理念主要是通过创建人才社区来实现终身学习，从而不断提高人们持续被雇佣的能力。通过个性化的推荐机制，提高了用户的满意度，根据每个人的社会情况与兴趣特征，向他推荐适合的人才社区，在人才社区中，学习者们有机会成为有价值的人，同时向其他人学习并被同社区的人所赏识，以此来增加他们被推荐给招聘人员的可能性，从而提高人们的被雇佣能力。

但是，个性化推荐机制的精确度很大程度上取决于岗位胜任能力特征领域本体的范围，目前只在互联网IT行业类岗位中构建。人才社区在学生、企业员工和企业招聘人员中进行了可行性调查，得到了比较好的反馈效果，但是还需要进一步的测试和本体的扩展来分析和提高它的推荐精度，并进行进一步的应用与推广。

6.3　本章小结

本章在第 3 章、第 4 章、第 5 章基于本体的科技人力资源精准配置案例推理相关研究成具的基础上，根据案例检索结果绘制的最佳岗位胜任者用户画像，提出了通过社交网络、工作日志等途径，以及应用贝叶斯网络方法，对候选人的相关岗位胜任能力知识，特别是性格偏好、工作业务行为、完成特定任务反映出的隐性知识进行精准测算与评价，以匹配出最适合的岗位候选人，实现科技人力资源精准配置知识的共享。接着，为了更好地实现科技人力资源精准配置的长期性和动态性，使科技人力资源时刻保持被劳动力市场雇佣的能力，解决精确识别候选者胜任能力隐性知识需要一个长期的过程这一问题，本章提出了人才社区开发的构想，并利用因子分析法对人才社区开发的可行性和实用性进行了实证研究，结果表明，通过优化人才社区用户网络结构和职业交流，使科技人力资源更好地及时掌握劳动力就业市场所需，帮助企业精确识别候选者胜任能力隐性知识，为科技人力资源精准配置知识共享提供了一个更好的途径。

第 7 章　科技人力资源精准配置案例推理系统的设计与实现

基于案例推理的技术目前是人工智能的一项重要的相似性推理方法，它是用过去的知识和经验来解释和解决新问题的方法（杨健，2008），案例推理技术不仅能使获取知识的途径更加快捷、方便，还能够极大改善知识推理的速度和质量，因此，被广泛应用于智能化预测、决策支持等领域，本书在构建领域本体的基础上，将案例推理技术应用于科技人力资源精准配置领域中，旨在使企业能够根据岗位所处的具体问题和情境属性特征，精准、动态、全方位地推理科技人力资源岗位所需的胜任能力特征，并以此为依据来预测和匹配最佳员工。同时也使科技人力资源能够通过案例推理系统及时掌握劳动力就业市场中岗位胜任能力所需，通过积极行为的改变来使科技人力资源持续保持能够被雇佣的能力。

在第 3 章构建雇主需要的岗位需求胜任能力特征本体，第 4 章、第 5 章引入本体后的科技人力资源精准配置案例知识表示、案例相似度计算与检索等关键技术，第 6 章根据科技人力资源精准配置案例推理检索结果测算岗位候选人胜任能力隐性知识，以及通过人才开发平台进行知识共享研究的基础之上，本章着重探讨如何将上述研究通过智能化系统予以实现，即探讨如何构建基于本体的科技人力资源精准配置案例推理系统模型以及系统的设计，并进一步实现智能化科技人力资源精准配置案例推理的原型系统和案例推理系统的人机交互，为科技人力资源精准配置知识预测、特征识别、匹配方案的制定以及匹配后效果评估提供决策支持服务。

7.1 基于本体的科技人力资源精准配置案例推理系统研究框架

基于本体的案例推理是指通过领域本体对历史案例进行知识表示，用某种相似度计算方法匹配出与当前需要解决的问题最相似的历史案例，再将该历史案例中使用的解决方法用到本问题的解决策略中的一种方法（Berkat，2011）。目前，学者们已经将基于本体的案例推理技术应用于营销、风险预测、农作物病虫害防控等领域中，冯为民（2003）将案例推理方法应用于工程造价的预测中。王军（2009）将案例推理技术应用于房地产营销知识推理中，在构建房地产本体与客户本体的基础上，建立了基于本体的房地产营销案例推理系统，运用案例知识解决房地产的个性化营销问题。陈瑶（2009）将案例推理方法应用于房地产投资风险评估中，建立了房地产投资风险评估案例推理体系。辜丽川（2015）通过构建农作物病虫害本体来对农作物病虫害进行案例检索与推理，实现农作物病虫害知识共享、诊断、预测和防治。目前，基于本体的案例推理技术应用于企业科技人力资源精准配置知识共享的能力还比较缺乏，其案例的检索与匹配主要基于招聘网页中的关键词检索，并且所搜索的关键词仅限于最基本的如期望职位、学历、专业、职业资格、职称等简单文本，而应用于企业内部或外部实现人与岗位实时、持续、智能的预测与匹配的研究还比较少。

本书将本体与案例推理技术应用于组织中人与岗位的精准匹配领域中，首先，通过网络爬虫的方式获取领域数据以构建岗位胜任能力特征领域本体，来解决科技人力资源精准配置领域知识多源异构的问题，统一定义了领域概念、属性、关系等；其次，根据构建的岗位胜任能力特征领域本体，对科技人力资源精准配置案例进行形式化规范表示，定义了科技人力资源精准配置案例本体知识模型，并构建了科技人力资源精准配置案例知识体系；再次，根据建立的科技人力资源精准配置案例统一的知识表示形式，利用案例相似度计算筛选出最佳匹配案例集，并构建该案例的岗位胜任能力用户画像，以此作为招聘或人员配置的参考标准；最后，对用户画像中的指标内容进行评价，挑选出岗位最佳候选人。因此，本书构建的科技人力资源精准配置案例推理系统结构主要包括构建领域本体、案例知识表示、案例检索、隐性知识共享，符合案例推理的知识体系内容。但是，要想使科技人力资源精准配置案例推理系统得以运行，并使用户方便使用以实现人机交互，需要进行案例推理系统的设计与实现方面的研究，因此，本章将详细介绍如何设计与实现科技人力资源精准配置案例推理系统，并为系统提供初步建立的人机交互界面。

7.1.1 系统结构

基于案例推理的科技人力资源精准配置系统通过收集和调整以前相似问题或情境的案例解决方案，可以得到新的人员配置方案或岗位调整方案，从而提高企业内部科技人力资源与岗位的合理配置水平，同时，由于通过推理相似案例所得到的匹配方案更切合岗位需求胜任能力特征或人员胜任能力素质特征，因此匹配效果会更好。

基于本体的科技人力资源精准配置案例推理系统框架主要包括五个模块。

一是人机交互界面。主要实现科技人力资源精准配置案例推理系统与用户的交互功能，系统能够理解用户的需求，分析当前问题产生的背景，并且将通过案例推理得到的解决问题的方案以用户便于理解的用户画像的形式通过人机交互界面推荐给用户。

二是案例管理。在案例管理服务中，需要对高质量的案例进行选择和表示，对案例库进行更新、修改和维护等，以保障案例推理的成功性。案例推理的精确度和质量取决于案例库的规模、质量以及案例知识的表示和检索，其中案例库的规模和质量是最重要的影响因素，可以在很大程度上提高案例的相似性和解决问题的针对性。

三是案例知识表示。科技人力资源精准配置案例推理系统需要通过人机交互界面获取岗位需求胜任能力特征信息，为了从案例库中找到相似度较高的案例集，首先要进行案例知识表示，将岗位需求的胜任能力特征信息通过岗位胜任能力特征本体模型转换成案例属性特征。将案例的问题和情境描述为岗位需求胜任能力属性特征。

四是案例相似度计算。进行案例库与目标案例之间的相似度计算是解决案例库与目标案例之间语义异构的关键，案例相似度计算是通过对两个多源异构的案例库与目标案例中的概念、属性、关系进行的相似度计算，通过建立概念、属性之间的语义关联，使异构的案例知识得到共享和重用。

五是案例推理系统。案例推理服务是案例推理系统的核心，可以实现案例库的检索、相似案例解决方法的修改等，通过相似度计算可以匹配出与目标案例相似度最高的历史案例，也可以根据案例修改规则对相似案例进行修改来为目标案例提供解决方案。本书构建的科技人力资源精准配置案例推理系统的基本原理有以下四个方面。

首先，当企业中某一个科技人力资源所在岗位需要匹配最佳人选时，案例推理系统将此岗位作为新的问题定义为目标案例，此目标案例的结构是由问题和情境的关键特征组成的（这些关键特征包括岗位等级、岗位性质、职种、薪酬、工作内容、岗位所处企业的性质、规模、行业性质等）。

其次，通过概念名称和属性相似度计算，案例推理系统根据问题与情境的关键特征，在案例库中检索出相似度较高的推荐案例集，整合推荐案例集的解决方案（推荐案例集的解决方案是相似案例集中岗位需求胜任能力特征构建的最佳匹配用户画像），作为新问题的解决方案。

再次，如果检索出的岗位案例与当前岗位的匹配结果满意，那么导出该案例岗位需求的最佳匹配人员胜任能力特征，即构建的最佳岗位匹配者用户画像，然后，依据用户画像的指标和权重对当前候选人进行综合评价并依次排序，设置阈值选取排名靠前的候选人为此岗位的最佳合适人选。

最后，如果对推荐案例的结果不满意，那么可以对推荐案例进行修改，以满足对新问题的求解，并且将修改过的案例作为新的案例存储于案例库中，以便今后相似问题的解决。

本书根据案例推理系统提供的服务，绘制了科技人力资源精准配置案例推理系统设计与实现的框架结构，如图 7.1 所示。

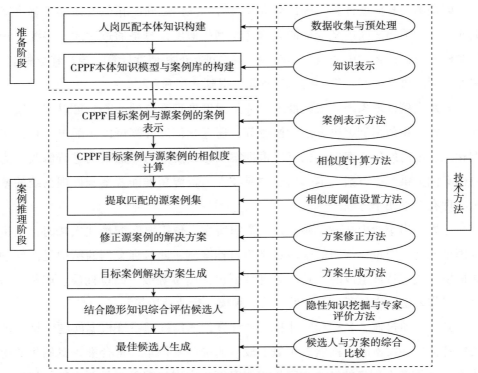

图 7.1 基于本体的科技人力资源精准配置案例推理系统的设计与实现框架

资料来源：笔者根据研究内容整理。

7.1.2 设计原则

科技人力资源精准配置案例推理系统遵循知识共享的原则，传统的案例推理系统的核心是基于案例特征进行的推理，由于领域案例的特征不同，基于案例推理的案例表示只是构建了领域的一种模型，很难实现知识的共享。但是，领域中对不同知识的共享和重用是非常有必要的，知识共享的原则要求案例的表示和案例的检索是可以被不同的系统互操作和共享的，因此，根据这个设计原则，本书在案例推理系统中引入本体有两点优势。

（1）案例应该是基于领域本体知识之上的，有领域本体知识作为基础，案例重用者能够更好地理解案例所表示的知识内涵，更好地利用案例知识。

（2）有领域本体知识作为支撑，案例才有更好的语义基础，可以支持语义检索，提高案例检索的质量。

7.2　基于本体的科技人力资源精准配置案例推理系统的实现

基于本体的科技人力资源精准配置案例推理系统是一种为了解决人力资源管理领域在科技人力资源精准配置工作过程中的知识服务、岗位与人员匹配预测、岗位胜任能力特征识别等问题的知识智能推理系统。为了验证和实现本书前几章的研究成果，同时也为提高科技人力资源和岗位的合理化配置提供方法和技术支撑，本书设计并实现了一个基于岗位胜任能力特征本体的科技人力资源精准配置案例推理系统，如图 7.2 所示，该匹配系统提供的功能有：科技人力资源精准配置知识服务、科技人力资源精准配置知识管理、岗位需求的胜任能力与人员具备的胜任素质匹配预测、岗位需求的胜任能力特征的自动识别以及人岗精准匹配等。

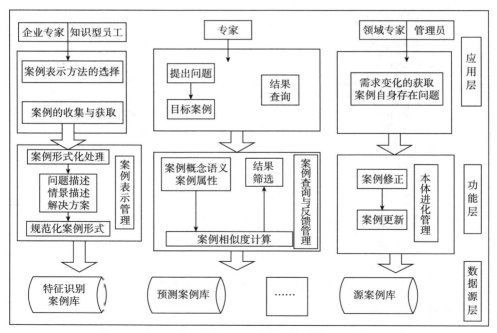

图 7.2　科技人力资源精准配置智能推理原型系统逻辑结构

资料来源：笔者根据研究内容整理。

根据本体构建、案例知识表示、案例检索相似度计算三大主题模块的研究内容，本书设计的科技人力资源精准配置案例推理原型系统中的实现模型如图7.3所示。

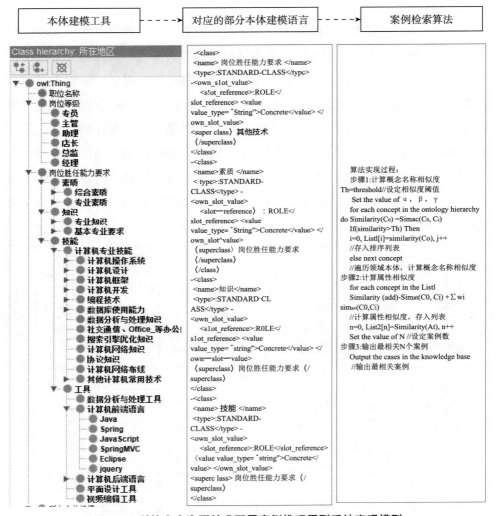

图7.3　科技人力资源精准配置案例推理原型系统实现模型

资料来源：笔者根据研究内容整理。

根据上述科技人力资源精准配置案例智能推理系统的框架、功能、实现模型等的分析，本书选用SSH作为框架，Java作为开发语言，设计并实现了科技人力资源精准配置案例智能推理系统平台，图 7.4 所示为科技人力资源精准配置案例智能推理系统网页用户登录界面。

图 7.4 科技人力资源精准配置智能推理系统网页登录界面

资料来源：笔者根据开发的系统网页界面截图整理。

7.2.1 科技人力资源精准配置知识服务与知识管理

科技人力资源精准配置知识服务的功能有：主要面向企业具有科技人力资源的岗位和科技人力资源提供精准的、动态的、全方位的岗位胜任能力知识服务，采用智能交互式技术和自动识别技术，通过移动互联网手段，构建人机交互界面，将特定情境下的科技人力资源岗位的胜任能力特征预测、识别等知识提供给企业和科技人力资源，如图 7.5 所示为科技人力资源精准配置知识服务模块网页界面。

知识管理功能：该模块是科技人力资源精准配置领域原型系统的关键模块，主要功能是本书第 3 章、第 4 章、第 5 章研究成果的内容体现，实现知识获取、案例知识库的构建、知识推理和知识服务。

7.2.2 岗位胜任能力特征自动识别与匹配

根据劳动力市场中岗位胜任能力需求的变化，不断更新知识本体，利用训练数据去拟合并归纳员工与岗位特征空间之间的函数分布，不断减小机器对匹配度的预测结果与人工标注的正确结果之间的误差，然后通过优化器根据优化

图7.5　科技人力资源精准配置知识服务模块

资料来源：笔者根据开发的系统网页界面截图整理。

目标不断迭代直至收敛到一个最优点，再输入新的员工信息和岗位信息即可自动输出匹配程度，实现匹配度的精准动态预测。

科技人力资源的岗位需求胜任能力特征自动识别与匹配是科技人力资源精准配置系统开发过程中最重要的一个环节，该模块根据知识模块和岗位胜任能力特征能力本体模型，结合相似度阈值的设定，从岗位名称、岗位等级、岗位性质、薪酬区间、工作内容、职类/职种、所处企业性质、企业规模、行业类别、所在地区等方面情况提取最相似案例的特征，用于基于本体和案例推理的科技人力资源岗位需求胜任能力特征的自动识别，以便快速准确地得到科技人力资源精准配置的解决方案。

本章7.3节中的图7.6（左）所示为系统设计案例检索的输入界面，用户可以根据检索的需要手动提取概念名称并输入知识服务检索层中，再将与目标案例相关的属性数值输入属性相似度计算检索层中，在所有检索界面中对于不能提供的内容以缺省项代替。

在案例检索的输出界面中，系统会根据案例相似度计算结果给出最相似案例的排序列表，并自动绘制出"问题/情境—方案"最佳匹配者用户画像，通过详细的目标案例用户画像信息界面可以实现对案例知识的重用，如图7.6（右）所示为科技人力资源精准配置案例推理系统中目标案例匹配的检索结果

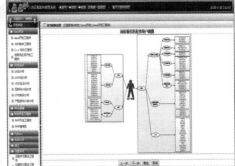

图 7.6　系统案例检索的输入（左）与输出（右）界面

资料来源：笔者根据开发的系统网页界面截图整理。

用户画像。

在候选人隐性知识评价界面（见图 7.7），通过输入候选人的微博链接、工作日志、设定情景任务，系统后端对用户提供的相关文本数据进行隐性知识挖掘与评价，并对候选人进行综合评价排名，用户可以自由设定最佳候选人阈值。这里需要说明的是，由于系统开发处于初级阶段，系统后端对候选人隐性知识进行分析与评价较为复杂，故在本系统中暂未实现对候选人隐性知识的测算与评价，只是提供了相关构想供系统今后的进一步开发参考。

图 7.7　候选人隐性知识评价输入界面

资料来源：笔者根据开发的系统网页界面截图整理。

7.3 系统实验验证

为了验证科技人力资源精准配置案例智能推理系统的可行性和有效性，本节通过具体的科技人力资源精准配置问题检索实例对系统进行测试，通过用户名和密码进行账号登录，以进入科技人力资源精准配置案例推理系统，将目标案例的相关信息总结成科技人力资源精准配置案例的属性特征形式并进行输入，如图 7.6 所示，系统会自动输出科技人力资源精准配置案例检索结果用户画像，实现本书第 4 章、第 5 章研究的内容。

根据用户画像提供的关于岗位胜任能力特征的指标及其权重，用户首先对候选人的显性知识进行评价，设定阈值挑选出一部分待匹配的候选人，如图 7.8（左）所示。接着，系统需要用户输入图 7.7 中关于评价候选人隐性知识的内容（待开发），生成结合隐性知识测算的候选人综合评价及与用户画像的相似度排序，如图 7.8（右）所示，科技人力资源精准配置案例推理与候选人筛选完成，实现本书第 6 章研究的内容。

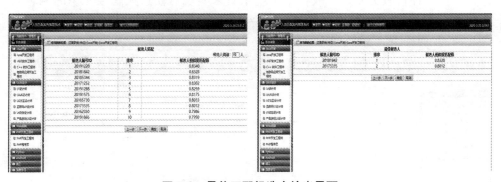

图7.8 最佳匹配候选人输出界面

资料来源：笔者根据开发的系统网页界面截图整理。

7.4 本章小结

本章在根据第 3 章构建的雇主需要的岗位需求胜任能力特征本体，第 4 章、

第 5 章引入本体后的科技人力资源精准配置案例知识表示、案例相似度计算与检索等关键技术，第 6 章根据科技人力资源精准配置案例推理检索结果测算岗位候选人胜任能力隐性知识，以及通过人才开发平台进行知识共享研究的基础之上，着重探讨如何将上述研究通过智能化系统予以实现，即探讨如何构建基于本体的科技人力资源精准配置案例推理系统模型以及系统的设计，为科技人力资源精准配置知识预测、特征识别、匹配方案的制定以及匹配后效果评估提供决策支持服务。本章通过构建基于本体的科技人力资源精准配置案例推理系统模型，给出了案例推理系统推理的工作机制，设计并实现了智能化科技人力资源精准配置案例推理的原型系统机器运行界面，并在系统中对具体的岗位进行了案例实验应用，但由于系统开发的难度较大，案例推理后的一部分内容还需要今后进一步的开发。

第 8 章　宁夏科技人力资源的需求预测与对策研究

在以知识为核心的时代，科技活动发展迅速，国家间与地区间的竞争从传统的劳动力资源和自然资源竞争转为科技创新的竞争，科技创新对社会经济发展的作用极为重要，决定着一个国家和地区的核心竞争力，而科技创新驱动的实质是人才的驱动，科技人力资源的发展对国家和地区经济社会发展的长期稳定具有重要作用。

党的十八大以来，习近平总书记多次强调科技人力资源的重要作用，对科技人力资源的成长与队伍建设作出重要指示。在 2021 年中央人才工作会议上习近平总书记指出，必须支持和鼓励广大科学家和科技工作者紧跟世界科技发展大势，对标一流水平，根据国家发展急迫需要和长远需求，敢于提出新理论、开辟新领域、探索新路径，多出战略性、关键性重大科技成果，不断攻克"卡脖子"关键核心技术，不断向科学技术广度和深度进军，把论文写在祖国大地上，把科技成果应用在实现社会主义现代化的伟大事业中。[①] 新时代背景下，随着我国西部开发战略的深化及黄河流域生态保护与高质量发展战略的实施，宁夏在黄河流域生态保护与高质量发展先行区建设中，对科技创新的需求比以往任何时候都更为迫切，因此，需要更多高层次、高技术和跨学科复合型人才来助力社会发展进程。

宁夏目前正处于加快建设黄河流域生态保护与高质量发展先行区的关键时期，也是科技创新人才发展事业的重要战略时期，加快创新型科技人才队伍建设是提高自主创新能力、建设美丽新宁夏、支撑高质量发展的必然要求。然而，

---

① 习近平. 深入实施新时代人才强国战略 加快建设世界重要人才中心和创新高地 [J]. 求是，2021（24）：4 – 15.

宁夏科技创新人才的供需关系不均衡，与经济社会发展、政策环境等不相匹配，人才的结构性矛盾突出，科技人力资源供给和需求的不确定性因素较多，未来能否满足科技人力资源劳动力市场的需求、如何做好科技人力资源的储备等，都对宁夏科技人才队伍建设工作带来了挑战和新的要求。因此，本书通过对当前宁夏科技人才队伍的现状进行分析，对科技人力资源 2023～2030 年的未来需求数量进行预测，并结合经济社会发展需求与发展瓶颈提出有针对性的对策建议，为宁夏实行精准引才与育才，保证科技人力资源供需均衡，提升科技人力资源队伍建设水平提供参考依据。

8.1　科技人力资源的需求预测及需求趋势分析

8.1.1　构建科技人力资源预测指标体系

科技人力资源的需求预测研究是一个比较抽象的问题，具有可变性和难以衡量的特点。因此，要实现科技人力资源预测系统的精准性和科学性，就需要对影响因素进行量化，对指标赋予权重，使研究问题可操作化和具体化。一个科学、合理的科技人力资源预测指标体系是科技人力资源的需求预测工作得以顺利完成的保障。

1. 宁夏科技人力资源需求的影响因素分析及指标选择

一是经济方面。一般来说，经济发展水平越高的地区反过来也会吸引更多的科技人力资源的加入，同时在经济越发达的地区，其经济发展越依赖于科技的进步，并且对科技人力资源的需求也会增加，两者相辅相成。并且总体上而言，我国科技人力资源的流动方向大多是由经济欠发达的县市往经济发达的省会城市聚集，由中西部地区往东部沿海地区流动，可见科技人力资源的聚集与区域的经济发展水平有着密切联系。而地区生产总值（GDP）、财政总收入等指标均为地区经济发展水平的重要衡量指标。

二是社会方面。近年来，随着宁夏产业结构的不断优化、调整，新旧动能的不断转化，对科技人力资源的需求越来越向第三产业倾斜，尤其是围绕宁夏回族自治区九大重点特色产业，对新材料、新能源、电子信息技术、装备制造、新型煤化工等行业科技人才的需求呈井喷式的增长。一个良好的社会发展环境对于促进科技人力资源的创新能力最大化发挥具有非常重要的作用，也能够对科技人力资源的开发和成长起到激励的作用。而地区总人口数量、居民人均可支配收入、社会从业人员数量等指标因素对于对科技创新人才的总数量、地域分布、人才密度都能够有着直接影响。

三是科教发展因素。一个地区的科教发展情况也深深地影响着科技人力资源的发展，教育环境影响着区内优质人才的输入与人才的培养质量，科研环境直接影响科研成果的产出及人才潜能的发挥，因此一套成熟完整的科教体系将会更好地吸引科技创新人才来宁夏发展，也对于满足科技人力资源的质量方面的需求具有至关重要的作用。而科教因素对于科技人力资源需求的影响主要体现在地区教育文化方面的发展情况和科学技术方面的发展情况两个方面，并且细分为科技产出、科技投入及教育发展三个指标体系。

四是宏观政策因素。国家、地区政策的颁布是政府工作的方向，可以从中看出政府今后的工作重心。近年来，宁夏颁布了众多关于科技创新、人才发展等政策，可以看出宁夏对科技和人才的重视程度，同时也为众多来宁夏发展的科技人力资源提供了参考，吸引着更多的科技人力资源来宁夏、留宁夏发展，而宁夏也因更多人才的活跃在科学技术领域得以不断进步。因此，具有保障性、引导性的人才政策的颁布以及体制机制的创新与完善，能够为科技人力资源队伍建设工作提供科学、合理的指导，也能够为区域科技人力资源的开发创建良好的政策环境，并促进人才创造力的发挥，提升区域的人才集聚力。

为了能够更加深入地对科技人力资源需求的影响因素进行科学、具体的分析，本书以可统计指标为突破口，排除政策、社会风气等不可衡量因素，在科学性、可操作性和目标性原则的指导下，通过上述关于经济、社会、科教发展和宏观政策的分析，以科技人力资源总量需求预测的影响因素分析为目的，选取如表8.1所示的可量化指标。

表 8.1　　　　　　　　　　科技人力资源总量需求的影响因素

一级指标	二级指标	三级指标
经济发展		X1：地区生产总值
		X2：全社会固定资产投资
		X3：工业增加值
		X4：财政总收入
社会发展		X5：财政总支出
		X6：地区总人口
		X7：社会从业人员
		X8：居民人均可支配收入
科教发展效益	科技投入	X9：R&D 经费
		X10：科研机构数
		X11：地方财政科技支出
	科技产出	X12：R&D 活动折合全时当量
		X13：专利申请数
		X14：专利批准量
		X15：科技成果登记项目数
		X16：技术合同成交数
		X17：技术合同成交金额
	教育发展	X18：普通高等学校专任教师数
		X19：普通高等学校在校生
		X20：普通高等学校毕业生

资料来源：笔者根据研究内容整理。

2. 运用灰色关联度方法建立科技人力资源总量指标体系

此部分选择以 2015～2019 年的宁夏 R&D 人员数量为样本，将上述科技人力资源总量需求影响因素分别开展灰色关联度分析并进行指标选取，主要分为以下两个步骤。首先，对所有指标进行数据标准化处理，统一量纲，表 8.2 为运用数据 SPSS 软件进行均值化后的转化数据。其次，运用 DPS 软件，分辨系数取 0.5，得出宁夏 R&D 人员与各影响因素因子之间的灰色关联度。

表 8.2   科技人力资源和其他因子关联系数

因 子	关联系数
X1：地区生产总值	0.9541
X2：全社会固定资产投资	0.8453
X3：工业增加值	0.8546
X4：财政总收入	0.9292
X5：财政总支出	0.8786
X6：地区总人口	0.7837
X7：社会从业人员	0.7276
X8：居民人均可支配收入	0.9583
X9：R&D 经费	0.8375
X10：科研机构数	0.6587
X11：地方财政科技支出	0.8297
X12：R&D 活动折合全时当量	0.6837
X13：专利申请数	0.7986
X14：专利批准量	0.8286
X15：科技成果登记项目数	0.6059
X16：技术合同成交数	0.6487
X17：技术合同成交金额	0.6198
X18：普通高等学校专任教师数	0.7695
X19：普通高等学校在校生	0.8387
X20：普通高等学校毕业生	0.7847

资料来源：笔者根据研究内容整理。

    基于以上灰色关联度的运算结果，以 1 为其最高标准，通过灰色关联系数的大小可筛选出与科技人力资源关联度高的因子。本书中以 0.8 为分界线，将灰色关联系数在其之上的因子确定为主要影响因素，根据表 8.2 可知科技人力资源需求数量的主要影响因素有 10 个：地区生产总值、全社会固定资产投资、工业增加值、财政总收入、财政总支出、居民人均可支配收入、R&D 经费、地方财政科技支出、专利批准量以及普通高等学校在校生。在 0.5~0.8 的指标为次要影响因素，此处省略。

3. 科技人力资源的需求预测

本书在综合衡量后确定对科技人力资源需求预测的具体要素为人才数量、学历层次和产业结构。本书的数据主要来源于国家统计局和《中国统计年鉴》中 2012～2020 年的二手数据，组合利用回归预测方法、GM（1，1）预测模型对 2023～2030 年宁夏科技人力资源需求的数量、质量及结构方面进行预测。

8.1.2　科技人力资源总量预测

1. GM（1，1）预测模型

选用 2012～2020 年宁夏人力资源数量为样本，通过构造累加生成序列、模型参数计算和模型精度验算，最终得出预测结果，运用 GM（1，1）模型对宁夏 2023～2030 年科技人力资源需求的预测结果如表 8.3 所示。

表 8.3　　　　　**2023～2030 年宁夏科技人力资源总量需求预测结果**　　　单位：万人

年份	2023	2024	2025	2026	2027	2028	2029	2030
预测值	85	92	100	103	106	109	112	115

资料来源：笔者根据测算结果整理。

2. 回归模型预测

由于科技人力资源的需求受到很多因素的影响，因此，运用 2012～2020 年 R&D 人员数量的数据预测科技人力资源的需求总量，将 R&D 活动人员作为因变量，选取表 8.2 中的 10 个主要影响因素作为自变量，即地区生产总值、全社会固定资产投资、工业增加值、财政总收入、财政总支出、居民人均可支配收入、R&D 经费、地方财政科技支出、专利批准量以及普通高等学校在校生，构建多元线性回归方程。在使用 SPSS 22.0 软件进行运算分析后，得出其拟合性较高，并且有多重共线性的问题，所以在选择逐步回归方式对其进行检验后，剔除了 9 个变量，将财政总支出作为自变量进行模型回归。

调整后的 R^2 为 0.993，因此该模型对数据的解释能力非常高，并且显著性 <1%，表明财政总支出的显著性很强，证明该模型具有较高的可信度，可以

用来进行预测。

为获得科技人力资源总量需求的回归预测模型所需要的 2023～2030 年财政总支出数据，本书以 2012～2020 年财政总支出作为样本数据，财政总支出为因变量，年份 t 为解释变量，构建一元回归线性方程，预测 2023～2030 年财政总支出，得出 R^2 为 0.994，并且显著性 <10%，拟合程度较好。因此可以将其作为财政总支出预测模型，对 2023～2030 年财政总支出数据进行预测。

科技人力资源总量预测，将自变量数据代入回归方程中，得 2023～2030 年宁夏科技创新人员数量的预测结果，如表 8.4 所示。

表 8.4　　　　　　　2023～2030 年宁夏科技人力资源总量需求预测结果　　　　单位：万人

年份	2023	2024	2025	2026	2027	2028	2029	2030
预测值	86	91	101	104	105	108	111	114

资料来源：笔者根据测算结果整理。

3. 组合预测法

综合回归预测法和 GM（1，1）模型的预测数据，根据前文组合预测方法的计算方法，得：

GM（1，1）模型的系数：k1＝0.6564；

回归预测法的系数：k2＝0.4563。

8.1.3　科技人力资源质量需求预测

本书以 2012～2020 年宁夏 R&D 活动人员学历构成数据为样本，运用灰色 GM（1，1）模型、线性回归方程和组合预测模型分别对 2023～2030 年宁夏 R&D 活动人员本科、硕士、博士学历人员数量进行需求预测，结果表明 2027 年、2028 年本科学历的 R&D 人员数量较前五年数量有很大增长，考虑到人才数量受经济环境、社会环境、人才政策等多方面因素影响，所以为了预测结果的精确性，对数据样本进行修正，即运用本科学历 R&D 人员数量 2012～2020 年的年均增长率 6.5% 推算出 2023 年和 2024 年的数量。

1. GM（1，1）预测模型

运用灰色 GM（1，1）模型分别对 2023～2030 年宁夏 R&D 活动人员本科、硕士、博士学历人员数量进行预测，得到 2023～2030 年宁夏 R&D 活动人员的学历结构需求数量预测结果。

2. 回归模型预测

运用线性回归方程分别对 2023～2030 年宁夏 R&D 活动人员本科、硕士、博士学历人员数量进行线性回归预测，一元线性回归方程、修正系数（调整 R^2）和显著性水平。

3. 组合预测

根据组合预测的方法，计算得到各学历结构两种预测方法的加权系数分别为：博士学历，k1 = 1. 1574，k2 = － 0. 1697；硕士学历，k1 = 1. 4398，k2 = － 0. 4187；本科学历，k1 = 1. 3078，k2 = － 0. 3123。

8.2　宁夏科技人力资源需求趋势分析

8.2.1　科技人力资源总量需求趋势分析

2030 年宁夏科技人力资源的需求总量将达到 115 万人，2023～2030 年平均每年增加 4 万人，年平均增长率为 4.7%，需求数量比 2020 年现存数量多将近 1 倍，可见，2023～2030 年宁夏科技人力资源的总量需求将呈现出大幅的增长趋势。

8.2.2　科技人力资源质量需求趋势分析

从科技人力资源学历结构的预测结果来看，未来的宁夏科技人力资源质量需求具有一定特点。

第一，博士学历的科技人力资源需求最大。第二，博士学历的科技人力资源需求量的增速最快。根据 2023～2030 年科技人力资源的学历结构需求量的年平均增长率可知，对博士学历科技人力资源的需求增长速度最快，需求最大，年均增长率高至 15.04%，而对本科学历的科技人力资源的需求表现只是现有存量基数较大，可是增速表现较为缓慢，年均增长率仅为 7.9%。综上所述，未来宁夏对于高层次科技人力资源的需求最大。

8.2.3 科技人力资源结构需求趋势分析

宁夏建设先行区要求科技人力资源结构与产业结构同步优化升级，做好各产业紧缺科技人力资源的补给工作，优化人才结构，促进产业升级，2023～2030 年，宁夏第一产业的科技人力资源需求量年均增长率将达 3%；第二产业科技人力资源需求总量预计年均增长率将达 15%；第三产业科技人力资源需求量年均增长率将达 7.5%。总体而言，2023～2030 年三大产业对科技人力资源的需求数量均具有较大的增长，增长速度也有较快增长，但是其中第二产业和第三产业对科技人力资源需求较多。

8.3 实现科技人力资源未来需求趋势的优劣势分析

8.3.1 总量方面的优劣势分析

要满足未来人才总量需求，建立科技人力资源创新高地，必须有实力吸引人才和留住人才。宁夏作为建设黄河流域生态保护与高质量发展先行区，在科技人力资源队伍建设方面需要更加把握机遇。主要体现在以下两个方面。

第一，具有先行先试的政策优势。宁夏作为建设黄河流域生态保护与高质量发展先行区，明确科技创新在经济社会发展中的引领地位，出台各类人才政策和科技政策，在一项项政策的推进及强化中，宁夏的创新生态环境逐步完善，为科技创新保驾护航。

第二，具有积极的经济环境优势。宁夏近几年科研投入增长很快，投资环境和营商环境也日益改善，在大力发展开放型经济的背景下，宁夏全面开放投资领域并且实施"放管服"一系列政策，以加大和促进对实体经济的支持和民营企业的发展，这些都为创新创业企业的发展和孵化提供了良好的经济环境。

在未来的人才队伍建设过程中，宁夏还需要牢牢把握的外部机遇，主要表现在以下三个方面。

第一，区域发展规划和经济发展观念转变。宁夏为响应中央号召，践行新发展理念，在 2022 年宁夏回族自治区第十三次党代会上，进一步明确了"科技强区"战略，决定以科技创新为发展重点，以创新驱动实现经济高质量发展。这为科技创新发展提供了有利机遇，也为科技人力资源打开了成长的空间。

第二，科技创新发展势头良好。宁夏目前科技创新发展势头良好，为吸引国内外科技人力资源铺平了道路。

第三，国家重大战略的覆盖。习近平总书记视察宁夏时提出要努力建设黄河流域生态保护和高质量发展先行区。宁夏应构建区域发展新格局，提升对科技人力资源的吸引力。①

除了机遇以外，宁夏在科技人力资源队伍建设过程中也存在着很多挑战，表现在以下三个方面。第一，宁夏的自然环境和区域地理位置不占优势，同时经济社会发展水平欠缺，对科技人才的吸引力不足。第二，国内发达地区及相邻地区的竞争加剧。随着国内各地区政府以及企业对于创新型科技人才的重视，国内的人才争夺战愈演愈烈。全国各地的政府及人才工作部门都在科技人力资源的引进方面加大工作力度，从薪酬、购房补贴、安家补助、科研启动经费等方面都给予诸多的优惠政策，这是宁夏在科技人力资源引进方面工作面临的潜在压力和现实挑战。第三，区内区域发展的不均衡导致人才分布不合理。经济、科技的发展水平和科技的投入水平差异，银川市的人才吸引力高于其他四市，使得人才分布不平衡，宁夏部分地区难以留住、吸引科技人力资源。

8.3.2 质量方面的优劣势分析

面对未来高层次科技人力资源的巨大需求，目前宁夏在高层次科技人力资源队伍建设方面具有以下两点优势。

第一，教育基础良好。基础教育具有深厚的教育基础，能够为未来高层次科技人力资源的培养提供动力，但高等教育水平还比较低。

---

① 陈润儿：认真学习贯彻习近平总书记视察宁夏时的重要讲话精神 切实加强黄河流域生态保护全面抓好"六保"各项任务落实［N］. 宁夏日报，2020 - 06 - 13.

第二，良好的高层次人才服务政策。近年来，宁夏在高层次人才建设方面做出诸多努力，例如建立了高层次科技人才综合支持和服务体系，能够为高层次人才的发展提供政策保障和支撑。虽然存在诸多优势，但宁夏在未来高层次科技人力资源建设工作上也存在需要突破的瓶颈，表现在以下两个方面。

首先，从培养方面来看，目前宁夏高校人才培养模式相对比较单一，对于高层次科技人力资源培养能力不足。一方面，高等院校博士培养学科分布不足，并且高等院校培养方向以理论型人才为重点，而对于应用型人才的培养力度不够，博士点学科领域以理学、工学领域为主，而人文社会科学领域学科以民族学领域为主；另一方面，高等院校博士教育内容偏重于基础学科建设项目，而对于宁夏重要发展产业、重要产品等应用领域的研究项目占据较少比例。

其次，科研机构、孵化中心等平台在宁夏高层次科技人力资源队伍建设过程中自身聚才功能没有得到充分发挥。一方面，人才发展平台不够广，可供高层次科技人力资源发挥其自身优势的高端项目、平台等比较缺乏；另一方面，平台发展不成熟，创新成果转化效率不高，成果产业化程度不高，科技创新未能与产业之间形成良性互动，使得平台的人才吸引力不强。

在未来高层次人才队伍建设过程中，还存在着难得一遇的机会，主要表现在以下两个方面。

第一，国家对高层次科技人力资源的政策支持。近年来，在我国建设创新型国家的背景下，国家越来越重视高层次创新型科技人才，并且出台了诸多高层次科技人力资源引进和培养措施，其中最著名的有"长江学者奖励计划""万人计划""千人计划"等。宁夏可以利用这些政策和措施为指导，开展高层次科技人力资源的引进工作。第二，国家级创新平台建设，带来发展新机遇。

除去机遇，未来高层次科技人力资源队伍建设过程中，也包含着巨大的挑战，主要表现在以下三个方面。

第一，高层次科技人力资源引进成本加大。高层次科技人力资源作为稀缺资源，是受到各个国家和地区普遍关注的焦点对象。而针对高层次科技人力资源，各地区制定不同的人才引进政策和优惠性措施，这一定程度上会形成竞争关系，将抬高人才的市场定价，加大引才成本。第二，缺乏有强大影响力的科技企业以及研究机构。足够有影响力的企业、研究机构可以是一个城市的名片，例如北京的中关村，深圳的腾讯、万科等，而它们也会如同著名景点对游客的吸引力一样形成一个高层次科技人力资源聚集的"磁场"。第三，人才引进技术相对落后，人才的引进与外流并存。一方面，宁夏高层次科技人力资源的引进工作主要是通过政府制定的政策开展，宣传、招聘渠道大多限制在官方渠道，相对较为狭窄、单一；另一方面，在人才的选拔过程中，更多的是以单一硬性条件为衡量标准，例如学历、发表论文数量，缺乏对人才的综合素质评估，难以对人才进行全面考察。

8.3.3　结构方面的优劣势分析

面对未来第二、第三产业巨大的科技人力资源需求，目前宁夏在科技人力资源队伍建设方面具有以下优势。第一，具备良好的产业基础，培育了一些骨干企业，是吸引科技人力资源来宁夏的重要平台；第二，具有积极的政策导向，宁夏在重点发展九大特色产业，推动经济高质量发展中制定了非常有吸引力的相关政策，这为各产业科技人力资源的引进和发展提供了适宜的制度和政策环境。

虽然存在诸多优势能为未来第二、第三产业科技人力资源队伍的建设提供助力，但仍然存在亟须突破的瓶颈，表现在以下两个方面。第一，科技人才层次偏低，创新型人才发展受限。虽然宁夏产业结构已经逐步优化均衡，但总体上仍处于"一产不强、二产不平衡、三产不优"状态，产业层次结构偏低，产品科技含量偏低，产业科技人才以基础型和普通型为主，科技活动人员中还是以基础型科技人才为主。而产业层次结构偏低将影响科技人力资源的发展环境，基础型科技人才存量过大必然挤压未来科技人力资源的发展空间。第二，产业发展不平衡，科技创新环境不成熟。近年来，虽然宁夏新兴产业不断发展壮大，但是相对于中东部发达地区而言，仍然存在着发展质量低、高精尖领域产业偏少的问题，并且其发展与传统产业相比，也仍然存在差距。所以科技人力资源缺乏发展环境，将为未来科技人力资源的引进带来阻力。

与此同时，在未来第二、第三产业人才队伍建设过程中，宁夏还面临着不可错过的良机，主要表现在以下两个方面。

第一，产业结构升级的趋势。改革开放后中国在全球的竞争优势在于我们拥有大量的廉价劳动力，现在随着人口老龄化加剧，青壮年人口的比重减少，导致劳动成本上升，国内的人口红利面临从数量向质量的升级，同时所带来的也是产业结构转型升级的需要。与沿海地区相比，宁夏以技术密集型产业为主导发展产业，例如共享装备、吴忠仪表等，目前这些产业是宁夏发展的优势产业。所以，下一轮无论是国内产业结构的优化升级，还是全球经济实力的重新洗牌，对于宁夏来说，共享装备、吴忠仪表这些技术密集型企业，都将会走在产业优化升级的前列。而小有名气的宁夏吴忠美食、中卫沙坡头文化旅游等产业，通过与"一带一路"沿线国家的合作，将获得更大的发展空间，这些都会为产业科技人力资源的发展提供机会，也会为产业科技人力资源的引进助力。

第二，产业集群效应的提升。近年来宁夏产业集群效应不断提升，同时也带来了就业能力的不断上升。数据显示，近十年以来在黄河流域"几"字湾都市圈的驱动作用下，宁夏产业集聚形成的就业创造能力还在不断地提升。

除了机遇以外，未来第二、第三产业科技人力资源队伍建设过程中，也存在着很多挑战，主要表现在以下两个方面。

第一，人才结构与产业发展的协调性有待提高。在区域分工的发展趋势下，一个区域要实现高质量发展的目标，各城市协同分工变得十分必要，而产业协同则是重要抓手。宁夏回族自治区内各城市的发展普遍聚焦在能源化工、新材料、装备制造、旅游业、绿色农产品等产业上，产业同质化发展问题突出，也会造成产业发展格局的不合理，对产业科技人力资源的均衡发展形成阻碍，使部分产业的人才集聚能力降低。

第二，产业集群规模较小，产业高地不够高。良好的产业结构和产业集聚是吸引科技人力资源创新创业的重要因素之一。尽管经过几十年的发展过程，宁夏已经形成了新兴产业集群，但仍然存在着集群效果不明显、部分产业缺乏具有品牌效应的龙头企业的问题，导致产业科技人力资源就业和培养的土壤不够肥沃，不利于产业科技人力资源的引进和创业创新。

第9章　宁夏科技人才创新能力对经济高质量发展的影响路径研究

伴随着中国特色社会主义进入新时代，我国经济已由高速增长阶段转向高质量发展阶段，高质量发展要求经济从过去要素驱动增长转向创新驱动增长，外生经济增长转为内生经济增长。对处于西部欠发达地区的宁夏来说，由高速度增长转向高质量发展，既是一个转变发展方式、优化经济结构、转换增长动力的攻关期，也是一个主动作为、乘势而上的机遇期。近年来，宁夏回族自治区党委坚决贯彻落实高质量发展的重大战略部署，坚持不懈推动高质量发展，大力实施创新驱动发展战略，先后制定了《宁夏沿黄科技创新改革试验区建设总体方案（2016～2020年）》《宁夏沿黄科技创新改革试验区专项资金管理办法》和《沿黄科技创新改革试验区考核评价暂行办法》等一系列政策，大力推动科技创新、模式创新、业态创新，积极促进产业向高端化、绿色化、智能化、融合化发展方向，抓住产业数字化、数字产业化的新机遇，努力使宁夏经济形成新的增长点、新的动力源。例如，推动特色农业高质量发展，以宁夏国家级和自治区级农业科技园为基础，建设农业科技创新示范基地，促进产业的融合发展。以建设沿黄科技创新改革试验区为载体，培育科技型企业，完善科技创新人才体系，提高科技创新能力对经济高质量发展的正向促进作用。

然而在新时代环境下，宁夏在科技创新引领经济高质量发展的过程中，还存在科技基础薄弱、科技创新资源不足、经济总量不大、战略性新兴产业创新力不足、要素资源趋紧等方面的问题。提高科技创新能力是新时代经济高质量发展的重要要求，新时期宁夏如何以党的十九大精神为指引，承担新使命、新责任，贯彻新理念，找到新方位，提高科技创新能力，完善创新生态系统，开启更高质量、更有效率、更可持续发展的新征程，建立黄河流域生态保护和高质量发展的先行区是目前迫切需要回答的课题。为此，开展宁夏高质量发展路径研究，探讨新时代的科技创新能力对经济高质量发展的影响，探索新路径、新模式，对发挥新时代宁夏高质量发展的支撑和引领作用具有重要的理论和实践意义。

高质量发展是经济社会发展新阶段的内在要求。在 2017 年中央经济工作会议上，习近平总书记强调，推动高质量发展是当前和今后一个时期发展的根本要求。① 由此，高质量发展迅速成为建设现代化经济体系，促进新时代经济发展的战略选择。中国科技发展战略小组、中国科学院大学中国创新创业管理研究中心 2019 年发布的《中国区域创新能力评价报告 2019》显示，宁夏区域创新能力综合排名从全国第 27 位上升至第 23 位，提升幅度全国第一、排名位次历史最高。2019 年，宁夏本级财政安排创新驱动战略资金 35.17 亿元，比 2017 年增长 67%，年均增速 30%。2019 年自治区财政 R&D 经费 11.58 亿元，比 2017 年增加 6.36 亿元，年均增速 51%，设立 5.2 亿元科技创新投资基金、2.5 亿元科技创新与高层次人才创业创新担保基金和规模达到 1 亿元的"宁科贷"基金。2018 年，全社会 R&D 经费支出 45.58 亿元，比 2017 年增长 17.1%。全区 R&D 经费投入强度从 2016 年的 0.95% 增长到 2018 年的 1.23%，增幅连续位居全国前列，排名从全国第 22 位上升至第 19 位。工业园区已经成为工业经济创新发展的重要引擎。目前，宁夏共有 32 家工业园区，其中国家级 5 家、自治区级 18 家，园区内规上工业企业 925 家，占全区的 78%，实现利润 160 亿元，占全区的 74%,② 已经成为推动宁夏经济发展的增长极。目前，宁夏规模以上工业企业转型升级的步伐明显加快，创新意识不断增强，能效指标有效改善，管理水平和质量水平大幅提升。越是欠发达地区，越需要实施创新驱动发展战略。因此，推进创新驱动区域经济高质量发展，是顺应我国经济社会发展进入新阶段的内在要求，具有重要的现实意义和深远的历史意义。

对于宁夏来说，由高速度增长转向高质量发展，既是一个转变发展方式、优化经济结构、转换增长动力的攻关期，也是一个主动作为、乘势而上的机遇

---

① 中央经济工作会议：推动高质量发展是当前和今后一个时期发展的根本要求［EB/OL］. 中华人民共和国中央人民政府网，http://www.gov.cn/xinwen/2017-12/21/content_5248953.htm，2017-12-21.

② 宁夏创新驱动战略推动宁夏发展［N］. 中国日报网，http://cnews.chinadaily.com.cn/a/201911/21/WS5dd64d94a31099ab995ed57c.html，2019-11-21.

期。然而宁夏在高质量发展过程中，还存在经济结构矛盾突出，资源环境约束趋紧，增长动力后劲不足，质量效益仍然偏低等深层次问题，实现高质量发展是新时代发展的新要求。在新时代背景下，宁夏如何以党的十九届四中全会精神为指引，贯彻落实《习近平总书记在宁夏回族自治区考察工作结束时的讲话》，走出一条高质量发展的新路子，抓住产业转型升级的机遇，顺应产业演进规律和发展趋势，加快产业转型升级，在创新驱动的作用下推动宁夏产业向高端化、绿色化、智能化、融合化方向发展，开启更高质量、更有效率、更可持续发展的新征程，成为高质量发展的先行区是目前迫切需要研究的课题。因此，本书拟针对宁夏经济高质量的现状，开展在科技创新驱动的作用下宁夏经济高质量发展的路径研究，对宁夏发展成为黄河流域生态保护与高质量发展的先行区具有重要的理论和实践意义。

为实现新旧动能转换，谋求更好更快更高质量的发展，本书重点研究如何在新时代背景下利用科技创新能力培育新动能，探究经济高质量发展的路径，为宁夏高质量发展战略及其政策的制定、执行提供新的思路和参考。

具体研究内容有以下六点。一是了解科技创新能力与经济高质量发展的研究现状，分析国内部分区域经济高质量发展的路径和政策；二是构建科技创新能力与经济高质量发展测量指标体系；三是根据指标体系，描述宁夏科技创新能力与经济运行现状；四是构建科技创新能力与经济高质量发展测量耦合协调度指标体系；五是探讨宁夏科技创新驱动经济高质量发展的主要问题；六是提出科技创新驱动宁夏经济高质量发展的路径。

9.1　科技创新能力与经济高质量发展研究现状分析

9.1.1　科技创新能力研究现状分析

1. 科技创新能力的内涵

党的十八大以来，我国全面实施创新驱动发展战略，将科技创新放在国家发展的核心位置，以科技创新引领高质量发展，虽然我国的科技创新能力有了一定的提高，但是与创新型的发达国家相比还有一定的差距，自主科技创新能力在促进经济高质量发展中存在不足，而推动经济高质量发展的核心又在于科技创新能力，科技创新能力为经济高质量发展提供强大的内生动力。

国内外学者主要从创新、知识、科学、产业方面分析科技创新能力的内涵。瑞都（Riddel，2003）认为科技创新能力通过掌握的知识和技能来提升现有的生产技术与开发新技术的能力。邵云飞（2006）认为科技创新能力是通过人力资本聚集，将技术创新转换为新产品、新工艺和新服务，以实现经济增长的能力。徐银良（2020）构建的科技创新驱动经济高质量发展评价体系中认为科技创新能力体现在创新投入、创新产出、创新成果转化三方面。

综上所述，科技创新能力作为一个国家或地区经济增长的核心驱动力，能够通过科技创新投入实现科技创新产出，并转化为经济、社会、生态效益的能力。

2. 科技创新能力的评价体系研究

目前，国内外学者主要通过量化方法对科技创新体系进行评价、对科技创新能力提升的核心影响要素进行分析、对国际或省际科技创新能力的差异性进行对比等。已有文献从不同维度构建科技创新能力的评价体系，并使用不同方法，例如主成分分析法、突变计数法、纵横向拉开档次法，利用面板数据对中国省域、区域的科技创新能力进行测算与评价，对比差异性及其原因。本书基于学者们对科技创新能力的评价体系维度的研究，将科技创新能力归纳为以下四点。

一是科技创新投入。科技投入作为科技创新的起点，是提高科技创新能力的基本保障，一般由科技人才投入、科技经费投入、科技创新平台投入等要素构成。

二是科技创新基础。包括科技创新环境、科技创新潜力。科技创新环境包括社会环境、经济环境、制度环境、技术环境、生态环境和教育环境等。为科技创新潜力的激发奠定基础。科技创新潜力是产生科技创新贡献的重要引擎，通过人才的知识和技能、高技术人才的创新性思维能力来实现。

三是科技创新成果转化。蔡跃洲（2015）提出科技创新成果转化是科技创新最重要的一个环节，是科技创新能力促进经济发展的关键所在，通过持续的投入实现将科技成果转化为新产品、新技术、新工艺。

四是科技创新产出。科技创新产出是科技创新的实现能力,通过科技创新投入等要素,获得创新知识产出与创新经济产出,以反映科技创新能力水平。

9.1.2　经济高质量发展研究现状分析

高质量发展是新时代中国经济鲜明的特征。然而,高质量发展是一个综合性概念,涉及经济、社会、环境发展的多个层面、多个领域,涵盖复杂的指标体系、政策体系、标准体系、统计体系、绩效评价和政绩考核等庞大系统。如何制定指标体系评估高质量发展,成为当前中国高质量发展的一个重要命题。目前,学者们从高质量发展的内涵、评价体系、实现路径等方面作了详细研究。本书主要研究经济高质量发展的内涵、评价指标及其实现路径。

1. 经济高质量发展的内涵

新时代推动中国经济高质量发展,首先要厘清经济高质量发展的内涵。当前,学者们多从系统的角度、创新生态的角度、经济学的角度多层次、多层面来认识和理解经济高质量发展内涵。国家发展改革委经济研究所课题组(2020)给出的高质量发展的内涵是供给体系质量高、效率高、稳定性高。王永昌(2018)认为,高质量发展,就是按照创新、协调、绿色、开放、共享五大发展新理念能够很好地满足人民日益增长的美好生活需求,生产要素投入少、资源配置效率高、资源环境成本低、经济社会效益好的可持续的发展。任保平(2020)在新时代中国经济增长质量发展报告中指出高质量发展包括经济、改革开放、城乡建设、生态环境、人民生活等高质量发展,其中明确界定了经济高质量发展是指一个国家或地区在经济增长的基础上,其经济结构与社会结构持续高级化的创新过程。阳晓霞(2018)认为经济高质量发展中有两个重要方面:一是投入高效率,也就是说生产要素投入高效率,包括资本的效率、劳动的效率、资源的效率、能源的效率乃至环境的效率;二是效益高,在四大市场主体当中,投资要有回报,而且其收益或报酬都能按照市场决定的价格来获取,这就是一种高质量的发展。王一鸣(2018)从微观、中观、宏观三个层面分析经济高质量发展的内涵,微观层面是指产品和服务,其质量仍然有较大的提升空间;中观层面主要是产业的价值链,中国需要提高研发、设计、标准、供应链管理、品牌等高价值链区段的比重；宏观层面上主要是指国民经济的整体质量和效率，中国需要提高全要素生产率。任保平（2020）提出新经济时代的高质量发展需要以技术创新为前提，通过创新驱动来培育经济高质量发展的新动能。安树伟（2020）提出了黄河流域经济高质量发展要以生态为优先，通过促进城市聚集、区域协调、市场有效、动能转换、产业支撑等方面，实现经济的高质量发展。

综上所述，经济高质量发展是一个包容性很强的概念，不仅包括数量的增加，而且包括质量的改善，是数量和质量的有机统一。目前学术界对经济高质量发展还没有一个统一的界定，但关注点普遍集中在经济发展的效率、效益、产业结构和动力上。本书认为，经济高质量发展是经济发展质量的高级状态和最优状态，其要素投入的产出比率高、国民经济系统内部结构不断优化、经济发展以创新驱动为主，具有稳定性、高效性、低耗性和协调性等特征。面对新一轮科技革命和产业变革的浪潮，对于宁夏来说，经济高质量发展是经济发展的高质量、高效率、强动力的综合，是生产要素投入低、资源配置市场化、高新技术产业化、经济社会效益协同共进的质量型发展。

2. 经济高质量发展的动力

经济高质量发展是内生动力和活力更大的发展，必须着力增强经济发展的内生动力和活力。党的十九大报告指出：创新是引领发展的第一动力，是建设现代化经济体系的战略支撑。经济高质量发展依赖于制度、管理、科技等领域的创新，创新为经济高质量发展提供支撑。促进经济高质量发展，必须实施创新驱动战略。经济高质量发展中的创新包括技术创新、产品创新、产业创新、管理创新、战略创新、模式创新、市场创新的集成创新。其中产业创新处于重要地位，需要以产业创新为经济高质量发展构建现代化的产业体系。此外，要大力促进企业制度创新，促进企业发展模式从规模扩张转向以质量为第一增长动力。另外，还要重视战略创新。一是宏观上进行战略创新。要突出质量效益战略，在宏观上推进质量强国战略。二是微观上强调企业战略创新。要突出企业在质量强国中的核心地位，强化企业质量主体责任，完善企业质量管理体系，加大企业知名品牌的培育，建立覆盖企业全链条、全领域、全阶段、全过程的质量创新，激发企业高质量发展的新动能，实现企业内生的经济高质量发展。

从根本上说，发展生产力的矛盾和问题出路在于创新，创新是引领"中国制造 2025"发展的根本动力。坚持创新发展，通过完善产业创新平台，在新一代信息技术、新能源汽车、新材料等重点行业领域，支持组建制造业创新联盟，创建制造业创新中心，形成以创新中心为节点，集聚人才、技术、资金、信息等创新资源的创新网络。通过培育创新型企业，实现研发投入、研发人员、创新成果的持续增长，加大对高成长、高技术企业和在细分行业、产品、市场、技术工艺等方面居全国前列企业的政策倾斜和要素保障力度，激励创新人才创业热情，激发市场主体活力和产业创造力，使创新成为引领发展的强大引擎。

3. 黄河流域经济高质量发展的趋向

宁夏作为黄河流域的省份之一，其经济高质量发展的研究必须关注黄河流域经济高质量发展的普适性和特殊性，随着 2019 年 9 月黄河流域生态保护与高质量发展战略的提出，学者们对黄河流域高质量发展有了一定的研究，本书总结出黄河流域经济高质量发展的主要趋向有以下五个方面。

一是生态化趋向。安树伟（2020）、徐勇（2020）提出黄河流域的生态环境比较脆弱，发展的生态问题相对突出。一方面是水资源缺乏，另一方面是水污染和大气污染等生态环境破坏比较突出。绿色生态化是经济高质量发展的普遍形态和特征。习近平总书记在党的十九大报告中指出："我们要建设的现代化是人与自然和谐共生的现代化，既要创造更多物质财富和精神财富以满足人民日益增长的美好生活需要，也要提供更多优质生态产品以满足人民日益增长的优美生态环境需要。必须坚持节约优先、保护优先、自然恢复为主的方针，形成节约资源和保护环境的空间格局、产业结构、生产方式、生活方式，还自然以宁静、和谐、美丽。"① 建设美丽新宁夏已成为宁夏经济发展的基本战略目标。

二是发展的中高速趋向。经济高质量发展，首先意味着增长速度的转换，意味着我们不应该再更多、更单一地去追求经济增长的速度，而是要兼顾经济

---

① 习近平：决胜全面建成小康社会 夺取新时代中国特色社会主义伟大胜利——在中国共产党第十九次全国代表大会上的报告［EB/OL］. 共产党员网，https://www.12371.cn/2017/10/27/ARTI150910 3656574313.shtml.2017 – 10 – 27.

发展的质量。其次意味着我们要对经济增速波动幅度有更高的容忍度，更加注重增长质量的变革，以发展效益优先。这样才能更好地顺应经济高质量发展的客观趋势。

三是数字化与智能化趋向。科学技术的发展正在带来智能革命。随着量子信息技术、物联网、区块链、云计算、大数据等新技术爆发涌现，数字化和智能技术已经或正在作为新的一般性条件进入人类社会经济发展之中，促使人类社会向智能社会转变。现代科技对于智能制造的转向将使我们的社会更快速地进入智能社会，智能社会已经初现端倪。黄河流域地区要实现质量变革、效率变革、动力变革，最主要的是依靠科技进步，特别是高新技术的发展。宁夏要想成为经济高质量发展的先行区，必须抓住新一轮科技革命和产业变革机遇，加快产业数字化和数字产业化，引领社会经济智能化发展。

四是动能转换与产业结构优化倾向。随着新时代经济高质量的发展，黄河流域地区对传统产业升级的趋势也在不断提高，需要通过创新驱动战略，促进产业的高端化、绿色化、智能化、融合化发展，杨永春（2020）认为黄河流域特别是中上游省区要结合原有的地方主导产业，构建特色、绿色的产业集群或产业链，推动产业组织的区域化发展，通过对经济增长的科技创新能力的投入，为新旧动能转化与产业结构优化注入新动能。

五是区域协调与深度合作化趋向。"一带一路"倡议涉及黄河流域的多个省区，黄河流域各省区不断深化合作，抓住"一带一路"倡议的机遇，在基础设施、产业分工、经贸合作、文化交流等方面形成合作机制，促进了区域间的协调发展。

9.1.3 科技创新能力对经济高质量发展的影响研究现状分析

科技创新能力对经济高质量发展影响的研究尚处于初步探索的阶段，还未形成系统的理论体系，但学者们普遍认为科技创新能力对经济高质量发展的影响是一个复杂的系统，是通过科技投入、研究开发、科技产出，以及成果转化和产业化，实现质量、效率和动力的高质量发展的系统。科技创新能力对经济高质量发展的影响存在区域之间的差异，各省区科技基础不同、创新资源也不同，科技创新能力对经济高质量发展的贡献差异较大。

9.2 科技创新能力与经济高质量发展测量指标体系构建

本节首先运用文献梳理法，梳理国内外学者、机构对经济高质量、科技创新能力方面评价的指标体系；其次，以科技创新投入、科技创新产出、质量、效率、动力五项为一级指标，根据科技创新能力与经济高质量发展的内涵构建二级指标，在文献梳理基础上选择三级指标；最后，利用可拓层次分析法分别为三个层次的指标赋权。

9.2.1 指标选择原则

选择指标三要依据以下三个原则。

（1）指标来源可靠性原则：本书指标的选取主要运用了文献梳理方法，在指标借鉴时要参考国内外知名的且有扎实的评估实践的指标体系，以确保指标来源的可靠性和可信性。

（2）结合实际调整原则：在指标选取时，在不改变指标含义的基础上根据宁夏实际情况作细小的变动。

（3）可操作性原则：在这里主要是指数据的可获取性，不能获取数据的指标在具体的评价中是不可操作的，因此在指标选取时考虑指标的可操作性原则。

9.2.2 指标体系构建

在指标体系设计中，本书参考《中国经济增长质量发展报告（2019）》所构建的经济高质量发展的理论框架，以经济增长的质量、效益、动力为经济高质量发展的一级指标，以科技投入、科技产出为科技创新能力的一级指标。进一步对具体的二级、三级指标构建过程中，主要运用了文献梳理法，分析梳理了国内外学者、机构对省域高质量发展、科技创新能力水平方面评价的指标体系，构建了科技创新能力对经济高质量发展的影响的评价指标体系，该指标体系包括 5 个一级指标，8 个二级指标，25 个三级指标，具体如表 9.1 所示。

表 9.1　　　科技创新能力对经济高质量发展的影响评价指标体系

阶段	一级指标	二级指标	三级指标
科技创新能力	科技创新投入	科技人力资源	规模以上工业企业 R&D 人员全时当量（人/年）
			普通高等学校本科毕（结）业生数（万人）
		科技财力资源	规模以上工业企业 R&D 经费（万元）
			大中型工业企业试验发展支出占 R&D 经费内部支出比例（%）
	科技创新产出	创新知识产出	国内专利申请授权量（项）
			规模以上工业企业有效发明专利数（件）
			万名 R&D 活动人员科技论文数（篇）
			获国家级科技成果奖系数（分）
经济高质量发展	质量		规模以上工业企业利润总额（亿元）
			第三产业增加值（亿元）
			高技术产业增加值占工业增加值比重（%）
	效益	经济效益	高科技产业就业人员劳动生产率（万元/人）
			人均地区生产总值（元/人）
			对外贸易额（万美元）
		社会效益	居民人均可支配收入（元）
			居民人均消费支出（元）
			居民消费价格指数（上年=100）
			城镇登记失业率（%）
		生态效益	万元地区生产总值能耗上升或下降（±%）
			废水排放量（万吨）
			二氧化硫排放量（吨）
			森林覆盖率（%）
			工业污染治理完成投资（万元）
	动力		新产品销售收入（万元）
			技术市场成交额（亿元）

资料来源：笔者根据研究内容整理。

9.2.3　指标赋权方法

1. 赋权方法选择

指标权重的确定是进行量化评估的基础，根据赋权过程的不同，主要分为主观赋权与客观赋权。主观赋权法主要是根据专家的知识、经验和偏好等主观判断评价指标的重要程度计算权重的，带有一定的主观性；客观赋权法是根据有关指标的数据计算权重的，具有较强的客观性。本书构建的评估指标缺乏原始数据，同时鉴于指标体系具有一定的层次结构，因此本书最初考虑采用主观赋权法中的层次分析法进行赋权。但是，在实际运用过程中我们发现层次分析法具有以下局限性。

第一，基于 AHP 的指标权重计算需要满足判断矩阵的一致性，然而当同一层次的指标数 n 过大，专家在进行两两比较时比较烦琐而且容易造成判断矩阵不一致（专家的思维前后矛盾）的现象。

第二，指标两两比较得出的是一个确定的数值，忽略了人判断的模糊性。专家的判断值往往是一个区间而非一个具体的数值。例如在对指标 A 与指标 B 作比较时，如果专家认为 A 比 B 重要，我们会认为 A 对于 B 的重要程度在区间 ［1，a］ 之间；反之，如果专家认为 A 不比 B 重要，那么 A 对于 B 的重要程度在区间 ［a，1］ 之间。a 的取值视重要（不重要）程度而定。

第三，矩阵的一致性与人的思维的一致性具有一定的差异。

第四，当判断矩阵的阶数 n 比较大时，矩阵的最大特征值 λ_{max} 的计算量非常大，即一致性判断的计算量非常大。

第五，对于一致性判断标准 CR<0.1，并无确切的科学依据。

第六，当需对判断矩阵作调整时，如果其阶数过高，需要调整的次数过多，可能造成最终数据背离专家的判断，使最终计算出的结果失去意义。

我们利用可拓层次分析法设计问卷调查方法，并采用综合可拓区间数计算原理建立 OGD 平台绩效评估指标体系权重计算方法。

2. 运用 EAHP 进行权重计算

利用 EAHP 法对指标赋权主要包括评估专家选定、调查问卷设计和数据采集以及评估指标体系层次单排序等步骤。本书构建的科技创新能力与经济高质量发展测量指标体系一级指标分别是科技创新投入、科技创新产出、质量、效益、动力，进一步把5个一级指标分成8个二级指标、25个三级指标。限于篇幅，此处仅以效益指标下的经济效益、社会效益、生态效益3个二级指标权重计算为例进行说明（见表9.2）。

（1）评估专家选定。本次问卷采用专家问卷调查法来获取数据，考虑到问卷调查的科学有效性，被调查专家的选定应遵循专业、工作背景综合性原则，而且有一定的学术研究或有一定的评估实践。如表9.3所示，本书选择了10名调查专家，其中有2位政府机构工作人员（占比20%），5位科技创新工作者（占比50%），以及3位长期从事区域经济发展的研究学者（占比30%）。

（2）问卷设计和数据采集。根据宁夏科技创新能力与经济高质量发展测量指标体系的五个层次结构特征，调查问卷的设计同样也分为五个层次，其中包括1个一级指标可拓区间数调查表格，4个二级指标可拓区间数调查表格，11个三级指标可拓区间数调查表格。

专家填写表格步骤：填写问卷表分为两步。（1）初始赋权，在填写问卷时，专家先按满分100分给表格中各个指标分配初始权重（同一层级指标初始权重之和为100分），初始权重是被调整的权重对象，为具体的数值；（2）填写可拓区间数，要根据专家所掌握的经验、知识将初始赋权值转化为可拓区间数，为了防止可拓区间数变化范围过大，我们规定可拓区间数的调整范围不超过15。

以效益指标下的经济效益、社会效益、生态效益3个二级指标权重计算为例，初始赋权值合计为100分，被调查专家根据自己的知识、经验给3个指标所赋的初始权重值分别为40、30、30；在初始权重值的基础上给出3项指标的可拓区间数，并保证初始权重值包含于该区间，如（35，45）（20，25）（25，33）（调整范围不超过15）。

表 9. 2　　　　　　　　　　**效益指标下的二级指标赋权专家调查**

指标	效益指标（Z）	经济效益	社会效益	生态效益
专家 i	初始赋权（%）	40	30	30
	可拓区间数（%）	(35，45)	(20，25)	(25，33)

资料来源：笔者根据测算结果整理。

表 9. 3　　　　　　　　　　**效益指标下的二级指标赋权专家调查汇总**

指标	效益指标（Z）	经济效益	社会效益	生态效益
专家 1	初始赋权	35	30	35
	可拓区间数	(30，40)	(20，35)	(30，37)
专家 2	初始赋权	30	30	40
	可拓区间数	(33，38)	(20，30)	(28，40)
专家 3	初始赋权	35	30	35
	可拓区间数	(30，38)	(25，33)	(32，40)
专家 4	初始赋权	25	40	35
	可拓区间数	(25，35)	(25，40)	(33，40)
专家 5	初始赋权	35	30	35
	可拓区间数	(30，38)	(25，35)	(30，38)
专家 6	初始赋权	35	30	35
	可拓区间数	(28，40)	(25，36)	(28，40)
专家 7	初始赋权	35	35	30
	可拓区间数	(30，40)	(22，35)	(27，42)
专家 8	初始赋权	30	30	40
	可拓区间数	(25，38)	(25，35)	(30，42)
专家 9	初始赋权	40	30	30
	可拓区间数	(30，42)	(25，38)	(30，40)
专家 10	初始赋权	30	25	45
	可拓区间数	(26，39)	(22，35)	(25，45)

资料来源：笔者根据测算结果整理。

（3）评估指标体系层次单排序。对10位专家调查数据表进行整理之后，即可利用可拓层次分析法分别计算评估指标体系各层级指标权重的综合可拓区间数。

在表9.3问卷数据汇总的基础上，求出经济效益、社会效益、生态效益3个二级指标权重综合可拓区间数（见表9.4）。

表9.4　　　　　　　　　效益指标下的二级指标综合可拓区间数

效益指标	经济效益	社会效益	生态效益
可拓区间数	（28.7，38.8）	（23.4，35.2）	（29.3，40.1）

3. 指标合成方法

采用综合加权的方法计算宁夏科技创新能力与经济高质量发展指数。具体分以下三个计算步骤。

（1）定义指标属性。在计算各个指标的指数之前，首先应对指标属性进行定义。本书中所有指标属性除了废水排放量、二氧化硫排放量、城镇登记失业率量指标为负向指标外其余均为正指标。

（2）无量纲处理。以2010~2018年三级指标平均值为基期的基期法对三级指标数据进行无量纲处理。

（3）指标测算。根据表9.1所示的指标体系，首先对三级指标进行加权处理，分别计算出26个二级指标；然后，对8个二级指标进行加权处理；最后，对5个一级指标加权处理计算出宁夏科技创新能力与经济高质量发展指数。具体计算过程分为以下三个步骤：

$$I^{(n)} = \sum_{i=1}^{4} w_i \sum_{j=1}^{h} w_{ij} \sum_{k=1}^{l} x'_{ijk} \times w_{ijk} \tag{9.1}$$

式（9.1）是计算某一年份（第 t 年）的科技创新能力或高质量发展指数，那么该年份（第 t + 1 年）以后的科技创新能力或高质量发展指数可根据该方法依次计算出。

9.3　宁夏科技创新能力对经济高质量发展影响的现状

1. 数据来源

本书收集的数据时间跨度为 2010～2019 年（2019 年部分数据缺失），数据主要来源于《中国统计年鉴》《中国高技术产业年鉴》《中国科技统计年鉴》《第三产业年鉴》《中国工业统计年鉴》《中国贸易外经统计年鉴》以及国家统计局、中国科学技术研究所、中国科技部、国泰安网站发布的统计资料。

2. 实证结果分析

本书将分以下两个步骤分析宁夏科技创新能力对经济高质量发展影响评价结果。

首先，选取参照对象。梳理宁夏科技创新能力与经济高质量发展的现状，不仅横向立足宁夏本身各个具体指标，而且纵向对比全国平均水平以及黄河流域西北陕西、内蒙古、甘肃、青海四个省（区）的各个具体指标表现，了解宁夏在全国平均水平以及黄河流域西北五个省（区）的位置。基于此目的，本书选取全国平均水平以及黄河流域西北陕西、内蒙古、甘肃、青海四个省（区）作为参照对象，选取标准：一是黄河流域西北陕西、内蒙古、甘肃、青海四个省（区）经济体量与宁夏相当；二是通过包括宁夏在内的西北五省（区）与全国平均水平的对比可以了解宁夏的差异性。鉴于此标准，本书选取全国平均水平以及黄河流域西北陕西、内蒙古、甘肃、青海四个省（区）作为参照对象。

其次，收集数据，进行分析。根据选取的特征指标以及选定的对比对象，本书从两个维度展开分析：一是纵向分析，对比宁夏 2010～2019 年来（2019年部分数据缺失）各项指标的发展情况及发展趋势；二是横向分析，主要是以2010～2019 年（2019 年部分数据缺失）的数据为准，将宁夏与全国平均水平以及黄河流域西北陕西、内蒙古、甘肃、青海四个省（区）进行对比，进而发现宁夏的不足与优势。

宁夏与四省（区）的科技创新能力综合指数如表 9.5 所示。

表9.5　　　　　　　　2010～2018年样本地区科技创新能力综合指数

范围	2018年	2017年	2016年	2015年	2014年	2013年	2012年	2011年	2010年
全国	2.62142	2.575692	2.136359	2.280388	2.143266	2.204304	2.270576	2.233309	2.271854
陕西	1.68305	1.752594	1.68001	1.665054	1.653666	1.699426	1.671099	1.521649	1.685973
内蒙古	0.631774	0.679792	0.489231	0.489834	0.474425	0.567786	0.557728	0.515031	0.551903
甘肃	0.577912	0.56532	0.865248	0.971988	0.785724	0.923066	0.648889	0.747278	0.940499
青海	0.168426	0.14672	0.527355	0.269571	0.305761	0.153691	0.368876	0.535164	0.316804
宁夏	0.31742	0.27988	0.301798	0.323168	0.637155	0.451728	0.482831	0.447565	0.232966

注：2019年缺失数据较多，故未统计在列表中。

资料来源：笔者根据测算结果整理。

宁夏与四省（区）的经济高质量发展综合指数如表9.6所示。

表9.6　　　　　　　　2010～2018年样本地区经济高质量发展综合指数

范围	2018年	2017年	2016年	2015年	2014年	2013年	2012年	2011年	2010年
全国	1.424466	1.162193	1.477461	1.244827	1.300073	1.076063	1.530852	1.490712	1.589773
陕西	1.70153	1.816696	1.448237	1.509705	1.427385	1.574521	1.688349	1.597486	1.653093
内蒙古	1.066093	1.558873	1.398956	1.492301	1.489936	1.586231	1.571061	1.460156	1.334161
甘肃	0.434244	0.344415	0.555921	0.599845	0.482087	0.608172	0.571654	0.529079	0.578743
青海	0.661281	0.427495	0.542007	0.655723	0.66214	0.621838	0.477242	0.46735	0.512488
宁夏	0.712387	0.690326	0.577418	0.497598	0.638378	0.533176	0.160841	0.455219	0.331743

注：2019年缺失数据较多，故未统计在列表中。

资料来源：笔者根据测算结果整理。

3. 科技创新能力对经济高质量发展的影响结果分析

宁夏与四省（区）科技创新能力对经济高质量发展的贡献值如表9.7所示。

表9.7　　　　　　　　科技创新能力对经济高质量发展的贡献值

范围	平均贡献值
全国	1.41576
陕西	1.046317
内蒙古	0.389378

范围	平均贡献值
甘肃	0.896585
青海	0.580791
宁夏	0.950645

资料来源：笔者根据测算结果整理。

通过分别对全国平均水平以及黄河流域西北五个省（区）——陕西、内蒙古、甘肃、青海、宁夏的科技创新能力和经济高质量发展综合指数的测算及其科技创新能力对经济高质量发展的贡献值的测算，我们得出虽然宁夏近十年来的科技创新能力对经济高质量发展的影响相较于黄河流域西北其他省（区）来说排名靠前，位居第二，仅次于陕西，高于甘肃、青海和内蒙古，主要原因在于宁夏的科技创新投入规模虽小，但产出增幅快，对科技创新资源的利用比较充分。相对来说，内蒙古的科技创新资源利用处于无效状态，科技创新对经济高质量发展的贡献很低，而宁夏的科技创新对经济高质量发展的贡献相对提高，但是，宁夏的科技创新能力对经济高质量发展的驱动作用仍然远低于全国平均水平，科技基础薄弱，科技创新资源仍然不足。

9.4 科技创新能力与经济高质量发展指标评价结果分析

9.4.1 科技创新投入评价结果分析

1. 科技人力资源

指标一：规模以上工业企业 R&D 人员全时当量。

规模以上工业企业 R&D 人员全时当量是指企业内部直接参加科技项目以及项目的管理人员和直接服务的人员，它对宁夏的科技创新能力具有很大的影响，而且规模以上工业企业 R&D 人员往往集中了社会中最具创新能力的人员，是科技创新最活跃的部分。2018 年全国及五省规模以上工业企业 R&D 人员全时当量见图 9.1。

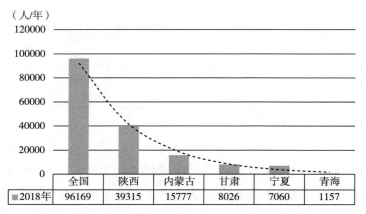

（人/年）

	全国	陕西	内蒙古	甘肃	宁夏	青海
2018年	96169	39315	15777	8026	7060	1157

图 9.1　2018 年全国及五省规模以上工业企业 R&D 人员全时当量

资料来源：笔者根据数据调查结果整理。

基于 2018 年的国家统计数据，与其他四省进行横向对比，宁夏该项指标排名第 4 位，远高于青海。

2011～2018 年宁夏规模以上工业企业 R&D 人员全时当量呈持续直线增长趋势，情况较好，得益于近年来宁夏的人才引进政策。2011～2018 年宁夏规模以上工业企业 R&D 人员全时当量，如图 9.2 所示。

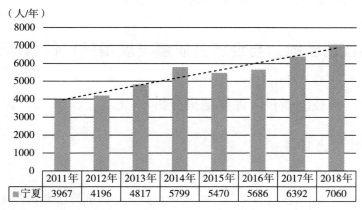

（人/年）

	2011年	2012年	2013年	2014年	2015年	2016年	2017年	2018年
宁夏	3967	4196	4817	5799	5470	5686	6392	7060

图 9.2　2011～2018 年宁夏规模以上工业企业 R&D 人员全时当量

资料来源：笔者根据数据调查结果整理。

指标二：普通高等学校本科毕（结）业生数。

普通高等学校本科毕（结）业生数（万人）作为 R&D 人员的潜在人选，

反映了宁夏高质量发展对从业人员学历水平和质量的需求，是衡量劳动力投入的一个重要指标，对于评价宁夏发展情况有重要意义，决定着未来 R&D 人员力量的后劲，在培育新动能、引领科学技术发展方面发挥着重要作用。

　　基于 2018 年的国家统计数据，与其他四省进行横向对比，宁夏普通高等学校本科毕（结）业生数这项指标的排名是第 4 位，2010～2018 年宁夏普通高等学校本科毕（结）业生数，如图 9.3 所示。

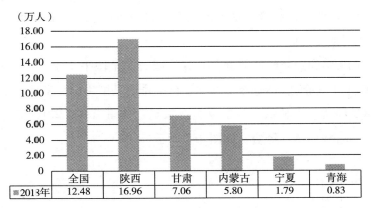

	全国	陕西	甘肃	内蒙古	宁夏	青海
2013年	12.48	16.96	7.06	5.80	1.79	0.83

图 9.3　2019 年全国及五省普通高等学校本科毕（结）业生数

资料来源：笔者根据数据调查结果整理。

　　2010～2018 年宁夏普通高等学校本科毕（结）业生数呈持续直线增长趋势。2010～2018 年宁夏普通高等学校本科毕（结）业生数，如图 9.4 所示。

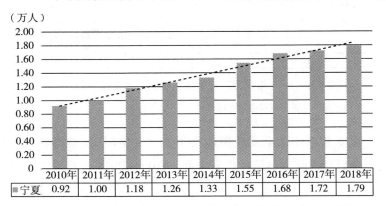

	2010年	2011年	2012年	2013年	2014年	2015年	2016年	2017年	2018年
宁夏	0.92	1.00	1.18	1.26	1.33	1.55	1.68	1.72	1.79

图 9.4　2010～2018 年宁夏普通高等学校本科毕（结）业生数

资料来源：笔者根据数据调查结果整理。

2. 科技财力资源

指标：规模以上工业企业 R&D 经费。

规模以上工业企业 R&D 经费是以货币形式表现的、企业在一定时期内为了生产和经营而投入的研发经费情况，是企业内部开展研发活动的实际支出，包括用于 R&D 项目活动的直接支出以及间接用于 R&D 项目的管理费、服务费，与 R&D 有关的基本建设支出以及外协加工费等。它反映了一个国家或一个地区对科技发展进步的重视程度，也是反映企业科技创新强度、科技创新潜力和科技创新产值的重要指标。

基于 2018 年的国家统计数据，与其他四省和全国平均水平进行横向对比，宁夏规模以上工业企业 R&D 经费这项指标的排名是第 4 位，宁夏的规模以上工业企业 R&D 经费投入较低，与宁夏企业数量、体量有关。2018 年全国及五省规模以上工业企业 R&D 经费，如图 9.5 所示。

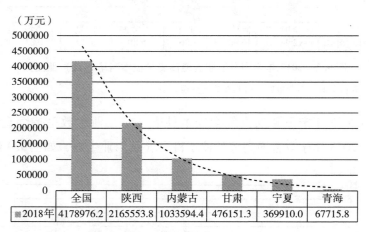

（万元）

	全国	陕西	内蒙古	甘肃	宁夏	青海
2018年	4178976.2	2165553.8	1033594.4	476151.3	369910.0	67715.8

图 9.5　2018 年全国及五省规模以上工业企业 R&D 经费

资料来源：笔者根据数据调查结果整理。

2013～2018 年六年来宁夏规模以上工业企业 R&D 经费有所提高，但上升幅度不大，今后会有较大的持续提升空间。2011～2018 年宁夏规模以上工业企业 R&D 经费，如图 9.6 所示。

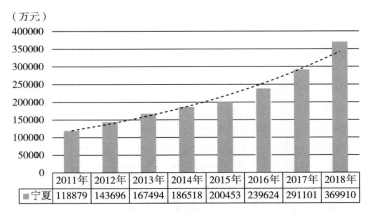

图 9.6 2011～2018 年宁夏规模以上工业企业 R&D 经费

资料来源：笔者根据数据调查结果整理。

9.4.2 科技创新产出评价结果分析

指标：国内专利申请授权量。

科技人力资源与科技财力资源投入最直接的产出结果就是专利授权量。该指标主要体现一个国家或地区的自主创新能力，发明专利既是一种无形的知识财产，又能通过工业生产和制造转化成现实财富，是衡量一个地区科研产出质量和市场应用水平的重要指标。我国专利包括国家发明专利、实用新型专利和外观设计专利三种，一般由申请量、受理量和授权量来统计，这里使用三种国内发明专利的授权量作为衡量科技创新产出的一个重要的指标。

2018 年全国及五省国内专利申请授权量，如图 9.7 所示。基于 2018 年的国家统计数据，与其他四省进行横向对比，宁夏该项指标排名第 4 位，国内专利申请授权量与规模以上工业企业 R&D 人员全时当量和普通高等学校本科毕（结）业生数排名一致。

2010～2018 年宁夏国内专利申请授权量，如图 9.8 所示。与前 8 年相比，2018 年宁夏国内专利申请授权量大幅提高，且呈指数上升趋势，今后仍会有较大的持续提升空间。

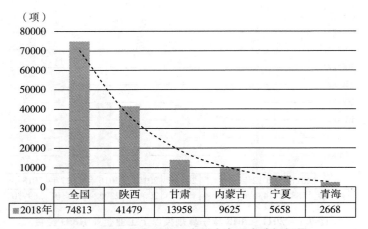

图 9.7　2018 年全国及五省国内专利申请授权量

资料来源：笔者根据数据调查结果整理。

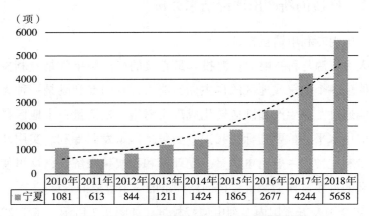

图 9.8　2010～2018 年宁夏国内专利申请授权量

资料来源：笔者根据数据调查结果整理。

9.4.3　质量评价结果分析

指标一：规模以上工业企业利润总额。

规模以上工业企业利润总额代表着企业的经营状况，是经济高质量发展的一项重要指标。

2019 年全国及五省规模以上工业企业利润总额，如图 9.9 所示。基于 2019 年的国家统计数据，与其他四省进行横向对比，宁夏该项指标依然排名第 4 位，而青海省在 2019 年的规模以上工业企业利润总额呈现负增长，企业亏损较为严重。

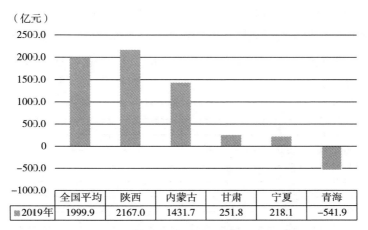

图 9.9　2019 年全国及五省规模以上工业企业利润总额

资料来源：笔者根据数据调查结果整理。

2019 年宁夏国内专利申请授权量与前 9 年相比有所提高，但上升幅度不大，呈波动增长趋势，今后更加需要通过持续提高科技创新能力来带动企业利润的增长，实现高质量发展。2010 ~ 2019 年宁夏规模以上工业企业利润总额，如图 9.10 所示。

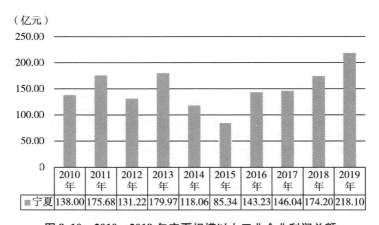

图 9.10　2010 ~ 2019 年宁夏规模以上工业企业利润总额

资料来源：笔者根据数据调查结果整理。

指标二：第三产业增加值。

第三产业增加值的上升代表着产业结构不断优化、发展方式逐步转变、经济发展质量不断提升，是经济高质量发展的一项重要指标。

基于 2019 年的国家统计数据，与其他四省进行横向对比，宁夏第三产业增加值涨幅一般，与青海省差距较小。2019 年全国及五省第三产业增加值如图 9.11 所示。

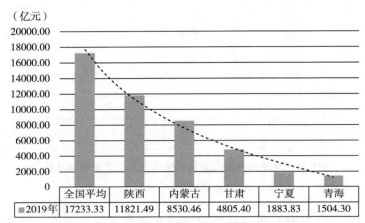

（亿元）

	全国平均	陕西	内蒙古	甘肃	宁夏	青海
2019年	17233.33	11821.49	8530.46	4805.40	1883.83	1504.30

图 9.11　2019 年全国及五省第三产业增加值

资料来源：笔者根据数据调查结果整理。

近十年来宁夏第三产业增加值逐年稳步增长，呈线性持续增长趋势，由此趋势可以估算未来几年第三产业增加值的基本趋势。2010～2019 年宁夏第三产业增加值，如图 9.12 所示。

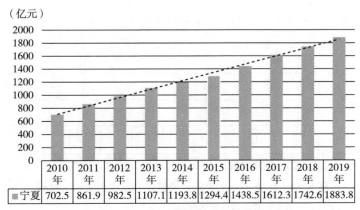

（亿元）

	2010年	2011年	2012年	2013年	2014年	2015年	2016年	2017年	2018年	2019年
宁夏	702.5	861.9	982.5	1107.1	1193.8	1294.4	1438.5	1612.3	1742.6	1883.8

图 9.12　2010～2019 年宁夏第三产业增加值

资料来源：笔者根据数据调查结果整理。

9.4.4　效益评价结果分析

1. 经济效益

指标一：人均地区生产总值（人均 GDP）。

人均地区生产总值（人均 GDP）是衡量经济发展状况的重要指标，是衡量一个地区人民生活水平的标准，我国目前在经济运行保持平稳的同时，推动经济高质量发展。

基于 2019 年的国家统计数据，与其他四省进行横向对比，宁夏人均地区生产总值排名第 3 位，低于内蒙古和陕西，而高于青海和甘肃，是经济高质量发展指标中表现最好的。2019 年全国及五省人均地区生产总值，如图 9.13 所示。

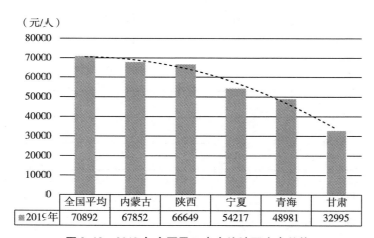

图 9.13　2019 年全国及五省人均地区生产总值

资料来源：笔者根据数据调查结果整理。

近十年来宁夏人均地区生产总值稳步增长，且呈线性持续增长趋势。2010 ~ 2019 年宁夏人均地区生产总值，如图 9.14 所示。

指标二：对外贸易额。

该指标反映一个地区产业向产业链高端延伸及国际试产开拓竞争能力，用以观察一个国家或地区在对外贸易方面的总规模。

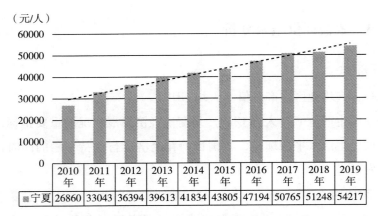

图 9.14　2010～2019 年宁夏人均地区生产总值

资料来源：笔者根据数据调查结果整理。

基于 2019 年的国家统计数据，与其他四省进行横向对比，宁夏对外贸易额排名第 4 位，略低于甘肃，而高于青海。2019 年全国及五省对外贸易额，如图 9.15 所示。

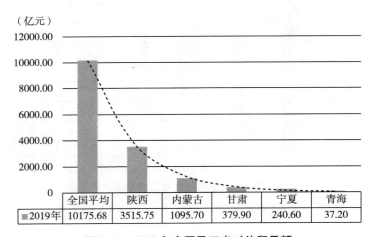

图 9.15　2019 年全国及五省对外贸易额

资料来源：笔者根据数据调查结果整理。

宁夏对外贸易额从 2017 年开始大幅增长，表明在产业和产品的高端化上有一定提高，但近三年又逐渐呈下降趋势，是今后需要重点关注的。2016～2019年宁夏对外贸易额，如图 9.16 所示。

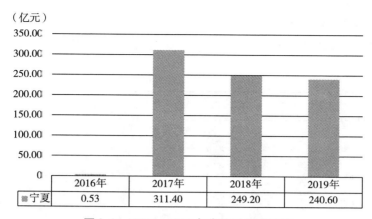

图 9.16 2016～2019 年宁夏对外贸易额

资料来源：笔者根据数据调查结果整理。

2. 社会效益

指标一：居民人均可支配收入。

基于 2019 年的国家统计数据，与其他四省进行横向对比，宁夏居民人均可支配收入排名第 3 位，略低于陕西，而高于青海和甘肃，表明宁夏居民的人均可支配收入水平在黄河流域西北部地区处于中等水平，但远低于全国平均水平。2019 年全国及五省居民人均可支配收入，如图 9.17 所示。

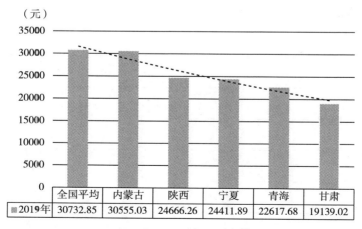

图 9.17 2019 年全国及五省居民人均可支配收入

资料来源：笔者根据数据调查结果整理。

187

近七年来宁夏居民人均可支配收入稳步增长，且呈线性持续增长趋势。2013～2019 年宁夏居民人均可支配收入，如图 9.18 所示。

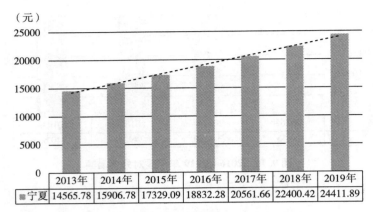

（元）	2013年	2014年	2015年	2016年	2017年	2018年	2019年
■宁夏	14565.78	15906.78	17329.09	18832.28	20561.66	22400.42	24411.89

图 9.18　2013～2019 年宁夏居民人均可支配收入

资料来源：笔者根据数据调查结果整理。

指标二：居民人均消费支出。

基于 2019 年的国家统计数据，与其他四省进行横向对比，宁夏居民人均消费支出排名第 2 位，略低于内蒙古，而高于青海、陕西和甘肃，表明宁夏居民的人均消费水平在黄河流域西北部地区处于中上等水平。2019 年全国及五省居民人均消费支出，如图 9.19 所示。

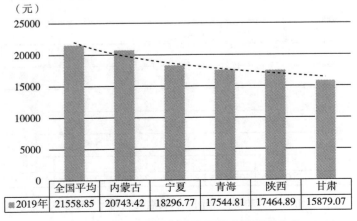

（元）	全国平均	内蒙古	宁夏	青海	陕西	甘肃
■2019年	21558.85	20743.42	18296.77	17544.81	17464.89	15879.07

图 9.19　2019 年全国及五省居民人均消费支出

资料来源：笔者根据数据调查结果整理。

近七年来宁夏居民人均消费支出也在稳步增长，也呈线性持续增长趋势。2013～2019 年宁夏居民人均消费支出，如图 9.20 所示。

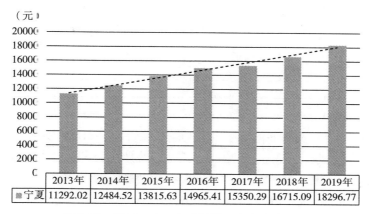

图 9.20　2013～2019 年宁夏居民人均消费支出

资料采源：笔者根据数据调查结果整理。

3. 生态效益

指标一：万元地区生产总值能耗上升或下降。

万元地区生产总值能耗是指一个地区生产每万元的地区生产总值所耗费的能源总量，这项指标对协调黄河流域地区生态保护与经济高质量发展具有重要意义。

基于 2019 年的国家统计数据，宁夏万元地区生产总值能耗依旧较高，且在黄河流域西北部地区中，青海、甘肃和陕西均为负数，表明宁夏经济增长的新旧动能转换和产业结构调整仍然不足。2019 年万元地区生产总值能耗上升或下降，如图 9.21 所示。

2014～2019 年宁夏万元地区生产总值能耗变化呈不规则趋势，目前能源消耗量依旧较大，但从 2017 年开始，能源消耗量逐渐降低，2018 年，宁夏工业企业万元 GDP 能耗 2.23 吨标准煤，是全国的 4.05 倍。2014～2019 年宁夏万元地区生产总值能耗上升或下降，如图 9.22 所示。

指标二：废水排放量。

基于 2017 年的国家统计数据，与其他四省进行横向对比，宁夏的废水、废

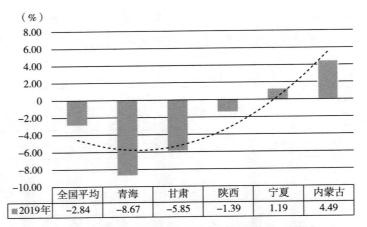

（%）

	全国平均	青海	甘肃	陕西	宁夏	内蒙古
▪2019年	−2.84	−8.67	−5.85	−1.39	1.19	4.49

图9.21 2019年万元地区生产总值能耗上升或下降

资料来源：笔者根据数据调查结果整理。

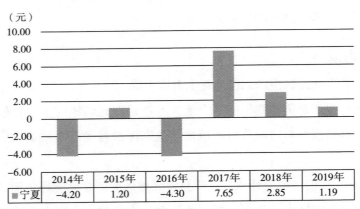

（元）

	2014年	2015年	2016年	2017年	2018年	2019年
▪宁夏	−4.20	1.20	−4.30	7.65	2.85	1.19

图9.22 2014～2019年宁夏万元地区生产总值能耗上升或下降

资料来源：笔者根据数据调查结果整理。

气的排放总量相较于全国平均水平、陕西、内蒙古和甘肃来说较低，与宁夏企业数量、地域面积、经济体量一致。2017年全国及五省废水排放量，如图9.23所示。

2012～2019年宁夏废水、废气的排放量均先呈上升趋势，后呈下降趋势，表明宁夏废水、废气排放污染从2015年开始有所好转。2012～2019年宁夏废水排放量，如图9.24所示。

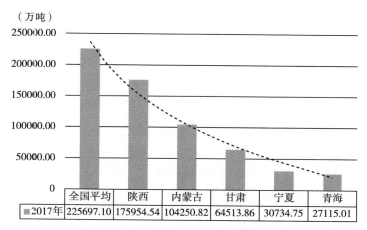

图 9.23　2017 年全国及五省废水排放量

资料来源：笔者根据数据调查结果整理。

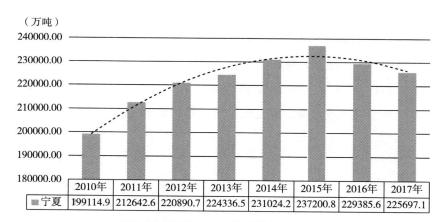

图 9.24　2012～2019 年宁夏废水排放量

资料来源：笔者根据数据调查结果整理。

指标三：森林覆盖率。

森林覆盖率指绿化植物的垂直投影面积占项目规划总用地面积的比值，它体现了宁夏区内生态环境的状况。

基于 2017 年的国家统计数据，与其他四省进行横向对比，宁夏的森林覆盖率排名第 3 位，但与全国平均水平仍有差距，与西北干旱气候有关。2017 年全国及五省森林覆盖率，如图 9.25 所示。

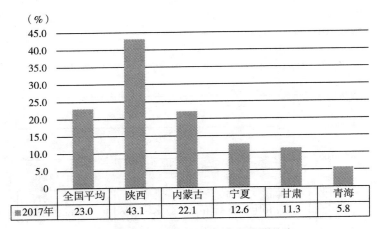

图 9.25　2017 年全国及五省森林覆盖率

资料来源：笔者根据数据调查结果整理。

指标四：工业污染治理完成投资。

近年来，宁夏响应国家经济高质量发展的要求，积极建立生态环境保护与高质量发展先行区，投入大量资金用于工业污染治理和生态环境保护。

2012～2019 年宁夏工业污染治理完成投资总体来说呈波动增长趋势。2012～2019 年宁夏工业污染治理完成投资，如图 9.26 所示。

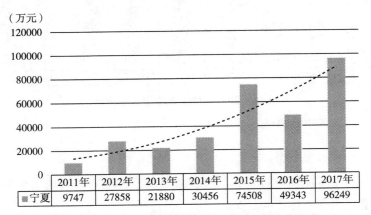

图 9.26　2012～2019 年宁夏工业污染治理完成投资

资料来源：笔者根据数据调查结果整理。

9.4.5 动力评价结果分析

指标一：新产品销售收入。

新产品销售收入反映了科技创新成果的转化，体现了一定时期内一个地区或行业的产品或服务具有的先进性和创新性，对提高经济效益有很大的作用，是科技创新能力转化为经济收益的直接体现，是经济高质量发展的动力。

基于 2018 年的国家统计数据，与其他四省进行横向对比，宁夏新产品的销售收入处于黄河流域西北部地区中等水平，但与国家平均水平差距甚远。2018年全国及五省新产品销售收入，如图 9.27 所示。

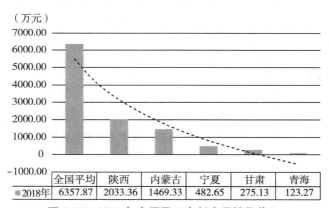

（万元）

	全国平均	陕西	内蒙古	宁夏	甘肃	青海
2018年	6357.87	2033.36	1469.33	482.65	275.13	123.27

图 9.27 2018 年全国及五省新产品销售收入

资料来源：笔者根据数据调查结果整理。

2010～2018 年宁夏新产品的销售收入在 2018 年加速增长，总体来说呈波动增长趋势。2010～2018 年宁夏新产品的销售收入，如图 9.28 所示。

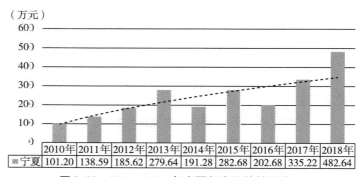

（万元）

	2010年	2011年	2012年	2013年	2014年	2015年	2016年	2017年	2018年
宁夏	101.20	138.59	185.62	279.64	191.28	282.68	202.68	335.22	482.64

图 9.28 2010～2018 年宁夏新产品的销售收入

资料来源：笔者根据数据调查结果整理。

指标二：技术市场成交额。

技术市场成交额能够很好地反映科技活动的成效，服务创新驱动发展战略，促进经济高质量发展，技术市场成交额的持续升高表示经济长期稳中向好的经济发展态势。

基于 2018 年的国家统计数据，与其他四省进行横向对比，宁夏的技术市场成交额位于最后一名，表明宁夏的科技创新转化能力比较低，科技成果驱动经济发展的能力也较低。2018 年全国及五省技术市场成交额，如图 9.29 所示。

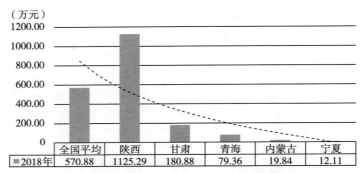

（万元）	全国平均	陕西	甘肃	青海	内蒙古	宁夏
2018年	570.88	1125.29	180.88	79.36	19.84	12.11

图 9.29　2018 年全国及五省技术市场成交额

资料来源：笔者根据数据调查结果整理。

2010～2018 年宁夏技术市场成交额在 2018 年正在加速增长，且呈现指数型增长趋势。2012～2019 年宁夏技术市场成交额，如图 9.30 所示。

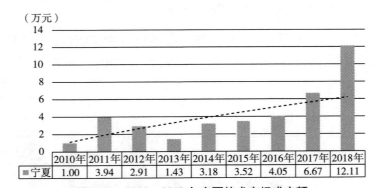

（万元）	2010年	2011年	2012年	2013年	2014年	2015年	2016年	2017年	2018年
宁夏	1.00	3.94	2.91	1.43	3.18	3.52	4.05	6.67	12.11

图 9.30　2012～2019 年宁夏技术市场成交额

资料来源：笔者根据数据调查结果整理。

9.5　科技创新能力与经济高质量发展水平耦合协调度测算

9.5.1　指标体系

在借鉴前文科技创新能力与经济高质量发展的内涵、评价体系相关研究的基础上，本书参考任保平（2020）构建了由科技创新投入、科技创新产出、科技成果转化以及经济高质量发展的综合发展、协调发展、绿色发展、开放发展、共享发展 9 个一级指标和 30 个二级指标构成的科技创新能力与经济高质量发展测量指标体系，如表 9.8 所示。

表 9.8　科技创新能力对经济高质量发展影响的评价指标体系

目标	一级指标		二级指标	编号	指标说明	属性
科技创新能力	科技创新投入	人力投入	R&D 人员全时当量占比（%）	A1	R&D 人员全时当量/城镇就业人数	+
			每万人高校在校生人数（人）	A2	普通高等学校在校学生数/常住人口数	+
			大专及以上学历人口占比（%）	A3	大专及以上人口数/总人口数	+
		经费投入	科学技术支出占比（%）	A4	地方财政科学技术支出/公共财政一般预算支出	+
			企业 R&D 经费投入增长率（%）	A5	规模以上工业企业 R&D 经费投入同比增长率	+
			新产品开发经费投入增长率（%）	A6	规模以上工业企业新产品开发经费投入同比增长率	+
	科技创新产出		专利申请数增长率（%）	A7	国内三项专利申请受理量同比增长率	+
			有效发明专利数增长率（%）	A8	规模以上工业企业有效发明专利数同比增长率	+
	创新成果转化		新产品销售收入增长率（%）	A9	新产品销售收入同比增长率	+
			技术市场成交额增长率（%）	A10	技术市场成交额同比增长率	+

目标	一级指标	二级指标	编号	指标说明	属性
经济高质量发展	综合发展	人均 GDP 增长率(%)	B1	人均 GDP 同比增长率	+
		全员劳动生产率(%)	B2	GDP/城镇单位就业人数	+
		农业总产值占比(%)	B3	农业总产值/GDP	+
		服务业总产值占比(%)	B4	第三产业增加值/GDP	+
		财政收入增长率(%)	B5	地方财政税收收入同比增长率	+
		粮食生产稳定度(%)	B6	(粮食产量/过去 5 年平均粮食产量) − 1	−
		消费品零售总额增长率(%)	B7	社会消费品零售总额同比增长率	+
		增量资本产出率(%)	B8	全社会固定资产投资总额/GDP	+
	协调发展	城乡居民人均可支配收入比(%)	B9	城镇居民人均可支配收入/农村居民人均可支配收入	−
		社会就业率(%)	B10	城镇单位就业人员/城镇人口数	+
		城镇化率(%)	B11	城镇人口数/常住人口总数	+
	绿色发展	生活垃圾无害化处理率(%)	B12	生活垃圾无害化处理量/生活垃圾产出量	−
		工业污染治理投入(%)	B13	工业污染治理总额/GDP	+
		森林覆盖率(%)	B14	——	+
	开放发展	进出口总额占比(%)	B15	进出口总额/GDP	+
	共享发展	人均基本公共服务支出	B16	基本公共服务支出/常住人口总数	+
		万人拥有床位数(张)	B17	——	+
		养老保险参保率(%)	B18	城镇职工参加养老保险人数/城镇人口数	+
		最低保障居民占总人口比重(%)	B19	居民最低生活保障人数/总人口数	−

资料来源：笔者根据研究内容整理。

9.5.2 指标赋权

本书研究指标权重赋值采用了主观与客观相结合的方法，借鉴王伟（2020）和魏奇锋（2021）的权重赋值方法，利用熵值法分别对科技创新能力和经济高质量发展的各项指标权重赋值。为了使各评价指标之间的数据能够进行横向比较，首先，需要对数据进行标准化处理。

正向指标标准化处理计算式为：

$$y_{ij} = \frac{x_{ij} - x_{minj}}{x_{maxj} - x_{minj}} \times 0.9 + 0.1 \qquad (9.2)$$

负向指标标准化处理计算式为：

$$y_{ij} = \frac{x_{ij} - x_{minj}}{x_{maxj} - x_{minj}} \times 0.9 + 0.1 \qquad (9.3)$$

式（9.3）中，$x_{minj} = \min\limits_{1 \leqslant i \leqslant m} x_{ij}$，$j = 1, 2, \cdots, n$；$x_{maxj} = \max\limits_{1 \leqslant i \leqslant m} x_{ij}$，$j = 1, 2, \cdots,$ n，x_{ij}代表第 i 省区在第 j 个指标下的统计数值，y_{ij}代表标准化后的数值。

其次，根据第 i 个子系统在第 j 个指标中的比重p_{ij}，确定指标的权重计算公式为：

$$p_{ij} = -\frac{x_{ij}}{\sum\limits_{i=1}^{n} x_{ij}} \qquad (9.4)$$

第 j 个指标的熵值q_j的计算公式为：

$$q_j = -\frac{1}{\ln(n) \ln q_{ij} \sum\limits_{i=1}^{n} q_{ij} \ln q_{ij}} \qquad (9.5)$$

得到差异系数权重的计算公式为：

$$w_j = -\frac{1 - w_j}{m - \sum\limits_{i=1}^{m} q_j} \qquad (9.6)$$

式（9.6）中，m 是指标数量。

9.5.3　指数测算

利用综合加权分别求得科技创新能力与经济高质量发展指数计算公式为：$I_j = e_j \times x_{ij}$。根据表 9.8 所示的指标体系，首先，对二级指标进行加权处理，分别计算出 29 个二级指标；然后，对 8 个一级指标进行加权处理，分别计算出黄河流域省区科技创新能力与经济高质量发展指数。具体计算过程分为以下三个步骤：

$$I^{(n)} = \sum\limits_{i=1}^{} w_j \times U_{ij} \qquad (9.7)$$

式（9.7）中，$I^{(n)}$ 计算某一年份（第 t 年）的科技创新能力或高质量发展指数，那么该年份以后（第 t + 1 年）的科技创新能力或高质量发展指数可根据该方法依次计算出。

9.5.4　耦合度与协调度评价

本书将黄河流域科技创新能力综合指数与经济高质量发展综合指数进行耦合度与协调度评价，来判断黄河流域科技创新能力对经济高质量的发展，其中，耦合度计算公式为：

$$C = \left[\frac{U_1 \times U_2 \times, \cdots, U_n}{\Pi(U_i + U_j)} \right]^{\frac{1}{n}} \tag{9.8}$$

测算科技创新能力综合指数与经济高质量发展综合指数的公式则简化为：

$$C = 2\sqrt{\frac{U_1 + U_2}{(U_1 + U_2)^2}} \tag{9.9}$$

式（9.9）中，C 代表科技创新能力与经济高质量发展的耦合度，取值为 0 ~ 1。

除此之外，还要评价科技创新能力与经济高质量发展的协调度，来进一步评价两者之间的关系，协调度计算公式为：

$$D = \sqrt{C \times T}, \ T = \alpha U_1 + \beta U_2 \tag{9.10}$$

式（9.10）中，D 代表科技创新能力与经济高质量发展的协调度，α、β 是两者综合指数的系数，设 $\alpha = \beta - 0.5$，耦合度、协调度可以划分为十个阶段类型，如表9.9所示。

表9.9　　　　科技创新能力与经济高质量发展耦合度、协调度阶段划分

取值范围	耦合协调程度	协调等级
(0.0 ~ 0.1)	极度失调	1
[0.1 ~ 0.2)	严重失调	2
[0.2 ~ 0.3)	中度失调	3
[0.3 ~ 0.4)	轻度失调	4
[0.4 ~ 0.5)	濒临失调	5
[0.5 ~ 0.6)	勉强协调	6

取值范围	耦合协调程度	协调等级
[0.6~0.7)	初级协调	7
[0.7~0.8)	中级协调	8
[0.8~0.9)	良好协调	9
[0.9~1.0)	优质协调	10

资料来源：笔者根据研究内容整理。

9.5.5　黄河流域科技创新能力对经济高质量发展影响的耦合协调度

根据前文构建的科技创新能力与经济高质量发展的评价体系，利用熵值法为科技创新能力和经济高质量发展分别确定指标权重，指标权重赋值如表 9.10 所示。

表 9.10　　　　　科技创新能力与经济高质量发展权重赋值

目标	指标编号	权重	目标	指标编号	权重
科技创新能力	A1	0.1458	经济高质量发展	B6	0.0199
	A2	0.0874		B7	0.0074
	A3	0.1307		B8	0.0382
	A4	0.2959		B9	0.0384
	A5	0.0659		B10	0.1687
	A6	0.0666		B11	0.0328
	A7	0.0391		B12	0.0157
	A8	0.0555		B13	0.1326
	A9	0.0444		B14	0.0804
	A10	0.0686		B15	0.1044
经济高质量发展	B1	0.0313		B16	0.0693
	B2	0.0572		B17	0.0382
	B3	0.0422		B18	0.0265
	B4	0.0339		B19	0.0358
	B5	0.0273			

资料来源：笔者根据测算结果整理。

1. 黄河流域科技创新能力综合指数与经济高质量发展综合指数

结合上述指标的权重，利用综合加权法分别测算全国平均、黄河流域九个省区（青海、四川、甘肃、宁夏、内蒙古、陕西、山西、河南、山东）2010～2020年的科技创新能力综合指数（见表9.11）、经济高质量发展综合指数（见表9.12）。

表9.11 　　　　　　2010～2019年黄河流域省区科技创新能力综合指数

省（区）	2010年	2011年	2012年	2013年	2014年	2015年	2016年	2017年	2018年	2019年
青海	0.155	0.148	0.229	0.180	0.180	0.187	0.174	0.210	0.180	0.184
四川	0.207	0.208	0.275	0.253	0.264	0.269	0.276	0.296	0.332	0.332
甘肃	0.211	0.240	0.252	0.211	0.213	0.226	0.211	0.199	0.198	0.212
宁夏	0.242	0.239	0.191	0.194	0.235	0.275	0.270	0.334	0.408	0.352
内蒙古	0.232	0.309	0.312	0.254	0.235	0.292	0.291	0.261	0.225	0.267
陕西	0.326	0.353	0.328	0.325	0.317	0.353	0.359	0.384	0.351	0.336
山西	0.243	0.316	0.276	0.342	0.321	0.254	0.277	0.344	0.347	0.285
河南	0.271	0.309	0.269	0.295	0.291	0.288	0.306	0.334	0.363	0.388
山东	0.335	0.438	0.395	0.403	0.408	0.429	0.440	0.446	0.446	0.460

注：2020年缺失数据较多，故未统计在列表中。

资料来源：笔者根据测算结果整理。

表9.11中，2010～2019年黄河流域各省区科技创新能力水平纵向趋势较稳定，但地区差异显著：山东省与黄河流域其他省份创新能力的对比优势明显，科技创新能力综合评价得分较高，河南、陕西、四川、山西次之，宁夏的科技创新能力高于内蒙古、甘肃、青海，在2017～2019年高于四川、陕西、山西，主要原因在于以下两点：首先，本次指标的数据是人均数值；其次，宁夏的科技创新投入规模虽小，但产出增幅快，对科技创新资源的利用比较充分。

表 9. 12　　　　　　**2010～2019 年黄河流域省区经济高质量发展综合指数**

省(区)	2010 年	2011 年	2012 年	2013 年	2014 年	2015 年	2016 年	2017 年	2018 年	2019 年
青海	0. 214	0. 239	0. 257	0. 280	0. 296	0. 332	0. 330	0. 349	0. 354	0. 359
四川	0. 435	0. 324	0. 336	0. 358	0. 369	0. 366	0. 381	0. 415	0. 439	0. 446
甘肃	0. 213	0. 216	0. 215	0. 262	0. 271	0. 273	0. 279	0. 280	0. 297	0. 309
宁夏	0. 289	0. 284	0. 281	0. 317	0. 355	0. 382	0. 352	0. 401	0. 364	0. 362
内蒙古	0. 299	0. 313	0. 329	0. 335	0. 373	0. 370	0. 374	0. 379	0. 399	0. 402
陕西	0. 338	0. 357	0. 347	0. 386	0. 397	0. 399	0. 398	0. 438	0. 454	0. 459
山西	0. 280	0. 271	0. 270	0. 284	0. 306	0. 310	0. 321	0. 339	0. 353	0. 350
河南	0. 267	0. 283	0. 304	0. 331	0. 351	0. 357	0. 366	0. 385	0. 395	0. 402
山东	0. 357	0. 381	0. 386	0. 408	0. 414	0. 397	0. 397	0. 408	0. 427	0. 435

注：2020 年缺失数据较多，故未统计在列表中。

资料来源：笔者根据测算结果整理。

表 9. 12 中，2010～2019 年黄河流域省区经济高质量发展水平与科技创新能力综合指数等级略有不同，表明黄河流域各省区的科技创新资源利用效率不同，有些省区科技创新对经济高质量发展的贡献较小，而有些省区科技创新对经济高质量发展的贡献相对提高，需要根据科技创新资源利用效率提出不同的对策建议。

2. 黄河流域科技创新能力与经济高质量发展的耦合协调度结果分析

本书将黄河流域科技创新能力综合指数与经济高质量发展综合指数进行耦合协调度评价，如表 9.13 和图 9.31 所示。

表 9. 13　　　**黄河流域省区科技创新能力与经济高质量发展的耦合协调度**

省(区)	2010 年	2011 年	2012 年	2013 年	2014 年	2015 年	2016 年	2017 年	2018 年	2019 年	耦合协调度
青海	0. 109	0. 168	0. 380	0. 163	0. 175	0. 216	0. 208	0. 318	0. 209	0. 204	中度失调
四川	0. 573	0. 494	0. 591	0. 547	0. 558	0. 542	0. 571	0. 609	0. 669	0. 656	初级协调
甘肃	0. 201	0. 227	0. 221	0. 185	0. 184	0. 189	0. 183	0. 100	0. 157	0. 171	严重失调
宁夏	0. 501	0. 489	0. 414	0. 330	0. 485	0. 573	0. 519	0. 642	0. 616	0. 539	勉强协调

省（区）	2010 年	2011 年	2012 年	2013 年	2014 年	2015 年	2016 年	2017 年	2018 年	2019 年	耦合协调度
内蒙古	0.501	0.611	0.635	0.514	0.508	0.582	0.580	0.509	0.462	0.520	勉强协调
陕西	0.664	0.711	0.680	0.688	0.669	0.694	0.685	0.741	0.705	0.675	初级协调
山西	0.488	0.539	0.490	0.470	0.493	0.416	0.463	0.550	0.546	0.449	濒临失调
河南	0.495	0.559	0.539	0.564	0.569	0.557	0.585	0.621	0.638	0.647	初级协调
山东	0.697	0.804	0.799	0.796	0.782	0.759	0.748	0.757	0.752	0.750	中级协调

资料来源：笔者根据测算结果整理。

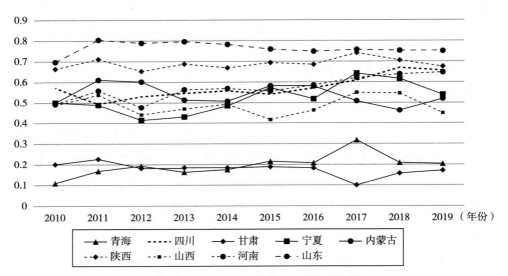

图 9.31　黄河流域省区科技创新能力与经济高质量发展的耦合协调度变化趋势

资料来源：笔者根据测算结果整理。

通过分别对黄河流域九个省区的科技创新能力与经济高质量发展综合指数的测算及其耦合协调度的评价，我们可以看出，首先，从时间上来看，黄河流域科技创新能力与经济高质量发展的耦合协调度科技创新能力与经济高质量发展的耦合协调度排名大致为山东、陕西、四川、河南、宁夏、内蒙古、山西、青海、甘肃，但近十年来，各省区的耦合协调度除河南外基本未呈现上升趋势，保持持平状态，其中，陕西、内蒙古、宁夏的耦合协调度波动较大，表明黄河流域科技创新能力对经济高质量发展的耦合协调度还有待进一步提升；其次，从空间上来看，黄河流域科技创新能力对经济高质量发展的耦合协调度地域差异比较大，这和耦合协调度的排序与我国东部、中部、西部经济发展区域的划分基本一致，相对来说，内蒙古和甘肃的科技创新资源利用比较低，科技创新对经济高质量发展的贡献很低，中东西部之间存在不平衡、不协调的现象。

　　为了评价科技创新能力与经济高质量发展内部维度的耦合协调度，本书将2019 年黄河流域科技创新能力综合指数分别与经济高质量发展的综合、协调、绿色、开放、共享五个维度综合指数进行了耦合协调度评价，如表 9.14 和图 9.32 所示。

表 9.14　2019 年黄河流域省区科技创新能力与经济高质量发展各个维度的耦合协调度

省（区）	综合发展	协调发展	绿色发展	开放发展	共享发展
青海	C.267	0.183	0.100	0.100	0.315
四川	C.785	0.459	0.753	0.648	0.655
甘肃	C.484	0.171	0.312	0.310	0.171
宁夏	C.637	0.356	0.456	0.428	0.476
内蒙古	C.672	0.430	0.571	0.447	0.552
陕西	C.757	0.515	0.800	0.639	0.652
山西	C.230	0.490	0.610	0.510	0.307
河南	C.832	0.549	0.712	0.642	0.573
山东	C.926	0.586	0.705	0.903	0.604

资料来源：笔者根据测算结果整理。

　　在表 9.14 和图 9.32 中，只有山东、河南、四川的各项经济高质量发展维度与科技创新能力的耦合协调度均高于 0.5，从 2019 年科技创新能力对经济高质量发展各维度的影响来看，首先，科技创新对黄河流域各省区的综合发展水平影响均比较大，对协调发展和共享发展的影响均比较小，表明科技创新水平对黄河流域经济发展的影响主要还停留在数量方面，对质量方面的影响还未明显现出来；其次，科技创新对黄河流域各省区的开放发展影响差异较大，其中，对山东省的正向影响作用最为明显，而对其他八个省区的影响又非常弱；最后，科技创新能力对黄河流域省区绿色发展影响较明显，尤其是对陕西省和四川省的影响最强烈。

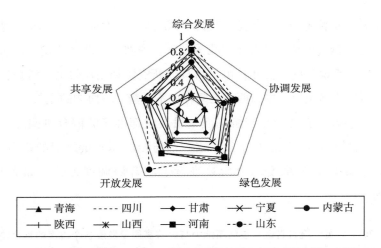

图 9.32　黄河流域省区科技创新能力与经济高质量发展各维度的耦合协调度雷达图

资料来源：笔者根据测算结果整理。

9.6　宁夏科技创新能力促进经济高质量发展面临的挑战

面对新时代、新形势、新变化，对比宁夏科技创新能力与经济发展状况，宁夏在科技创新促进经济高质量发展中面临着一些问题与挑战。

1. 宁夏科技创新能力驱动经济高质量发展的整体绩效水平较低

虽然宁夏近十年来的科技创新能力对经济高质量发展的影响相较于黄河流域西北其他省份来说排名靠前，位居第二，仅次于山西，高于甘肃、青海和内蒙古，主要原因在于宁夏的科技创新投入规模虽小，但产出增幅快，对科技创新资源的利用比较充分。相对来说，内蒙古的科技创新资源利用处于无效状态，科技创新对经济高质量发展的贡献很低，而宁夏的科技创新对经济高质量发展的贡献相对提高，但是，宁夏的科技创新能力对经济高质量发展的驱动作用仍然远低于全国平均水平，科技基础薄弱，科技创新资源仍然不足。

第一，科技资源投入力度有限，省域差距较大。2010～2019年宁夏R&D人员全时当量与高校本科毕业生人数逐年稳定增长，宁夏全区R&D经费投入强度从2016年的0.95%增长至2018年的1.23%，增幅连续居全国前列，排名从全国第 22 位上升至第 19 位,但是与全国平均水平相比仍然存在较大差距,特别是管理人才、高端人才、专业技术人才短缺,高技能人才占技能劳动者的比例排西部省区的倒数第 2 位,每万人拥有研发人员不及全国平均水平的 1/2。

第二,科技创新知识产出增速加快,但成果转化率低。近十年来,宁夏的国内专利申请量、授权量、规模以上工业企业有效发明专利数、万名 R&D 活动人员科技论文数均呈现指数型增长趋势,但是与企业新产品销售收入的增速不成正比,企业新产品销售收入增速缓慢,技术市场成交额的增速虽然在 2018 年涨幅较大,但仍处于黄河流域西北地区的最后一名,成果转化率非常低,科技成果驱动经济增长的动力不足。

第三,宁夏"新基建"建设仍然薄弱。智慧宁夏是由信息和通信技术来感知、分析和整合的各项构成要素,实现宁夏智慧化、智能化、数字化等管理,从而对宁夏的各种需求作出智能化响应,实现宁夏可持续发展和宜居的目的。固定资产投资是以货币形式表现的、企业在一定时期内建造和购置固定资产的情况。2017 年宁夏固定资产投资总额为 3728.38 亿元,比 2016 年同比增长 −1.736%,2019 年固定资产投资增长速度方面,全国增速 5.2%,宁夏增速 −11.0%,近些年一直呈现负增长,反映了宁夏固定资产投资规模的持续缩小,固定资产投资总额也在持续减少,宁夏"新基建"建设相对落后,宁夏"新基建"建设有待加强。

2. 宁夏科技创新对经济高质量发展影响的内生动力不足

宁夏科技创新对经济高质量发展影响的内生动力不足体现在科技创新促进经济高质量发展的新旧动能转换和产业结构调整的驱动力不足,表现在以下三个方面。

第一,地区生产总值能耗依旧较高。近年来,宁夏响应国家经济高质量发展的要求,积极建立生态环境保护与高质量发展先行区,投入大量资金用于工业污染治理和生态环境保护。宁夏的废水、废气的排放总量相较于全国平均水平、陕西、内蒙古和甘肃来说较低,森林覆盖率排名前于甘肃和青海,但是,与全国平均水平的 −2.83467 相比,地区生产总值能耗依旧较高,且与黄河流域其他西北部地区相比,宁夏经济增长的新旧动能转换和产业结构调整仍然不足。

第二，第三产业增加值增长缓慢。近十年来，宁夏第三产业增加值虽然呈线性稳步增长，但2019年宁夏第三产业增加值远低于全国平均水平和黄河流域西北其他省份，仅比青海略高一点，第三产业增加值增长缓慢，科技创新对产业结构优化调整的驱动力不够。

第三，产业层次较低，中高端产业发展水平较低。2017～2019年，宁夏对外贸易额呈逐年下降趋势，2019年宁夏进出口贸易额远低于黄河流域的陕西、内蒙古和甘肃，仅为240.6亿元，反映出宁夏经济发展的国际化水平一般，其原因在于产业同质化程度高、链条短、中高端产业依然薄弱，科技创新对产业结构优化升级动力不足。

3. 生态环境建设有待进一步加强

宁夏的城市化条件和环境是"生态"的支撑，要营造宁夏创新生态的竞争优势，必须打造好自身的生态环境，包括自然环境、人工环境和公共服务软环境。近年来，宁夏的城区建设有了一定成效。工业污染治理完成投资逐年增加，废水、废气的排放总量从2015年开始逐年降低，从2017年开始，地区生产总值能源消耗量逐渐降低，但这些指标与全国平均水平和黄河流域西北地区其他省份相比仍然有差距，生态环境建设需要进一步加强才能营造宁夏创新生态的竞争优势，增强经济高质量发展的动力。

9.7　宁夏促进科技创新能力驱动经济高质量发展的路径分析

对于宁夏来说，须贯穿新发展理念，以新眼界把准新方位，以新担当谋求新作为，突出创新驱动，高端绿色智能引领发展，培强优势特色主导产业，着力推动质量、效益、动力三大变革，加速建设创新、人才、产业三大高地，努力走出一条具有宁夏特色的高质量发展路径：一是以科技创新为经济赋能，推动宁夏高质量发展；二是构建生态经济体系，促进宁夏经济高质量发展；三是加快平台经济建设，加快新旧动能转换，夯实宁夏经济高质量发展基础；四是加快产业结构优化升级，提升宁夏产业经济发展水平。

9.7.1　以科技创新为经济赋能，推动宁夏高质量发展

1. 目标与任务

对于宁夏来说，通过科技创新，智能化与数字化地为经济赋能，推动宁夏经济高质量发展，需要加快高端、智能、绿色、融合产业发展建设。至 2025 年，需要实现以下四个目标。

第一，加快创新型产业集群发展。以资本、技术、品牌为纽带，通过产业联盟、兼并重组、挂牌上市等多种途径推动规模扩张、集群发展，构建共生互补的产业集群发展区，进一步凝聚集群整体的对外竞争力，产业集群营业收入年增速不低于 10%。

第二，培育战略性新兴产业企业。精细分类，对宁夏的工业园区内企业采取"一企一策"的办法，坚持"产业引领、科技助推、要素聚集、互惠共赢"的原则，重点培育新材料、新能源等战略性新兴产业企业。

第三，加快宁夏"新基建"建设。调研宁夏"新基建"应用需求，做好宁夏"新基建"的顶层设计，加快宁夏"新基建"的系统开发与建设，宁夏固定资产投资额年增速扭负为正，抓住"新基建"发展机遇，落地一批"新基建"相关产业、企业、项目。

第四，加快创新人才的培养和引进。面向国际国内柔性引进高精尖领军人才，立足本土培养青年拔尖人才、经营管理人才、专业技术人才，制定和完善各部门关于创新人才引进和培养的相关政策，加强人才队伍建设。

2. 发展路线图

至 2025 年，创新产业集群发展，现代产业体系初步建成，智慧宁夏初具雏形，宁夏科技创新水平显著提升。

第一，加快创新型产业集群发展，提升产业集群营业收入总额。为此，一是坚持质量第一、效率优先，着力推动质量、效益、动力三大变革，努力提高实体经济供给体系质量。二是改造提升传统产业，培育壮大战略性新兴产业，加快发展智能制造业和现代服务业。三是大力发展实体经济，夯实现代产业体系根基。四是推动产业集群高端、智能、绿色、融合发展，形成优势特色主导

产业鲜明、产业关联度大和市场竞争力强的产业集聚发展区，提升产业集群营业收入总额。

第二，培育壮大战略性新兴产业企业。着力引进和建设龙头企业，采取"一企一策"的办法从宁夏各园区企业中挑选培育，扶持若干发展根基牢固、集群效应明显、品牌优势突出的优势产业，以带动产业的研发、生产、应用、服务等相关要素向产业基地高度集聚，培育创建一批国家级特色产业基地，走"龙头企业—优势特色企业—优化产业"的发展路径。

第三，加快宁夏"新基建"建设。一要调研宁夏"新基建"应用需求，以需求为导向，明确宁夏"新基建"建设思路。二要做好宁夏"新基建"的顶层设计。宁夏"新基建"设计必须要紧随国家政策，贯彻落实各项"新基建"建设具体要求，以科学发展观为指导，系统科学合理地提出宁夏发展和建设目标，确保建设任务开展后能顺利实施。三要加快宁夏"新基建"的系统开发与建设，提升宁夏固定资产投资额。四是要加强创新人才培养和储备，提升对宁夏"新基建"建设系统的掌握和应用水平，从而发挥宁夏"新基建"的效用。

具体路线图见图9.33。

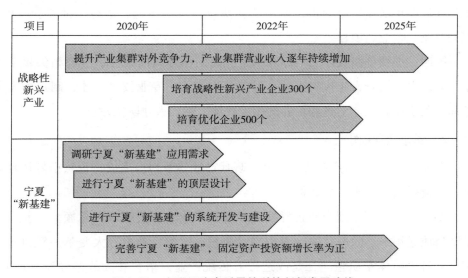

图9.33 宁夏经济高质量的科技创新发展路线

资料来源：笔者根据研究内容整理。

9.7.2　构建生态经济体系，促进宁夏经济高质量发展

1. 任务与目标

对于宁夏来说，通过全面推动绿色发展，建立健全以产业生态化和生态产业化为主体的生态经济体系。至 2025 年，实现以下两个目标。

一是产业生态化。为此，应切实达到：一是提高资源环境效率，实现企业生态化改造，国家级高新技术企业年均增长 15%；二是完善人才培养体系，提升高端人才凝聚力，硕士及以上从业人员占比年均提升 3% 左右；三是加大科技研发投入，万人发明专利授权数年均提升 10%。

二是生态产业化。为此，应切实做到：一是转变观念，牢固树立"绿水青山就是金山银山"的理念，让生态环境真正成为有价值的资源，提升绿地覆盖率至 13%；二是提高环境保护标准，加大生态环境监管力度；三是建立简约适度、绿色低碳的生活方式，并通过资源节约和循环利用最终实现生产系统和生活系统内部之间的循环链接，实现宁夏单位增加值综合能耗年均呈下降趋势。

2. 发展路线图

至 2025 年，产业生态化与生态产业化水平显著提升，生态经济体系初步建成。

首先，完善产业生态系统，构建生态产业体系。一是调整经济结构、能源结构、产品结构，推动高新技术企业发展，提高资源环境效率，实现企业生态化改造；二是在优化宁夏空间开发布局、调整区域产业布局的前提下，壮大战略性新兴产业；三是推动生产方式的绿色转型，构建科技含量高、资源消耗低、环境污染小的绿色产业体系；四是完善人才培养体系，提升高端人才凝聚力，建立健全人才评价和激励机制，进一步提升科技创新人才的经济地位和社会影响力。

其次，持之以恒地推进绿色生态发展，构建绿色生态产业体系。一是转变观念，牢固树立"绿水青山就是金山银山"的理念，让生态环境真正成为有价值的资源，与土地、人才、技术等要素一样，成为现代经济体系高质量发展的生产要素；二是构建科技含量高、生态环境保护产业化资源消耗低、环境污染

小的绿色产业体系，真正把资源优势变成经济优势，让绿水青山变为金山银山，形成推动经济高质量发展的强劲动力；三是建立简约适度、绿色低碳的生活方式，倒逼和引导生态产业化，并通过资源节约和循环利用最终实现生产系统和生活系统之间的循环链接，提高环境保护标准，加快建立以改善生态环境质量为核心的目标责任体系，加大生态环境监管力度。

具体路线见图9.34。

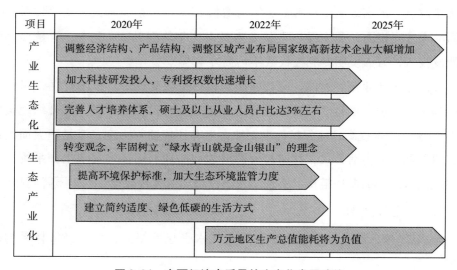

图9.34　宁夏经济高质量的生态化发展路线

资料来源：笔者根据研究内容整理。

9.7.3　加快平台经济发展，夯实宁夏高质量发展基础

1. 任务与目标

对于宁夏来说，加强对平台机制建设的研究，并解决其平台经济发展中暴露的问题，打造现代平台经济，至2025年，实现以下四个目标。

第一，建立产学研深度融合一体化创新平台。其中，省级以上研发机构数量年均增长10%，众创空间数量年均增长24%，孵化器数量年均增长20%。

第二，建立以企业为主体、市场为导向的技术平台。其中，科技财政支出年均增长5%；R&D研发支出年均增长5%；科技活动人员数年均增长2%。

第三，构建健康成熟的现代金融平台。风险投资年均增长 10%。

第四，完善黄河流域区域一体化平台建设。区域合作项目数年均增长 15%。

2. 发展路线图

至 2025 年，打造更好的营商环境，提升政府对平台经济的监管和服务能力，现代平台经济体系初步建立。

首先，完善创新平台，创新引领发展。一是要建全以企业为主体、需求为导向的产学研深度融合一体化创新平台机制，即强化企业创新主体地位，明确企业、大学、科研机构在创新平台中的功能定位，以市场为纽带形成协同创新平台机制。二是要加大对市场主体创新的支持力度，要发挥好政府的引导作用，加大政策的支持力度，在推动"双创"中借助市场机制的力量，促进科技人员参与企业的创新活动，拓展创新空间，提升创新成效。三是要以创新主动适应和引领新常态，使创新性产品和创新性技术成为推动宁夏高质量发展的强大动力，依靠创新驱动新旧动能转换，推动产业优化升级，在新一轮科技革命和产业变革中勇立潮头。

其次，加强技术平台建设，加快科研成果转化。一是建立以企业为主体、市场为导向、产学研深度融合的技术平台，强化企业创新主体地位，明确企业、大学、科研机构在技术平台中的功能定位，以市场为纽带形成协同创新的有效平台机制。二是加强对企业"三创"的支持，要发挥好政府的引导作用，加大政策的支持力度。三是要在推动"三创"中借助市场机制的力量，促进科技人员参与企业的创新活动，拓展创新空间，提升创新成效，加快科研成果转化。

再次，加强金融平台建设，完善金融资本市场。为此，一是要加大金融政策支持力度，推动各类金融机构在风险可控、商业可持续的前提下，积极创新金融产品，加大对民营、小微商户信贷支持力度，完善担保、质押、保险和征信等服务，更好为现代平台经济发展提供金融支持。二是要鼓励结算规模大、频次高的商品市场，通过兼并重组等方式获得第三方支付牌照，提升市场支付结算现代化水平。三是要加强金融监管力度，防患于未然。一方面，要积极提升经济发展的金融化水平，鼓励和引导实体经济合理合规地运用金融资本；

另一方面，又要守住不发生系统性的、重大的金融风险底线，切实防范和化解金融风险，不断增强金融资本服务实体经济的能力，从而使实体经济与金融资本良性互动。

最后，加强合作平台建设，实施区域协同发展战略。为此，一是要推动跨行业跨地域商品市场互联互通、资源共享，推进区域市场一体化建设，引导集群联动，更好落实国家区域协调发展战略。二是要面向黄河流域构建多维度联动策略，科学定位，主动融合，实现"省区、产业、城市"联动，实施"机制"及"人才、技术、投融资"等服务平台对接策略，优化整合区域空间结构，以促进产城融合。三是要找出共振点，加强合作平台建设，整合政务资源，引导创新资源自由流动。

具体路线见图9.35。

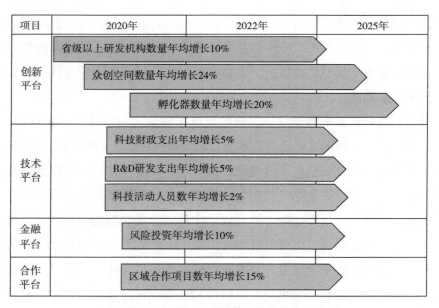

图9.35 宁夏经济高质量的科技平台发展路线

资料来源：笔者根据研究内容整理。

第10章 高质量发展背景下宁夏科技人力资源引才育才政策评价与优化研究

伴随着中国特色社会主义进入新时代，我国经济已由高速增长阶段转向高质量发展阶段，高质量发展要求经济从过去要素驱动增长转向创新驱动增长，外生经济增长转为内生经济增长。对于西部欠发达地区的宁夏来说，由高速度增长转向高质量发展，是一个主动作为、乘势而上的机遇期。人才作为创新的第一资源，对推动经济高质量发展具有重要的战略作用。习近平总书记在2021年中央人才工作会议上强调，要深入实施新时代人才强国战略，全方位培养、引进、用好人才，加快建设世界重要人才中心和创新高地，为基本实现社会主义现代化提供人才支撑，为全面建成社会主义现代化强国打好人才基础。① 国家"十四五"规划纲要指出"要加强创新型、应用型、技能型人才培养，实施知识更新工程、技能提升行动，壮大高水平工程师和高技能人才队伍，要加强基础研究人才培养，实行更加开放的人才政策，构筑集聚国内外优秀人才的科研创新高地"。党的十九届六中全会通过的《中共中央关于党的百年奋斗重大成就和历史经验的决议》明确要求必须抓好后继有人这个根本大计。宁夏回族自治区坚决贯彻党中央精神，在第十二届人大常务委员会第十三、十四次全体会议中提出要坚持把发展质量问题摆在更为突出的位置，大力实施科教兴宁战略、人才强区战略。宁夏近年来先后出台了多项人才培育引进政策，要建设黄河流域生态保护与高质量发展先行区，宁夏需要激发人才的创新活力，正确评价人才培养与引进政策的推行效果，以及时查漏补缺，提升区域竞争力，以人才强区推动高质量发展先行区建设。

---

① 习近平. 深入实施新时代人才强国战略 加快建设世界重要人才中心和创新高地 [J]. 求是，2021（24）：4－15.

　　然而在新时代环境下，宁夏人才队伍现状与经济社会产业结构发展的需求还不是非常适应，还有一定的差距，主要存在人才总量不足，人才结构与产业需求不匹配，高层次、高技能人才短缺等问题。宁夏在近十年来先后制定了各项人才培养与引进政策，这些人才培养与引进政策的制定与其他省（区、市）相比较优劣势在哪里，近些年宁夏的人才培养与引进政策的制定发生了哪些变化，宁夏人才培养与引进政策的制定和执行对推动经济高质量发展的效果如何，同时，宁夏如何以"十四五"规划纲要精神为指引，承担新使命、新责任，贯彻新理念，找到新方位，通过科学的引才育才政策提高人才的创新活力，完善人才评价体制，开启更高质量、更有效率、更可持续发展的新征程，建立黄河流域生态保护和高质量发展的先行区都是目前迫切需要回答的课题。为此，开展宁夏高质量发展路径研究，探讨新时代下的宁夏引才育才政策制定和实施效果以及对经济高质量发展的影响，探索新路径、新模式，对发挥宁夏在新时代高质量发展的支撑和引领作用具有重要的理论和实践意义。

10.1　宁夏引才育才政策制定的现状分析

10.1.1　宁夏引才育才政策梳理与分析

1. 宁夏人才政策历史演变

　　党的十八大以来，宁夏回族自治区认真贯彻落实党中央人才工作精神和要求，围绕经济和社会发展的需要，全面推进人才体制机制改革，制定人才强区战略，走出了一条具有宁夏特色的人才政策创新道路，人才政策主要经历了以下三个阶段。

　　一是探索研究阶段。2009 年，围绕人才强区战略，立足于人才培养、引进、使用、选拔等出台了《关于进一步发挥现有人才作用和引进急需紧缺人才的若干规定（试行）》《自治区引进海外高层次科技人才创新创业暂行办法》，2010 年发布了宁夏第一个中长期人才发展规划——《宁夏回族自治区中长期人才发展规划纲要（2010～2020 年）》，大力推进人才强区战略，到 2020 年人才发展的主要目标是建成数量充足、结构合理、素质优良的人才队伍。

二是政策整合阶段。2011 年开始，以规划纲要为指导相继出台了《关于实施"塞上英才"工程的意见》（2011 年）、《关于实施"国内引才 312 计划"的意见》（2011 年）、《宁夏回族自治区支持企业引进和培养人才暂行办法》（2014 年）、《关于创新体制机制促进人才与经济社会协调发展的若干意见》（2014 年）、《宁夏回族自治区引进海外华侨华人专家暂行办法》（2015 年）、《关于深化人才发展体制机制改革若干问题的实施意见》（2016 年）、《宁夏回族自治区引进国外技术、管理人才项目管理暂行办法》（2016 年 8 月 10 日）、《关于深化职称制度改革的实施意见》（2017 年）、《宁夏回族自治区支持和鼓励事业单位专业技术人员创新创业实施细则》（2018 年）等 30 多部人才政策文件，但是，这些人才政策在全行业、企业和社会还未形成高度重视，仅在部分单位得以实施，面对当时全国各省（区、市）的"人才抢夺大战"还缺乏强有力的推进力度和吸引力。

三是政策创新阶段。2018 年，随着党的十八大召开并根据宁夏第十二次党代会中坚持党管人才的原则，宁夏提出了实行更加积极、更加开放、更加有效的人才政策，向用人主体放权、为人才松绑，大力培养本土人才，积极引进高层次和急需紧缺专门人才，用好用活各类人才等指导思想，开启了新时代全面体现新发展理念的人才篇章。2018 年 1 月 17 日出台了《关于实施人才强区工程助推创新驱动发展战略的意见》，2018 年 1 月 18 日出台了《宁夏回族自治区高层次人才优厚待遇实施办法》，围绕政治引领、编制和职称、引才待遇、生活保障、创业就业 5 个方面提出了 18 项优厚待遇政策，2020 年和 2021 年又对此 18 项优厚待遇政策进行了完善，形成了 15 条"人才新政"，是覆盖最全、最"真金白银"、措施最有力的引才聚才政策，将为宁夏实施人才强区战略提供坚实的政策支持。

2. 现行人才政策概述

目前，宁夏人才政策为 2018 年 1 月 17 日出台的《关于实施人才强区工程助推创新驱动发展战略的意见》，2018 年 1 月 18 日出台的《宁夏回族自治区高层次人才优厚待遇实施办法》。2018 年 8 月 24 日出台了《关于鼓励引导人才向基层流动的若干措施》，进一步健全完善人才培养、引进、流动、评价、使用和激励保障机制，形成人才在基层干事创业有平台、有作为、有前景的政策导向，引导和激励更多人才到基层贡献才智、建功立业。2018 年出台了《宁夏回族自治区突出贡献人才和引进高层次人才职称评审办法（试行）》，打通了突出贡献人才和引进高层次人才职称评审绿色通道。2018 年 11 月 27 日出台了《宁夏回族自治区分类推进人才评价机制改革的实施意见》，激发人才创新创业活力，为助推创新驱动战略提供坚强有力的人才智力支撑。2019 年 7 月出台了《宁夏回族自治区高层次人才服务指南》，全面激发高层次人才创新创业活力。2019 年 7 月 8 日出台了《宁夏回族自治区高层次人才认定办法（试行）》。2020 年宁夏出台 16 条"人才新政"和 2021 年宁夏出台 15 条人才政策，"真金白银"引才聚才。

10.1.2　宁夏与黄河流域其他省份引才育才政策的对比分析

罗斯维尔和扎格沃德（Rothwell & Zegveld，1981）将人才政策的类型分为供给型政策、环境型政策和需求型政策。何江（2020）认为人才政策包括人才的引进、培养、使用、保障、创新五个方面的政策。崔宏轶（2020）具体地将科技人才政策分为科技人才的引进、培养、保障、激励四个方面的政策。郭琴（2020）提出创新创业人才政策包括人才的引进与流动、培养、激励、保障与服务、评价与管理五个方面的政策，近些年，面对人才"抢夺大战"，各省（区）、城市都出台了各种人才政策，主要涉及人才引进与保障、人才培养与发展、人才管理与维护以及人才评价与考核政策，因此，本书借鉴上述学者关于人才政策的分类以及目前人才政策制定的实践现状，将人才政策最重要的人才引进与人才培养，作为高质量发展背景下人才政策评价的重要方面进行研究，本书以黄河流域各省区的人才引进与保障、人才培养与发展政策的制定和实施效果评价为研究对象，探讨黄河流域省区的引才、育才政策对比，尤其是宁夏的引才、育才政策的制定和实施效果，提出进一步优化完善措施。

本书以黄河流域省区中引才育才政策最为全面系统的山东为例，对比分析与宁夏引才育才政策的区别。

山东的人才引进政策主要有《山东省高层次人才服务绿色通道规定》（2018）、山东 16 市首批高层次人才绿色通道服务事项清单（2019）、山东级高层次人才绿色通道服务事项清单（2019）、山东高层次人才服务质效提升行动方案，人才引进的类型包括国内外顶尖人才（A 类）、国家级领军人才（B 类）、省级领军人才（C 类）、市级领军人才（D 类）、高级人才（E 类）。人才引进计划主要有"博士后英才"集聚计划、泉城"5150"引才倍增计划、泉城高端外专计划。

山东的人才保障政策主要有出入境服务、居留许可、户籍办理、住房保障、编制管理、职称评审、岗位聘用、薪酬管理、配偶就业、子女入学、医疗保健、社会保险、出行服务、旅游服务、健身服务、休假疗养、工商服务、税收优惠、科研服务、海关服务、金融服务。

山东的人才培养政策主要有《济南市人才发展"十四五"规划》《关于支持人才创新创业发展的若干政策》《济南市人民政府关于推行终身职业技能培训制度的实施意见》《关于深化人才发展体制机制改革促进人才创新创业的实施意见》。人才培养计划包括顶尖人才集聚计划、产业金融人才集聚计划、"梧桐树"青年英才集聚计划、"创客之都"人才集聚计划。人才培养内容包括广泛开展就业技能培训、加强岗位技能提升培训、统筹开展再就业培训和转岗培训、大力推进创业培训、加快培育技能创新人才、发挥职业院校培训优势、打造优质技能培训高地、建立技能人才评价制度、完善职业技能培训补贴政策、建立健全培训激励机制、搭建职业技能培训基础服务平台。

宁夏的人才引进政策主要有《宁夏回族自治区高层次人才优厚待遇实施办法》《关于鼓励引导人才向基层流动的若干措施》《宁夏回族自治区突出贡献人才和引进高层次人才职称评审办法（试行)》《宁夏回族自治区高层次人才服务指南》《宁夏回族自治区高层次人才认定办法（试行)》。

10.2　高质量发展背景下引才育才政策评价指标体系的构建

本章首先运用文献梳理法，梳理国内外学者、机构对高质量发展背景下引才育才政策制定和实施效果评价的指标体系；其次，以政策制定环境和政策制定评价、投入、产出为一级指标，根据引才育才政策的内涵构建二级指标，在文献梳理基础上选择三级指标；最后，利用熵值法和耦合协调度分别为三个层次的指标赋权并计算综合指数。

10.2.1　指标选择原则

指标选择依据以下三个原则。

一是指标来源可靠性原则。本书指标的选取主要运用了文献梳理方法，在指标借鉴时要参考国内外知名且有扎实的评估实践的指标体系，以确保指标来源的可靠性和可信性。

二是结合实际调整原则。在指标选取时，在不改变指标含义的基础上根据宁夏实际情况作细小的变动。

三是可操作性原则。在这里主要是指数据的可获取性，不能获取数据的指标在具体的评价中不具备可操作性，因此在指标选取时考虑指标的可操作性原则。

10.2.2　指标体系构建

在指标体系设计中，本书在文献梳理的基础上，分别构建了黄河流域省区引才育才政策制定的评价指标体系，以及黄河流域省区引才育才政策实施效果的评价指标体系。

首先，借鉴孟华（2017）构建的我国省级政府人才政策评价指标体系，并进行了进一步的优化，以政策制定环境、政策制定评价为引才育才政策制定评价指标体系的一级指标，进一步通过文献梳理法，从经济发展水平、客观发展平台、环境型政策、供给型政策、需求型政策方面构建了 5 个二级指标以及 17 个三级指标，构建了黄河流域省份引才育才政策制定的评价指标体系（见表10.1）。

表 10.1　　　　　　　　　　引才育才政策制定评价指标体系

一级指标	二级指标	三级指标	基础指标
政策制定环境	经济发展水平	人均 GDP	GDP 总量/省区总人口
		商品房平均售价	商品房销售总面积/商品房销售总金额
		社会平均工资	职工工资总额/职工人数
		人均财政收入	财政总收入/常住人口数量
	客观发展平台	大专以上人口比例	大专以上人口数量/常住人口数量
		985/211 高校数量	985 高校和 211 高校数量总和
政策制定评价	环境型政策	住房保障	提供的住房保障或住房补贴
		子女入学	解决高层次人才随迁子女入学问题的具体措施
		社会保险	为人才提供的养老、医疗、失业、工伤、生育保险及其他特殊保险等
		配偶工作	解决高层次人才随迁配偶的工作问题的具体措施
	供给型政策	事权	高层次人才的研发自主权、人事管理权、经费支配权等权利情况
		科研资金	由省级财政分配给高层次人才,用于解决特定科学和技术问题的资金
		岗位聘用	人才引进后的岗位聘用形式
		职称评定	人才发展的职称评定通道
	需求型政策	一次性补贴	安家方面的资金支持,以及对高层次人才的奖励
		岗位薪酬	人才引进后的职位待遇
		税收优惠	税收优惠减免

资料来源:笔者根据研究内容整理。

　　其次,参考赵国钦等(2018)提出的"引进、留住、培育、用好"四个方面人才培养的主要内容,借鉴刘颖(2019)的引才育才政策实施效果的投入—产出评价体系,本书构建了引才育才政策实施效果评价指标体系的一级指标,进一步通过文献梳理法形成了 8 个二级指标以及 14 个三级指标,构建了黄河流域省区引才育才政策实施效果的评价指标体系(见表 10.2)。

表 10.2 引才育才政策实施效果评价指标体系

一级指标	二级指标	三级指标	编号	指标说明
投入	人才规模	R&D 人员全时当量占比（%）	A1	R&D 人员全时当量/城镇就业人数
		大专及以上学历人口占比（%）	A2	大专及以上人口数/总人口数
	人才质量	高层次人才占专业技术人员比重（%）	A3	高层次人才人数/专业技术人员人数
		科学技术支出占比（%）	A4	地方财政科学技术支出/公共财政一般预算支出
		R&D 经费投入增长率（%）	A5	规模以上工业企业 R&D 经费投入同比增长率
产出	人才流动率	新增常住人口数量增长率（%）	B1	新增常住人口同比增长率
	就业带动	社会就业率（%）	B2	城镇单位就业人员/城镇人口数
	财富创造	人均 GDP 增长率（%）	B3	人均 GDP 同比增长率
		财政收入增长率（%）	B4	地方财政税收收入同比增长率
	科技创新	专利申请数增长率（%）	B5	国内三项专利申请受理量同比增长率
		有效发明专利数增长率（%）	B6	规模以上工业企业有效发明专利数同比增长率
		新产品销售收入增长率（%）	B7	新产品销售收入同比增长率
		技术市场成交额增长率（%）	B8	技术市场成交额同比增长率
	消费拉动	消费品零售总额增长率（%）	B9	社会消费品零售总额同比增长率

资料来源：笔者根据研究内容整理。

10.2.3 指标赋权

计算方法同第 9 章式（9.2）～式（9.10），此处省略，不再赘述。

10.2.4 贡献度评价

本书将黄河流域引才育才政策投入与产出综合指数进行耦合度与协调度评价，来判断黄河流域引才育才政策实施效果，其中，耦合度计算公式为：

$$C = \left[\frac{U_1 \times U_2 \times, \cdots, U_n}{\Pi(U_i + U_j)}\right]^{\frac{1}{n}} \tag{10.1}$$

仅测算引才育才政策投入与产出综合指数则简化为：

$$C = 2\sqrt{\frac{U_1 + U_2}{(U_1 + U_2)^2}} \tag{10.2}$$

其中，C 代表人才政策投入与产出的耦合度，取值为 0～1。

除此之外，还要评价人才政策投入与产出的协调度，来进一步评价两者的关系，协调度计算公式为：

$$D = \sqrt{C \times T}, \quad T = \alpha U_1 + \beta U_2 \tag{10.3}$$

其中，D 代表人才政策投入与产出的协调度，α、β 是两者综合指数的系数，设 α = β - 0.5，借鉴谢泗薪的划分标准，耦合度、协调度可以划分为十个阶段类型。

10.3　高质量发展背景下宁夏引才育才政策评价的结果分析

10.3.1　高质量发展背景下宁夏引才育才政策评价的实证分析

1. 数据来源

本书收集的数据时间跨度为 2015～2020 年，数据主要来源于《中国统计年鉴》《中国高技术产业年鉴》《中国科技统计年鉴》《第三产业年鉴》《中国工业统计年鉴》《中国贸易外经统计年鉴》，以及国家统计局、中国科学技术研究所、中国科技部、国泰安网站发布的统计资料，文本资料主要来源于各省人力资源和社会保障厅官方网站发布的文件。

2. 实证结果分析

本书将从以下两个步骤分析宁夏引才育才政策评价的结果。

首先，选取参照对象。梳理宁夏引才育才政策的现状，不仅横向立足宁夏本身横向各个具体指标，而且纵向对比黄河流域九个省区（青海、四川、甘肃、宁夏、内蒙古、陕西、山西、河南、山东）的各个具体指标表现，了解宁夏在黄河流域九个省区的位置。基于此目的，本书选取黄河流域九个省区作为参照对象，选取标准是通过宁夏在内的黄河流域九个省区的对比可以了解宁夏的差异性。

其次，收集数据，进行分析。根据选取的特征指标以及选定的对比对象，本书从两个维度展开分析：一是纵向分析，对比宁夏 2015～2020 年来各项指标的发展情况及发展趋势；二是横向分析，主要是以 2015～2020 年的数据为准，将宁夏与黄河流域九个省区进行对比，进而发现宁夏的不足与优势。

（1）数据处理。根据前文构建的育才引才政策制定评价指标体系，首先，将定类变量如职称评定、子女入学、配偶工作、社会保险等进行 0～3 的编码，其中 0 代表无，1～3 数值越大代表条件越好；其次，将住房补贴、人才奖励和安家补贴的三项指标数据合计为住房保障；再次，对所有数据进行标准化处理；最后，利用 SPSS 为引才育才政策制定评价数据进行因子分析，各指标分析结果如表 10.3 所示。

表 10.3 引才育才政策制定评价数据因子分析结果

三级指标	因子	共量	因素
人均 GDP			
商品房平均售价	0.934	0.934	
社会平均工资	0.920	0.920	
人均财政收入	0.926	0.926	客观环境
大专以上人口比例	0.943	0.943	
985/211 高校数量	0.897	0.897	
住房保障	0.806	0.953	
子女入学	0.802	1.080	
社会保险	0.863	0.803	
配偶工作	0.850	0.822	引才育才政策的绝对优势
事权	0.750	1.008	
科研资金	-0.556	-0.084	
职称评定	0.750	1.008	引才育才政策的相对优势
岗位薪酬	0.581	1.032	

资料来源：笔者根据数据分析结果整理。

（2）黄河流域省份引才育才政策制定评价结果分析。结合上述指标的因子得分，利用综合加权法分别测算黄河流域九个省区（青海、四川、甘肃、宁夏、内蒙古、陕西、山西、河南、山东）2019～2021 年的引才育才政策制定评价因子得分（见表 10.4）。

表 10.4　2019～2021 年黄河流域省区引才育才政策制定评价因子得分

省（区）	引才育才政策的绝对优势					客观环境	排名	政策相对优势	排名
	家属安置因子	事权社保因子	住房科研因子	综合得分	排名				
青海	− 0.31107	− 0.58797	− 0.53309	− 0.47226	7	− 0.4335	5	− 0.03876	6
四川	− 0.18674	− 0.48097	− 1.0334	− 0.55331	8	− 0.37531	4	− 0.178	8
甘肃	− 1.75448	− 1.10722	0.18561	− 0.92329	9	− 0.60878	9	− 0.31451	9
宁夏	− 0.01032	− 0.49375	− 0.22857	− 0.23757	5	− 0.49924	7	0.26167	5
内蒙古	0.32419	− 0.05772	− 1.48432	− 0.3785	6	− 0.32919	3	− 0.04931	7
陕西	0.1589	1.98901	− 0.32858	0.59913	2	− 0.15974	1	0.75887	3
山西	− 0.05642	1.57349	0.00121	0.49391	3	− 0.45793	6	0.95184	2
河南	2.27754	0.1648	− 0.2646	0.7765	1	− 0.53239	8	1.30889	1
山东	− 0.32384	1.52543	− 1.02946	0.05288	4	0.24272	2	0.2956	4

资料来源：笔者根据数据分析结果整理。

表 10.4 中，宁夏引才育才政策制定的绝对优势和相对优势排名都位于第 5 位，位于黄河流域省份的中间位置，表明近年来宁夏的人才政策的制定具有比较好的吸引力，但是政策制定的客观环境水平还比较低。

从政策制定的绝对优势来看，河南、陕西、山西、山东的引才育才政策制定的绝对优势明显高于黄河流域其他省份，原因在于这些省份的人才政策制定得比较系统全面，包括高层次人才的引才领域、时间、层次划分、科研支持、职称评审、职务薪资、住房保障、家属安置、安家费、社会保险等，宁夏在引才育才政策的绝对优势以及政策的相对优势排名中均居于第 5 位，处于黄河流域省区引才育才政策制定吸引力的中间位置，得益于宁夏近年来对于高层次人才政策的重视和支持力度，在科研资金、安家费、职称评审、家属安置上都有较为详细的解决措施。

从政策制定的相对优势来看，河南、山西高层次人才引进政策的相对优势最高。河南、山西的政策绝对优势最高，但是客观环境相对较欠缺，形成了鲜明对比，因此政策的相对优势最高。

10.3.2 高质量发展背景下宁夏引才育才政策实施效果评价的实证分析

根据前文构建的引才育才政策实施效果评价体系，利用熵值法为引才育才政策实施效果和经济高质量发展分别确定指标权重，指标权重赋值如表 10.5 所示。

表 10.5　　　　　引才育才政策实施效果与经济高质量发展权重赋值

目标	指标编号	权重	目标	指标编号	权重
投入	A1	0.2019	产出	B3	0.0902
	A2	0.0746		B4	0.0639
	A3	0.4000		B5	0.0783
	A4	0.3033		B6	0.0747
	A5	0.0201		B7	0.1248
产出	B1	0.602		B8	0.0521
	B2	0.4148		B9	0.0410

资料来源：笔者根据数据分析结果整理。

1. 黄河流域引才育才政策实施效果评价综合指数

结合上述指标的权重，利用综合加权法分别测算黄河流域九个省区（青海、四川、甘肃、宁夏、内蒙古、陕西、山西、河南、山东）2015～2020 年的引才育才政策实施效果评价综合指数（见表 10.6）。

表 10.6　　2015～2020 年黄河流域引才育才政策实施效果（投入）综合指数

省（区）	2015 年	2016 年	2017 年	2018 年	2019 年	2020 年
青海	− 1.13025	− 0.81147	− 0.74909	− 0.80914	− 0.41212	− 0.92589
四川	− 0.27483	− 0.39192	− 0.22549	0.052579	0.22102	− 0.3649
甘肃	− 0.54203	− 0.72102	− 0.68613	− 0.76613	− 0.76275	− 1.02896
宁夏	0.314922	− 0.38679	− 0.16860	− 0.28604	− 0.34870	− 0.26474
内蒙古	0.067014	0.154423	− 0.15072	− 0.23167	− 0.03362	− 0.22159

续表

省（区）	2015 年	2016 年	2017 年	2018 年	2019 年	2020 年
陕西	0.226674	− 0.05452	0.163224	0.23686	− 0.10218	0.25325
山西	− 0.37351	− 0.33581	0.013846	0.014452	− 0.15451	− 0.48389
河南	− 0.2939	− 0.30738	− 0.15821	− 0.00018	0.295874	− 0.25162
山东	0.770194	0.760261	0.890944	0.842557	0.830565	0.432771

资料来源：笔者根据数据分析结果整理。

表 10.6 中，2015～2020 年黄河流域各省区引才育才投入水平纵向年份趋势较稳定，但地区差异显著，山东与黄河流域其他省区引才育才政策投入的对比优势明显，引才育才政策投入综合评价得分较高，其次为陕西、内蒙古、河南、宁夏等，宁夏的引才育才政策投入高于青海、四川、甘肃、山西。

表 10.7 中，2010～2019 年黄河流域省区引才育才政策投入与产出综合指数等级略有不同，表明黄河流域各省区的引才育才政策投入与产出效率不同，有些省区引才育才政策投入对产出的贡献很低，而有些省区引才育才政策投入对产出的贡献相对提高，需要根据引才育才政策投入与产出效率提出不同的对策建议。

表 10.7　2015～2020 年黄河流域引才育才政策实施效果（产出）综合指数

省（区）	2015 年	2016 年	2017 年	2018 年	2019 年	2020 年
青海	0.718232	0.224959	0.210209	0.179842	− 0.32384	0.058729
四川	− 0.22421	− 0.14487	0.047677	− 0.03367	− 0.47614	− 0.39325
甘肃	− 0.09645	− 0.14813	− 0.17001	− 0.27699	− 0.13407	− 0.25825
宁夏	− 0.69587	0.926905	0.021927	− 0.24026	− 0.30885	− 0.26492
内蒙古	− 0.17395	− 0.15747	− 0.29874	− 0.33631	− 0.10788	− 0.43217
陕西	0.001877	− 0.04031	0.440633	− 0.0936	− 0.07373	− 0.48462
山西	− 0.67999	− 0.29768	0.481262	0.215937	− 0.38731	− 0.25301
河南	0.211964	0.259291	0.229579	0.151682	− 0.2685	− 0.38942
山东	− 0.03759	− 0.0514	− 0.254	− 0.33701	− 0.49533	− 0.24802

资料来源：笔者根据数据分析结果整理。

2. 黄河流域引才育才政策投入与产出实施效果评价的耦合协调度结果分析

本书将黄河流域引才育才政策投入综合指数与产出综合指数进行耦合协调度评价，如表10.8所示。

表10.8　　　　黄河流域省区引才育才政策投入与产出的耦合协调度

省（区）	2015 年	2016 年	2017 年	2018 年	2019 年	2020 年
青海	0.291	0.203	0.240	0.1240	0.387	0.417
四川	0.568	0.344	0.514	0.551	0.326	0.427
甘肃	0.550	0.241	0.254	0.198	0.221	0.202
宁夏	0.290	0.409	0.444	0.505	0.515	0.424
内蒙古	0.633	0.414	0.243	0.239	0.558	0.399
陕西	0.700	0.444	0.708	0.549	0.556	0.305
山西	0.287	0.230	0.686	0.630	0.398	0.502
河南	0.663	0.480	0.586	0.609	0.539	0.447
山东	0.750	0.526	0.435	0.306	0.301	0.643

资料来源：笔者根据数据分析结果整理。

在表10.8中，黄河流域的山东、河南、四川、陕西的引才育才政策投入与产出实施效果的耦合协调度较高，宁夏紧随其后，高于青海、甘肃、内蒙古。

10.4　高质量发展背景下宁夏引才育才政策面临的风险

面对新时代、新形势、新变化，对比宁夏引才育才政策制定和实施状况，宁夏在引才育才政策中面临着一些问题与挑战。

10.4.1　政策有趋同的风险

虽然宁夏近几年来的引才育才政策对经济高质量发展的影响相较于黄河流域西北其他省区来说排名靠前，主要原因在于宁夏目前非常重视人才工作。宁夏的经济体量较小，投入产出增幅快，对人才政策的执行比较充分。但是，从宁夏与黄河流域其他省（区）引才政策的对比来看，有政策趋同的风险。

首先，比较各省（区）出台的引才政策，吸引人才主要都是通过安家补贴、购房优惠或补贴、科研项目经费支持、医疗与社会保障、家属安置与子女入学、职称评审等政策，同质化程度会比较高，对于区位优势不明显、综合实力欠缺的西部欠发达地区来说，在避免盲目跟风和攀比的情况下，需要更加重视政策的执行性，在持续新政策出台的同时增强已经出台政策的作用力度。其次，宁夏各个地级市所采用的人才引进培育政策均以宁夏回族自治区人社厅发布的人才政策为准，各地市结合自身发展特点出台的人才政策相对比较少。

10.4.2　有挫伤存量人才积极性的风险

出台极具吸引力的人才政策，例如具有诱惑力的待遇、职称的绿色通道、子女优惠入学政策，会造成已有人才心理不平衡，因为现有人才在能力、学历、成就等各方面与新引进人才相当，甚至更高，新引进人才和现有人才实行双轨制，这些极具吸引力的政策就会容易挫伤现有人才的积极性，导致现有人才满意度降低，甚至引起流失。

10.4.3　有造成人才资源局部浪费的风险

首先，在优质的人才政策的吸引下，人才有可能被引进来，但是承诺的各种事项的兑现需要时间和资源的协调，这有可能会导致引进人才的作用无法完全发挥。其次，引进人才的"宜业"往往比人才政策本身更为重要，它决定了人才能否留住和用好，优质的人才政策吸引进来的人才在"宜业"、平台提供、未来发展中存在的问题，有可能造成人才资源的浪费和引进人才资金的浪费。

10.4.4　以产业为主的精准引才育才政策还需要进一步完善

在将产业与人才充分结合的实践中，山东以政策出台的形式建立了高层次人才发展促进会，将医药生物、先进制造、能源环保、金融、现代农业为主的优势产业高层次人才凝聚，结合科研院所负责人，共同促进山东产业与人才的发展。宁夏近乎来也在发展九大重点产业，对九大重点产业的人才引进与培养也非常重视，但这些重点产业的高层次人才在数量和质量上都还未得到满足，并且这些人才的凝聚效应也未发挥，缺乏以产业为主的高层次人才工作的专业机构。

10.5　高质量发展背景下宁夏引才育才政策优化的路径

对于宁夏来说，须贯穿新发展理念，以新眼界把准新方位，以新担当谋求新作为，突出人才的创新驱动，结合自身产业特色，努力走出一条具有宁夏特色的人才高质量发展路径。

10.5.1　分阶段、综合全面地推行引才育才政策

第一，坚持综合推进的引才育才策略。首先，在要素投入上，需要确保引进和培育的人才与当前宁夏的自然资源、资本等要素和其他劳动力要素之间的配合。要通盘考虑引才育才措施与当前宁夏其他要素的契合程度；其次，需要配套提升整合宁夏各项要素资源的能力，需要培养一批城市运营、管理的综合性人才，改革城市运营和管理的审批流程和规章制度。

第二，使用组合手段和差异化政策引才育才。结合目前自治区九大重点产业的发展需求，需要创造性地组合使用事业发展前景、情感、薪酬等各种不同手段，精准吸引和培养人才，形成支撑引才育才的差异化力量，避免单纯地比拼福利待遇、落户等政策。

第三，要制定相应的人才退出机制。在大力推行人才政策的同时，不仅有人才引进培养政策，同时还有相应的人才退出机制，不能只有进没有出。

第四，需要形成不同阶段的人才发展规划。需要在一个比较清晰的发展指导下形成分阶段的人才政策规划，结合人才退出机制，为未来人才引进与培育留出相应的岗位和人才发展规划。

10.5.2　构建以重点产业为主的引才育才政策体系，促进宁夏经济高质量发展

第一，建立以产业为主的高层次人才发展促进会。由各高等院校、研究院

所、医院等单位负责人担任促进会负责人，并形成以宁夏九大重点发展产业为主的专业委员会，将所有产业高层次人才资源进行凝聚，提升人才工作的质量。

第二，设立高层次人才服务专员。面向重点产业高层次人才推行"一对一"服务模式，构建覆盖全区、职责明确、上下贯通的高层次人才服务体系。

10.5.3　推行落实更加精准的引才育才政策

第一，重点打造更加便捷特色的宁夏高层次人才网。除了现有宁夏高层次人才网的内容外，推行涵盖政策、服务、人才招聘需求、创新创业等一站式服务的高层次人才网，内容既要全面又要简化，将所有优惠政策和培养政策更加方便快捷、清晰明了地展现在网站中，将各个地级市的人才政策也更加全面地梳理于网站中。

第二，宁夏可以适度放权各个地级市结合自身发展特色制定人才政策。宁夏的每个地级市可以结合自身实情确定更加详细的高层次人才绿色通道方案，使全区人才发展更加精准化、个性化。

10.5.4　人才政策要坚持增量与存量公平对待的策略

确保各类人才受到公平对待，动态调整并不断改善各类人才的工作和生活条件，政策制定的导向是需要让各类人才看到，较高的待遇和较好的政策必将成为各类人才今后的共享机制，双轨制会逐渐取消，整个地区的待遇终将得到普遍提高，形成人才享受机制提升与宁夏发展相互促进的格局。

10.5.5　加快提升合作平台经济的发展，实施区域人才协同发展战略

为此，一要推动跨行业跨地域商品市场互联互通、资源共享，推进区域市场一体化建设，引导集群联动，更好落实国家区域协调发展战略；二要面向黄河流域构建多维度联动策略，科学定位，主动融合，实现"省区、产业、城市"联动，实施"机制"及"人才、技术、投融资"等服务平台对接策略，优化整合区域空间结构，以促进产城融合；三要找出共振点，加强合作平台建设，整合政务资源，引导创新资源自由。

第11章　基于人才集聚效应的区域协同创新发展的政策建议

——以宁夏五市一基地为例

"十四五"时期是我国实施新时代人才强国战略、加快建设世界重要人才中心和创新高地的重要时期，也是宁夏加快建设西部地区具有吸引力、竞争力、影响力的人才高地的重要时期。做好新时代人才工作，落实新时代人才强区战略，必须要以习近平新时代中国特色社会主义思想为根本遵循，全面贯彻习近平总书记关于做好新时代人才工作的重要思想，深入贯彻习近平总书记视察宁夏重要讲话和重要指示批示精神，坚持党对人才工作的全面领导，优化人才发展生态环境，着力发挥银川首府城市的示范效应，打造银川人才创新创业示范城，支持其他四市和宁东基地因地制宜打造区域特色人才聚集地，强化地区间协同、共享、互利的人才合作理念，形成全区人才发展"雁阵"格局。

11.1　全力构建人才强区"雁阵"新格局

银川打造人才创新创业示范城，发挥首府城市"头雁领飞"效应，石嘴山市、吴忠市、固原市、中卫市、宁东基地围绕特色产业建设吸引和集聚人才的平台，形成以银川市为中心、其他四市和宁东基地为支点的人才发展"雁阵"格局。

11.1.1　搭建产学研合作平台

第一，搭建校地企合作交流平台，组织引导五市一基地范围内的企业与区内外高校及科研院所签订《校地企战略框架合作协议》，重点对接区内高校，

230

支持企业进行人才双向培养，引导企业主动对接专业对口院校，开展工程类在校硕博研究生入企实训培养、在职工程师入校进修提升，加快构建政府引导、企业牵头、高校及科研院所支持、各方面协同配合的产学研合作机制，服务企业和各市重点产业发展。

第二，深入推进"雁阵"格局人才一体化发展，签订《"雁阵"格局人才一体化发展协议》，实现人才项目互通、人才互认，鼓励银川市人力资源服务、职业技能培训鉴定等机构在四市一基地设立分支机构，共同推动人才平台资源共享和重大工程项目落地。

11.1.2　搭建招才引智平台

1. 开展高精尖缺人才引领工程

依托自治区三大战略平台，成立人才、科技、产业政策宣讲团，进园区、进企业、进校园开展"组团式"政策宣讲，组织开展高端峰会等系列人才活动。

2. 协同开展共引共育共用机制，保障区域人才高质量协同

首先，通过资源共享、平台共建、合作共赢，促进各类人才的合理流动和高效聚集。其次，建立人才协同发展统筹协调和工作会商机制，在人才政策协调、资源共享、市场共管、信息互通、资格互认、服务互补等方面逐步建立起一体化的工作机制。主要包括：第一，共引机制，共同举办新时代西部大开发人才发展峰会、宁夏区域人才发展紧缺优秀人才云上洽谈会，组团开展赴外招才引智等活动，建立人才大数据平台建设，准确预测人才资源的需求情况，通过五市一基地的协同，建设人才大数据平台，打破区域间人才信息障碍，为企事业单位提供高效的引才渠道；第二，共育机制，推动跨区域合作办学，促进区域内高等教育的深度融合；第三，共用机制，将人才与项目结合，加快推动项目的创新成果转化，积极探索项目建设与人才使用有机结合的新机制，加强人社与发改委、科技、自然资源等多部门的合作，了解和掌握区域发展重大项目所需的人才类型和数量，实现以项目吸引和培养人才，以人才科技成果的转化促进项目实施。同时，五市一基地政府建立健全项目与人才的协调机制，加

快科技成果的转化，以项目的转移建设带动人才的转移和互动。

3. 开展人才梯次培育工程

第一，开展科技领军人才和创新团队培育工程，支持企事业单位培养引进创新团队，对企业引进或培养出的拥有核心技术和自主知识产权、带头攻克关键领域瓶颈、解决"卡脖子"问题的创新团队，以团队创新成果为导向，科学制定评价标准，实行考核评估、动态管理。

第二，实施学术技术带头人储备工程，重点选拔一批专业基础扎实、具有培养潜力的青年人才，分行业、分领域为其匹配高精尖缺人才、科技领军人才等高水平导师，赋予培养任务，进行精准带培，在3年培养周期内给予5万元左右培养经费支持。力争实现每个重点产业、重点行业拥有一批数量充足、素质优良的青年人才队伍。

第三，实施其他人才工程，包括卓越工程师，支持企业建设工程师协同创新中心，围绕各自重点产业，打造工程师集聚平台，解决特色优势产业关键共性技术研发应用难题；技能工匠，争创国家级、自治区级高技能人才培训基地和技能大师工作室，大力建设各市优秀技能人才培养基地，支持企业开展订单培养，由企业、院校、行业部门签订三方协议，开展急需紧缺工种技能人才"短平快"式培养。支持企业培养首席技师，围绕首席技师组建技能人才团队，进行"师带徒"培养。对创新创业人才，科技含量高、创新能力强、掌握专利（核心）技术的优秀人才创新创业项目给予补助，引进高端创新创业项目落地各市，鼓励各市建立科技创新引导基金，为科技型企业提供金融支持，设立五市一基地青年创业资助金，提供无息免担保贷款，为优秀创业人才提供住房保障支持。青年人才，高校引才行动，持续举办"全国大中城市联合招聘高校毕业生"品牌活动。柔性引才，支持龙头企业在发达地区、国（境）外设立开放实验室、技术转移中心等"飞地"研发中心。

4. 开展特色人才队伍建设工程

第一，乡村振兴人才建设工程，专家人才"组团式"服务，组建五市一基地重点产业"专家服务团"，争取自治区和省外人才、企业、智库资源开展技术服务、招引投资项目；组建移民安置村（社区）"人才服务团"，对五市一基地移民安置村（社区）进行精准帮扶；完善科技特派员制度，实现每村一名科技特派员。实施"导师帮带"乡村振兴人才凝聚计划，每年每市建设助力乡村振兴、促进基层治理示范项目，依托区内外高校和科研院所组建各市重点产业专家人才基地，开展人才培养、技术协同、产业指导，给予一定资金支持。引导人才向基层一线流动，推动事业编制在县域内统筹使用，实行教育、卫生、农业、文化等领域县乡专业技术人才职称定向评价、定向使用，下大力气缓解基层人才短缺问题。市级人才培养项目（工程）按照不低于20%的名额比例定向选拔县乡骨干人才精准培养储备。开展高素质农民职称评审，培育"两个带头人"乡村优秀人才。

第二，实施新时代强师工程，五市一基地各建设中小学（幼儿园）特色学科建设基地校，建立市级名师（校长）工作室。

第三，加强医疗卫生人才队伍建设，既发挥好全科医生居民健康"守门人"的作用，也要配备一定数量的优秀专科医生，同时加大普通医护工作者的培训力度，提高基层医疗机构服务质量。加强对外医学交流合作，积极引入国家级和自治区级高水平医疗健康人才团队，在口腔、儿科、产科、中医药、公共卫生等领域培养自治区一流专家和学科带头人。

第四，建设专业化社工人才队伍，加大政府社会工作服务力度，加快培育发展民办社会工作服务机构，实现乡镇（街道）、村（社区）、学校社会工作站全覆盖，带动五市一基地各种持证专业社会工作人才和社区社会工作组织。

第五，强化跨境电商人才培养，组织开展跨境电商培训。支持高校开展国际经济与贸易相关专业，提升人才培养和供给能力。深化校企合作，引导高校与龙头企业共建实习实训基地和协同研发中心，构建产学研一体化人才培养体系，培养符合外贸新业态新模式发展需要的管理人才和高素质技术技能人才。

5. 实施全方位人才服务体系工程

协同优化区域服务保障，解决人才后顾之忧。首先，签署合作协议，共同梳理提出办好人社信息化"五市通"、养老保险待遇资格"就地认"、流动人才档案办理"零跑路"等。

其次，推动人才互认，成立宁夏建设人才发展集团和人力资源服务产业园。

成立企业与人才法律服务中心，为企业和人才开展普法教育、按需送法，满足企业和人才的法律需求，激发市场活力，维护人才权益。

再次，推动服务共享。宁夏五市一基地签署《宁夏人才公共服务协议》，实现服务内容对等互认，设立公积金一体化绿色通道，优先办理人才跨区域公积金业务。

最后，搭建区域化的人才服务平台。吸引一批国内知名人力资源服务机构入驻，以提高服务的质量和效率，完善"保姆式"人才服务机制，构建优质的人才栖息地。

各县（市）区、园区组织、人社部门至少各明确 1 名专职人才工作者，专职建立重点产业、重要行业人才盘点制度，每年至少盘点一次人才队伍总量、结构及流动情况，以精准的人才底数推动精准的人才服务继续落实人才专项述职制度，将考核结果作为领导班子评优、干部评价的重要依据，以责任落实推动工作落实。

11.1.3　搭建成果转化平台

支持区外技术转移机构在五市一基地设立分支结构，鼓励通过购买服务方式引导科技成果转移转化中介机构开展市场化服务。提升企业科技创新能力，对技术研发实现产业转化的项目，按研发投入金额的 30% 或技术转让金额的 10% 给予最高 50 万元补助。

11.1.4　开展人才管理授权规范试点

在银川、中卫、宁东能源化工基地开展"政府出钱、企业育才"试点，探索对科技型企业引才育才支持新机制。选择一批人才相对集中、改革实践基础好、承担国家重大科技项目较多的高校、科研院所、科技领军企业、新型研发机构及产业园区，开展人才管理授权规范试点，提出人才引进、培养、使用，经费管理、绩效工资、编制、职称评审和岗位聘用等方面的授权清单或负面清单。

11.2　重点打造银川人才创新创业示范城

创新体制机制改革，依托自治区三大战略平台，在重点区域实施特色人才项目，建设银川人才创新创业示范城，形成可推广、可复制、具有特色的人才工作政策制度，"一核多园"的人才"双创"大平台建设稳步推进。推进创新型试点城市、"科创中国"创新枢纽城市。发挥人才创新创业优势，突出建设人才创新创业高地的特色定位，按照突出重点、示范区建设先行的思路，规划建设标志性的人才高地核心区，打造新的人才发展增长极。主要通过人才、科技、产业等各类项目支持银川打造人才创新创业示范城，着力推动银川市在人才吸引力、人才创新力等方面走在西部城市前列。

11.3　深化产才融合机制

搭建校地企合作交流平台，指导银川市对接区内高校，支持企业进行人才双向培养，通过工程类在校硕博研究生入企实训、在职工程师入校进修等方式，加快构建政府引导、企业牵头、高校及科研院所支持、各方面协同配合的产学研合作机制。

11.4　构建"一核多园"人才"双创"大平台

根据产业布局，促进园区差异化、特色化发展，支持园区创建国家和自治区级"双创"示范基地。推进创新型试点城市、"科创中国"创新枢纽城市建设，强化各类园区的人才承载功能，银川经济技术开发区打造"三新"产业人才集聚平台，高新技术产业开发区打造现代纺织人才集聚平台，苏银产业园打造医疗健康人才集聚平台，阅海湾中央商务区（丝路经济园）打造数据经济人才集聚平台，中关村创新创业科技园打造电子信息人才集聚平台。

11.5 引导人才合理流动

坚持共有但有区别原则，建立健全长效普惠性的人才发展政策和精准有效的差别化人才支持政策，推动人才与区域功能定位、产业布局协调发展。加强对人才流动的政策引导和监督，防止人才无序流动和恶性竞争。

第一，推进宁夏区域五市一基地人才协同发展。建立人才协同发展统筹协调和工作会商机制，在人才政策协调、资源共享、市场共管、信息互通、资格互认、服务互补等方面逐步建立起一体化的工作机制。构建统一、开放、共享的人才市场，打破行政区划界限，深化户籍管理制度改革，完善社保转移接续政策，建立社会化的人才档案公共管理服务系统，研究制定科研资金在区域内跨市使用政策。

第二，推进宁夏区域人才融合发展。推进高校、科研机构按规定范围为企事业单位提供专业服务。

第三，激励引导人才向艰苦边远地区和基层一线流动。完善编制管理、职称评审、人才招录和柔性流动政策，畅通人才向艰苦边远地区和基层一线流动渠道。推广基层事业单位编制总量内建立"人才编制池"做法，统筹引进急需紧缺人才并向基层一线倾斜。推广中小学教师、卫生等重点领域专业技术人才晋升高级职称须有1年以上农村基层服务经历的做法。支持专业技术人才通过项目合作、短期工作、专家服务、兼职等多种形式到基层开展服务互动，在基层时间累计超过半年的视为基层服务经历，作为职称评审、岗位聘用、评先评优的重要参考。完善艰苦边远地区津贴、乡镇工作补贴制度。

第四，大力推进乡村人才振兴。实施乡村振兴人才支持计划，组织引导科技、教育、文化、农业、社会工作等方面人才到县乡基层一线服务。实施"神农英才"计划，培养支持农业科技领军人才、青年人才。对国家乡村振兴重点帮扶县开展教育人才、医疗人才和科技特派员"组团式"帮扶工作，帮助每个县建好1所普通高中和1所职业高中、1所医院，向每个县选派1名科技服务特派员。对乡村发展急需紧缺人才，采取特殊支持措施。

第五，规范人才流动秩序。落实各市人才计划和引才政策备案审核制，防止各市、用人单位比拼财力"哄抢"人才，不得抢挖合同期内的高层次人才。加强对人才流动中知识产权、商业秘密的保护，减少人才流动的功利性，对于重点领域、重点项目和人才专项支持的人才，严格落实服务期、竞业限制、保密脱密等规定，防范和妥善应对各类风险。

第 12 章　总结与展望

基于本体的科技人力资源精准配置案例推理系统研究是一个全新的研究领域，在前面章节中分别从文献综述、领域本体构建研究、案例知识表示、案例库构建、案例相似度计算与检索、隐性知识测算、人才社区开发、案例推理系统实现等角度分析了基于本体的科技人力资源精准配置案例推理及其系统实现。第 8 章至第 11 章以宁夏为例，分别从科技人力资源的需求预测、创新能力对经济高质量发展的影响、引育政策效果评价和基于人才集聚效应的区域协调创新几个方面，探讨宁夏科技人力资源及其创新能力。本章将总结本书的主要研究工作和结论，给出研究的创新点，并提出本书研究的不足之处，以及对未来研究的建议与展望。

12.1　总结

本书立足于科技人力资源精准配置现实问题，围绕为科技人力资源精准配置智能决策提供知识服务为目标，在总结与论述已有理论研究的成果与不足的基础上，将本体与案例推理有机地结合起来，通过 Python 网络爬虫的数据获取方法获得了海量的相关数据信息，在对数据进行分析后，重点研究了科技人力资源精准配置中岗位胜任能力特征本体的构建、基于本体的科技人力资源精准配置案例表示、基于本体的科技人力资源精准配置案例检索、基于案例推理的岗位候选人隐性知识测算与人才社区开发知识共享等问题，最终设计与实现了基于本体的科技人力资源精准配置智能化案例推理系统，使科技人力资源与其岗位实现精准化、智能化、持续化、动态化的匹配，帮助企业员工与岗位时刻保持最佳的配置状态。同时，以宁夏为例，预测宁夏科技人力资源的需求，探索宁夏科技人力资源的创新能力对经济高质量发展的影响、评价宁夏科技人力资源引育政策的效果，基于人才集聚效应探讨宁夏科技人力资源如何实现区域协调创新，全面分析宁夏科技人力资源精准配置及其创新能力。本书的主要工作概况与结论总结有以下五个方面。

第一，科技人力资源的岗位需求胜任特征本体的构建是科技人力资源精准配置案例推理研究的重要问题。针对科技人力资源精准配置领域知识的多源、异构、不确定性、语义不一致等问题，以及领域概念来源量大、隐性知识多、具有动态性、专业性和持续性等特点，本书以互联网 IT 类职位为例，利用 Python 网络爬虫及解霸（Jieba）分词技术收集了 279752 条企业招聘信息，通过海量的数据分析，确定了企业雇主需要的岗位需求胜任能力特征知识体系，通过识别领域关键概念、属性、关系、实例，以及领域知识体系的构建等，初步建立了岗位需求胜任能力特征知识本体模型，实现了雇主需要的岗位需求胜任能力特征知识的结构化表述，形成了一个统一的标准来对岗位需求胜任能力特征进行描述和总结，解决了岗位需求胜任能力特征知识的存储、组织和重用问题，为后续进一步实现基于本体的科技人力资源精准配置案例表示、案例检索和案例推理等知识共享提供了语义基础。

第二，基于构建的领域本体，将科技人力资源精准配置案例进行知识的规范化表示是科技人力资源精准配置案例推理研究的基础问题。案例表示是融合基于语义的本体技术和案例推理机制的关键步骤，首先，明确了科技人力资源精准配置案例是由问题描述、情境描述、解决方案三方面要素构成的；其次，根据搭建好的岗位胜任能力特征本体库，定义了科技人力资源精准配置案例本体知识模型；最后，建立了基于本体的科技人力资源精准配置案例知识建模体系——案例库，从而对科技人力资源精准配置案例实现了结构化的规范表示。统一的结构化科技人力资源精准配置案例表示方法为案例相似度计算和精准匹配，以及案例库的有效应用与维护提供了基础，有利于后续科技人力资源精准配置案例推理系统的持续更新和知识服务。

第三，根据案例知识的表示进行的科技人力资源精准配置案例相似度计算与检索，是科技人力资源精准配置案例推理研究的核心问题。其核心工作就是通过案例相似度计算，比较新的问题岗位形成的目标案例与构建的案例库中的源案例的相似性，从案例库中匹配出与目标案例最相似的一个或多个源案例，并获得相似性最高的源案例集的解决方案。首先，基于本体的案例知识表示，根据目标岗位特定问题与情境属性，对科技人力资源精准配置目标案例与源案例进行基于概念名称的语义相似度计算，初步形成符合目标案例基本条件的可用源案例集；其次，进行基于属性的科技人力资源精准配置案例相似度计算，对初步形成的可用源案例集进行筛选，进一步形成可用的相似源案例集；再次，根据案例相似度阈值，在可用的相似源案例集中形成最终的相似案例集；最后，根据检索到的相似案例集的岗位胜任能力要求，绘制特定问题与情境下的岗位最佳匹配者用户画像作为目标案例的解决方案，并将此作为企业评价候选人的标准，即为每一个特定工作情境的岗位生成一套岗位胜任能力参考标准。这部分研究内容是科技人力资源精准配置案例推理中最重要的一部分，决定了候选人隐性知识测算与案例推理系统实现的精准性和智能性。

第四，基于案例推理结果对岗位候选人的隐性知识进行测算与评价，并开发了人才社区知识共享平台，是科技人力资源精准配置案例推理的扩展问题。以基于本体的科技人力资源精准配置案例推理检索结果绘制的岗位最佳胜任者用户画像为评价标准，对候选人的岗位胜任能力知识尤其是隐性知识进行测算与评价，首先，可以通过社交网络对候选人的性格偏好反映出的岗位胜任能力隐性知识进行测算；其次，可以通过工作日志对候选人的工作业务流程行为反映出的岗位胜任能力隐性知识进行测算；最后，可以通过贝叶斯网络，对完成特定任务反映出的岗位胜任能力隐性知识进行测算。除此之外，开发的人才社区知识共享平台使需要一个长期的过程才能实现判断员工是否具备快速适应该岗位的能力这一问题得以有效解决，通过人才社区知识共享平台，促使科技人力资源通过终身学习的方式来更好地帮助其持续保持能够被劳动力市场雇佣的能力。

第五，集成上述四个方面的研究成果，设计与实现了基于本体的科技人力资源精准配置智能化案例推理系统。着重探讨构建了基于本体的科技人力资源精准配置案例推理系统模型，并进一步实现智能化科技人力资源精准配置案例推理的原型系统和案例推理系统的人机交互，为科技人力资源精准配置知识预测、特征识别、匹配方案的制定以及匹配后效果评估提供决策支持服务。首先，构建了基于本体的科技人力资源精准配置案例推理系统框架，给出了案例推理系统推理的工作机制；其次，设计并实现了智能化科技人力资源精准配置案例推理的原型系统机器运行界面；最后，在系统中对具体的岗位进行了案例实验应用。

第六，以宁夏为例，研究宁夏科技人力资源的需求预测与对策。通过分析当前宁夏科技创新人才队伍的现状，对人才队伍 2023～2030 年的未来需求数量进行预测，并且结合需求趋势和发展瓶颈提出针对性对策建议，促使宁夏能有针对性地引进和培养科技创新人才，确保科技创新人才供需平衡，提升队伍建设水平和质量。并以此探讨宁夏科技创新能力对经济高质量发展的影响路径。了解科技创新能力与经济高质量发展的研究现状，分析国内部分区域经济高质量发展的路径和政策；构建科技创新能力与经济高质量发展测量指标体系；根据指标体系，描述宁夏科技创新能力与经济运行现状；探讨宁夏科技创新驱动经济高质量发展的主要问题；提出科技创新驱动宁夏经济高质量发展的路径。

第七，宁夏科技人力资源引才育才政策评价与优化。开展宁夏高质量发展路径研究，探讨新时代下的宁夏引才育才政策制定和实施效果以及对经济高质量发展的影响、新路径、新模式，对发挥宁夏在新时代高质量发展的支撑和引领作用具有重要的理论和实践意义。并基于人才集聚效应的区域协同创新提出发展的政策建议——以宁夏五市一基地为例，做好新时代人才工作，落实新时代人才强区战略，坚持党对人才工作的全面领导，优化人才发展生态环境，着力发挥银川首府城市的示范效应，打造银川人才创新创业示范城，支持其他四市和宁东基地因地制宜打造区域特色人才聚集地，强化地区间协同、共享、互利的人才合作理念，形成全区人才发展"雁阵"格局。

12.2　研究不足与展望

12.2.1　研究不足

除了上述研究总结与结论外，本书认为，基于本体的科技人力资源精准配置案例推理系统的研究仍然还有一些不足之处。

1. 关于数据来源和数据量的问题

本书利用 Python 网络爬虫工具于 2019 年 10 月 19 日获取了智联招聘和 51Job 网站的 279752 条互联网 IT 类职位招聘广告数据信息，构建了雇主需要的岗位胜任能力特征本体，但是，构建领域本体的数据信息数量还不够多，数据来源渠道还不够广，获取数据的时间区间也比较短，此方面研究不足在今后条件允许的情况下会进一步改善。

2. 关于研究对象及构建的领域本体范围的问题

案例推理系统检索的准确性很大程度上取决于领域本体的范围，但目前，本书的研究对象范围主要局限于某一类科技人力资源——互联网 IT 类职位，研究对象的范围导致构建的岗位胜任能力特征领域本体的范围也仅限于互联网 IT 类职位胜任能力特征领域本体，这将有可能限制案例推理系统检索的范围，但是，今后可以按照此领域本体构建的方法研究扩展其他科技人力资源精准配置案例推理。

3. 关于科技人力资源精准配置案例库中案例解决方案构建的问题

由于爬取的招聘广告数据中，无法采集到每个具体的岗位最终的被雇佣者数据信息，也就无法获取企业所需岗位的解决方案，因此，本书利用绘制虚拟用户画像的方式来代替目标案例的解决方案，虽然用户画像在一定程度上可以反映岗位的最佳匹配者应该具备的胜任能力全貌，但是，如果能获取岗位最终的实际被雇佣者数据信息及其被匹配后的工作效果作为参考，可能研究效果会更好。

4. 对岗位候选人隐性知识测算与评价的主观性问题

本书通过社交网络、工作日志等途径，以及贝叶斯网络的方法，对候选人的相关岗位胜任能力知识特别是性格偏好、工作业务流程行为、完成特定任务等反映出的隐性知识进行的测算，在一定程度上还是带有一些主观性，因此，本书只将这些测算结果作为评价候选人隐性知识的部分参考。

5. 关于本书的匹配结果是否能够替代其他常规筛选方法的问题

可以使用基于本体的科技人力资源精准配置案例推理系统来智能匹配出潜

在的优秀候选者，但是，在结束遴选过程之前，特别是对高级职位的科技人力资源，仍应通过面谈或其他常规筛选方法进行最终评估，并不能实现所有科技人力资源精准配置程序的自动化。

12.2.2　研究展望

针对上述存在的一些研究不足的分析，未来还有很多值得进一步深入研究的地方。

1. 扩大领域本体的构建范围

本书今后的研究范围目标是将构建的互联网 IT 类职位岗位胜任能力特征领域本体模型扩展至其他类型职位的科技人力资源中，实现所有技术类、管理类、专业类科技人力资源精准配置案例推理。

2. 加大数据信息量，扩展数据获取渠道，以提高科技人力资源精准配置案例推理的精度

在今后构建岗位胜任能力特征领域本体模型以及科技人力资源精准配置案例库的研究中，不仅可以通过网络爬虫获取招聘广告信息，在条件允许的情况下获取企业内部科技人力资源精准配置的真实案例，来提高数据的数量和质量，以期进行更加精准的科技人力资源精准配置案例推理及获取有效的解决方案。

3. 扩展隐性知识挖掘的渠道，进一步提高候选人评价的精准度

对于科技人力资源岗位胜任能力隐性知识的评价及知识共享可能是今后人力资源管理领域中关于胜任能力方面进一步研究的重点，如何通过社交网络、技术论坛等网络渠道更好地掌握员工的性格、兴趣、行为偏好，以减少对候选人岗位胜任能力隐性知识评价的主观性，也是本书未来的研究内容之一。

4. 不断完善和更新科技人力资源精准配置案例推理系统与人才社区平台

本书设计与实现的科技人力资源精准配置案例推理系统与人才社区平台都属于初步开发阶段，还有很多功能没有实现，需要不断完善和更新数据信息、领域本体以及案例库，在后期科技人力资源精准配置的面试过程中，可以先利用本推理系统进行招聘或科技人力资源精准配置面试的初步筛选，也可以从系统隐性知识测算中预测出候选人离职的可能性，从人才社区平台中判断候选人未来可能的职业生涯规划，以期更好地帮助科技人力资源与岗位时刻保持最佳的配置状态。

附　录

人才社区调查问卷

您好，请您阅读下列文字后填写一个简短的问卷，感谢您的参与！

我们开发了一个人才社区平台，该平台具备以下功能：

（1）通过账号注册登录后，可以自动导入您在其他招聘网站上的简历信息（信息保密），系统会根据您的职业和兴趣自动为您推荐一个人才社区。

（2）在社区中，都是与您拥有相同职业、学历、兴趣的人，您可以关注社区提供的主题，参与互动，也可以发布与职业相关的帖子，获得的积分越多，您就越容易被推荐给招聘人员。

（3）企业通过召集员工写下他们的工作内容，其中重点突出刺激有趣的工作，有丰厚的回报、有社会意义的工作机会，居住在××地区的高品质生活，相对较低的生活成本以及整个城市的许多文化景点和专业运动队等，逐渐建立起一个不断增长的人才网络，通过社交媒体扩大其影响力。关于企业的新事实和新见解得以在更广泛的人才圈中分享，从而产生了积极的连锁效应以及创造出更强大的人才网络。

（4）招聘人员或专家将综合考虑您在社交网站的参与、技术论坛的贡献、研究的贡献、您的社会活动和好友列表等，通过对社交网站的参与，可以发现您的社会行为和个人特征，通过论坛数据和研究贡献可以判断您的技术参与程度。

（5）当您觉得系统自动推荐的人才社区不适合您的整个发展计划时，您可以添加自己的技能和兴趣，或者更换人才社区，还可以主动发起一个符合自己兴趣但在现有平台中没有的人才社区，使具有相同兴趣的用户可以被推荐加入该人才社区中。

感谢您的阅读，请回答：

1. 一个人不仅可以从正规全日制教育中获得知识，也可以从个性化和自我参与的学习过程中获得更多的知识，您认同吗？

A. 认同　　　　B. 不认同

2. 目前，您所获得的最有价值的信息是否是由电子在线资源（网络资源）提供的？

A. 是　　　　B. 否

3. 您认为现在的根据"简历筛选—笔试—面试"的招聘方式招聘的员工是否准确（靠谱）？

A. 高度准确　　B. 足够准确　　C. 一般　　D. 比较片面　　E. 非常不准确

4. 您是否认为发展一个人才社区平台是一项增加当地就业机会的相关措施？

A. 是　　　　B. 否

5. 对开发人才社区这种理念您是否感到满意？

A. 满意　　　　B. 不满意

6. 您认为该平台与提高就业能力的相关性如何？

A. 高度相关　　B. 足够的相关　　C. 有一定相关　　D. 无关紧要

E. 不相关

7. 您认为这是一个接近社会现实的项目吗？

A. 是　　　　B. 否

8. 您认为这是一个可行（行得通）的项目吗？

A. 是　　　　B. 否

9. 如果需要的话，是否需要更多的信息来完善这个平台？

A. 是　　　　B. 否

10. 您是否有兴趣使用这个平台？

A. 是　　　　B. 否

11. 您是否愿意推广这个平台？

A. 愿意　　　　B. 不愿意

12. 您是否有兴趣参与该平台的开发？

A. 是　　　　B. 否

13. 您认为这个平台应该是免费的吗？

A. 是　　　　B. 否

14. 如果您是招聘人员，您未来有准备放弃传统面试"简历筛选—笔试—面试"这项招聘程序的打算吗？

A. 愿意　　　　B. 不愿意

15. 您是否愿意得到应聘者不断更新自己知识的动态监督过程？

A. 是　　　　B. 否

16. 您愿意通过这样的人才社区平台来进行终身学习吗？

A. 愿意　　　　B. 不愿意

参考文献

［1］安树伟，李瑞鹏．黄河流域高质量发展的内涵与推进方略［J］．改革，2020（1）：76－86．

［2］蔡玫，曹杰，于小兵．基于应急实例本体模型的应急案例推理方法［J］．情报杂志，2016，35（6）：183－188．

［3］蔡跃洲．科技成果转化的内涵边界与统计测度［J］．科学学研究，2015（1）：37－44．

［4］陈庆修．科技创新助推中国经济高质量发展［N］．经济参考报，2019－02－20．

［5］陈瑶．基于案例推理的房地产投资风险评价研究［D］．武汉：武汉理工大学，2009．

［6］陈友玲，张岳园，凌磊，等．基于贝叶斯网络的个体隐性知识测度方法研究［J］．计算机应用研究，2019，36（6）：1673－1678．

［7］迟铭，毕新华，李金秋，等．关系质量视角下移动虚拟社区治理对组织公民行为影响研究——以知识型移动虚拟社区为例［J］．管理评论，2020，32（1）：176－186．

［8］崔宏轶，潘梦启，吴帅．我国经济特区科技人才政策变迁及对策建议——以深圳为例［J］．江淮论坛，2020（5）：30－36．

［9］崔晓兰，蔡淑琴，冯进展．基于本体的通信服务网络抱怨案例相似度计算［J］．系统工程理论与实践，2017，37（6）：1638－1647．

［10］冯为民，曹跃进，任宏．基于案例模糊推理的土木工程造价估算方法研究［J］．土木工程学报，2003，36（3）：51－56．

［11］辜丽川．基于 CBR－Ontology 的农作物病虫害防控智能决策支持系统研究［D］．合肥：合肥工业大学，2015．

［12］顾基发，赵明辉，张玲玲．换个角度看人工智能：机遇和挑战［J］．中国软科学，2020（2）：1－10．

［13］管宝云，赵全超．高新技术科技人力资源成长需求与激励机制设计研究［J］．科学学与科学技术管理，2006（4）：122－126．

［14］郭琴．基于文本量化的成都市创新创业人才政策研究［J］．科技创业月刊，2020，33（7）：136－142．

［15］国家发展改革委经济研究所课题组．推动经济高质量发展研究［J］．宏观经济研究，2019（2）：5－17．

［16］何江，闫淑敏，谭智丹，等．"人才争夺战"政策文本计量与效能评价——一个企业使用政策的视角［J］．科学学与科学技术管理，2020，41（12）：52－70．

［17］胡学东，侯燕．聚类分析方法在基于案例推理系统中的应用［J］．微机发展，2004，14（12）：32－35．

［18］胡兆芹．本体与知识组织［M］．北京：中国文史出版社，2014．

［19］华坚，胡金昕．中国区域科技创新与经济高质量发展耦合关系评价［J］．科技进步与对策，2019（8）：19－27．

［20］黄维德，柯迪．知识员工胜任素质与人力资本贬值关系研究［J］．管理评论，2020，32（3）：190－202．

［21］金碚．关于"高质量发展"的经济学研究［J］．中国工业经济，2018（4）：5－18．

［22］孔钦，叶长青．基于案例推理的故障诊断算法［J］．计算机系统应用，2016，25（1）：181－186．

［23］库帕．交互设计之路［M］．北京：电子工业出版社，2006：115－135．

［24］李凤，欧阳杰．数字化颠覆传统人力资源管理［J］．企业管理，2019（8）：103－105

［25］李林，王红，付宇，等．民航突发事件应急案例语义检索方法研究［J］．计算机工程与设计，2011，32（3）：1130－1133．

［26］李永海．基于相似案例分析的决策方法与应用研究［D］．沈阳：东北

大学，2014.

[27] 李永进．基于知识的国有企业高管招聘理论与方法研究［D］．武汉：武汉理工大学，2009.

[28] 李志义，李德惠，赵鹏武．电子商务领域本体概念及概念间关系的自动抽取研究［J］．情报科学，2018（7）：85－90.

[29] 廖建桥，文鹏．知识员工定义、特征及分类研究述评［J］．管理学报，2009（8）：277－283.

[30] 刘善仕，孙博，葛淳棉，等．人力资本社会网络与企业创新——基于在线简历数据的实证研究［J］．管理世界，2017（7）：88－98.

[31] 刘善仕，孙博，葛淳棉，等．组织人力资源大数据研究框架与文献述评［J］．管理学报，2018，15（7）：1098－1106.

[32] 刘颖．构建多元化创新科技人才评价体系［J］．中国行政管理，2019（5）：90－95.

[33] 马晓丹，邓晓楠，彭文娟，等．基于领域本体的知识库构架和实现［J］．河北联合大学学报，2012（10）：42－47.

[34] 孟华，刘娣，苏娇妮．我国省级政府高层次人才引进政策的吸引力评价［J］，中国人力资源开发，2017（1）：116－123.

[35] 孟巍，吴雪霞，李静，等．基于大数据技术的电力用户画像［J］．电信科学，2017，33（1）：15－20.

[36] 孟妍妮，方宗德．一种基于ART－2神经网络的案例检索方法［J］．情报学报，2006，25（4）：428－432.

[37] 明刚，王智学，何红悦．军事通信领域上下文本体建模及不确定性推理［J］．指挥控制与仿真，2014，36（4）：7－19.

[38] 乔秀全，李晓峰，廖建新，等．基于贝叶斯网络的业务上下文认知模型构建方法［J］．电子与信息学报，2008，30（2）：464－467.

[39] 任保平，郭晗，魏婕，等．中国经济增长质量发展报告（2019）［M］．北京：中国经济出版社，2019.

[40] 任保平，何苗．我国新经济高质量发展的困境及其路径选择［J］．西

北大学学报，2020，1（50）：40 - 48.

［41］邵云飞，谭劲松．区域技术创新能力形成机理探析［J］．管理科学学报，2006，9（4）：1 - 10.

［42］王春丽．发展学习者协作能力的设计研究［D］．上海：华东师范大学，2019.

［43］王军．基于本体的房地产营销案例推理研究［D］．武汉：武汉理工大学，2008.

［44］王宁，黄红雨，仲秋雁，等．基于知识元的应急案例检索方法［J］．系统工程，2014，32（1）：124 - 132.

［45］王平．基于社会网络分析的组织隐性知识共享研究［J］．情报资料工作，2006（2）：102 - 107.

［46］王天力．隐性知识获取、吸收能力与新创企业创新绩效关系研究［D］．大连：大连理工大学，2013：99 - 109.

［47］王通讯．大数据人力资源管理［M］．北京：中国人事出版社，2016.

［48］王伟．我国经济高质量发展评价体系构建与测度研究［J］．宁夏社会科学，2020（6）：82 - 92.

［49］王永昌．论经济高质量发展的基本内涵及趋向［J］．政策瞭望，2018（6）：20 - 23.

［50］王芝清，艾亚，王一鸣．推动经济高质量发展需做制度的顶层设计［J］．国际融资，2018（10）.

［51］魏奇锋，徐霞，杨彩琳，等．成渝地区双城经济圈科技创新与经济高质量发展耦合协调度研究［J］．科技进步与对策，2021，38（14）：54 - 61.

［52］闻敬谦，李青．基于本体的语义相似在维修案例推理中应用［J］．北京航空航天大学学报，2009，35（2）：223.

［53］西楠，李雨明，彭剑锋，等．从信息化人力资源管理到大数据人力资源管理的演进——以腾讯为例［J］．中国人力资源开发，2017（5）：79 - 88.

［54］习近平．深入实施新时代人才强国战略 加快建设世界重要人才中心和创新高地［J］．求是，2021（24）：4 - 15.

［55］夏锦文，吴先满，吕永刚，等．江苏经济高质量发展"拐点"：内涵、态势及对策［J］．现代经济探讨，2018（5）：1－5．

［56］肖兴政，冉景亮，龙承春．人工智能对人力资源管理的影响研究［J］．四川理工学院学报（社会科学版），2018，33（6）：37－51．

［57］谢健民，秦琴，吴文晓．基于本体的突发事件网络舆情案例推理模型［J］．情报杂志，2019，38（1）：79－86．

［58］徐芳，瞿静．基于社交网络的隐性知识共享模式构建［J］．情报理论与实践，2018（3）：68－94．

［59］徐艳．大数据时代企业人力资源绩效管理创新［J］．江西社会科学，2016（2）：182－187．

［60］徐银良，王慧艳．基于"五大发展理念"的区域高质量发展指标体系构建与实证［J］．统计与决策，2020，36（14）：98－102．

［61］徐勇，王传胜．黄河流域生态保护和高质量发展：框架、路径与对策［J］．中国科学院院刊，2020，7（35）：875－883．

［62］徐照，李苏豪，袁竞峰．基于多属性分类的建筑物损伤案例推理方法研究［J］．系统工程理论与实践，2019，39（2）：429－441．

［63］阎红灿．本体建模与语义 Web 知识发现［M］．北京：清华大学出版社，2015．

［64］阳晓霞．杨伟民谈经济高质量发展［J］．中国金融家，2018（3）：49－50．

［65］杨东，柴慧敏．基于 QFD 和案例推理的绿色产品设计方案选择研究［J］．科技管理研究，2018（16）：251－259．

［66］杨健，赵秦怡．基于案例的推理技术研究进展及应用［J］．计算机工程与设计，2008，29（3）：710－712．

［67］杨丽丽，刘国城．基于大数据的人力资源审计管理平台构建研究［J］．经济问题，2019（3）：114－121．

［68］杨秋芬，陈跃新．Ontology 方法学综述［J］．计算机应用研究，2002（4）：5－7．

［69］杨永春，张旭东，穆焱杰，等．黄河上游生态保护与高质量发展的基本逻辑及关键对策［J］．经济地理，2020，6（40）：9－20．

［70］姚凯，桂弘诣．大数据人力资源管理：变革与挑战［J］．复旦学报（社会科学版），2018（3）：46－155．

［71］尹红军．大规模社交网络中局部兴趣社区发现研究［D］．合肥：中国科学技术大学，2014．

［72］永周，彭臻．企业研发团队个体隐性知识测度及其应用研究［J］．科技管理研究，2012，32（18）：183－187．

［73］于峰，李向阳，刘昭阁．城市灾害情景下应急案例本体建模与重用［J］．管理评论，2016，28（8）：25－36．

［74］于李胜，王成龙，王艳艳．分析师社交媒体在信息传播效率中的作用——基于分析师微博的研究［J］．管理科学学报，2020，22（7）：107－126．

［75］袁晓芳，李红霞，田水承，等．基于义类词典和云模型的重大突发事件 CBR 系统研究［C］．中国（双法）应急管理专业委员会第五届年会，2009：665－670．

［76］张光进，廖建桥．绩效特征导向的知识员工考评方法的思考［J］．商业经济与管理，2006（3）：21－27．

［77］张骐，向阳，罗成，等．基于本体的中文案例相似度计算方法［J］．情报科学，2014（11）：77－81．

［78］张庆生，齐勇，侯迪，等．基于隐马尔可夫模型的上下文感知活动计算［J］．西安交通大学学报，2006，40（4）：398－401．

［79］张双狮，兰月新，刘冰月，等．基于案例推理的群体性事件智能决策支持 WEB 系统研究［J］．情报杂志，2017，36（4）：106－111．

［80］赵琛徽．知识员工雇佣管理模式研究：基于 SHRM 的分析［J］．中国工业经济，2004（8）：75－81．

［81］赵国钦，张战，沈展西，等．新一轮"人才争夺战"的工具导向和价值反思：基于政策文本分析的视角［J］．中国人力资源开发，2018，35（6）：75－84．

［82］赵强. 主题爬虫的关键技术［J］. 现代计算机，2014（2）：19 - 22.

［83］中国科技发展战略研究小组，中国科学院大学中国创新创业管理研究中心. 中国区域创新能力评价报告 2019［M］. 北京：科学技术文献出版社，2019.

［84］Allen C，Pilot L. HR - XML：Enabling Pervasive HR - E - Business［J］. International Congress Centrum，Berlin，Germany，2001.

［85］Bajenaru L，Borozan A M，Smeureanu I. Using Ontologies for the E - Learning System in Healthcare Human Resources Management［J］. Informatică Economică，2015，19（2）：15 - 24.

［86］Bajenaru L，Smeureanu I. An Ontology Based Approach for Modeling E - Learning in Healthcare Human Resource Management［J］. Economic Computation & Economic Cybernetics Studies & Research，2015，49（1）：1 - 17.

［87］Barana A，Caro L，Fioravera M. Ontology Development for Competence Assessment in Virtual Communities of Practice［C］. Artificial Intelligence in Education，19th International Conference，AIED，London，2018.

［88］Bartlett G. The Ontology of Emotions［J］. Philosophical Quarterly，2019，69（274）：187 - 189.

［89］Beckstead D，Baldwi T. Dimensions of Occupational Changes in Canada's Knowledge Economy［R］. The Canadian Economy in Transition Research Paper Series 11 - 622 - MIE，No. 004. Analytical Studies Branch，Ottawa：Statistics Canada，2003，1971 - 1996.

［90］Berkat A. Using Case-Based Reasoning for Detecting Computer Virus［J］. International Journal of Computer Science Issues，2011，8（4）：606 - 610.

［91］Bizer R C，Heese M，Mochol R，Oldakowski，et al. The Impact of Semantic Web Technologies on Job Recruitment Process［J］. Wirtschaftsinformatik und Angewandte Informatik，2005：1367 - 1381.

［92］Brandmeier M，Neubert C，Brossog M，et al. Development of an Ontology - Based Competence Management System［C］. Industrial Informatics（INDIN），2017

IEEE 15th International Conference on Emden, Germany, 2017.

[93] Brown A L K. Person – Organization Fit: An Integrative Review of its Conceptualizations, Measurement and Implications [J]. Personnel Psychology, 1996, 49 (1): 1 – 49.

[94] Cable D M, Judge T A. Interviewers' Perceptions of Person Organization Fit and Organizational Selection Decisions [J]. Journal of Applied Psychology, 1997, 82 (1): 546 – 561.

[95] Chen C X, Ding J L, Hua G P, et al. Design and Implementation of SMS Employment Agent Based on Ontology [C]. 2009 WRI World Congress on Software Engineering, 2009: 489 – 492.

[96] Cicortas A, Iordan V, Naaji A. Ontologies for Competence Description in Multi – Agent Systems [C]. International Conference on Mathematical Methods and Computational Techniques in Electrical Engineering, 2008: 100 – 107.

[97] Dada O S, Kana A F D, Abdullahi S E. An Ontology Based Approach for Improving Job Search in Online Job Portals [J]. Journal of Computer Science and its Application, 2018, 25 (1): 41 – 45.

[98] Dascalu M I, Bodea C N, Tesila B, Moldoveanu A, Pablos P O D. How Social and Semantic Technologies Can Sustain Employability Through Knowledge Development and Positive Behavioral Changes [J]. Computers in Human Behavior, 2017, 70 (1): 507 – 517.

[99] Dorn J, Naz T, Pichlmair M. Ontology Development for Human Resource Management [C]. Proceedings of the 2007 International Conference Vienna, Austria, 2007.

[100] Dove R. The Knowledge Worker [J]. Auto Motive Manufacturing & Production, 1998, 110 (6): 26 – 28.

[101] Drucker P. Knowledge – Worker Productivity: The Biggest Challenge [J]. California Management Review, 1999, 41 (2): 79 – 85.

[102] Enăchescu M I A. Prototype for an E – Recruitment Platform Using Se-

mantic Web Technologies ［J］. Informatica Economica, 2016, 20 （4）: 62 - 75.

［103］ Faliagka E, Iliadis L, Karydis I, et al. On - Line Consistent Ranking on E - Recruitment: Seeking the Truth Behind a Well - Formed CV ［J］. Artificial Intelligence Review, 2014, 42 （3）: 515 - 528.

［104］ Faliagka E, Tsakalidis A, Tzimas G. An Integrated E - Recruitment System for Automated Personality Mining and Applicant Ranking ［J］. Internet Research, 2012, 22 （5）: 551 - 568.

［105］ Fan Z P, Li Y H, Zhang Y. Generating Project Risk Response Strategies Based on CBR: A Case Study ［J］. Expert System with Applications, 2015, 42 （6）: 2870 - 2883.

［106］ Fensel D. Ontologies: A Silver Bullet for Knowledge Management and E-lectronic Commerce ［M］. Berlin: Springer - Verlag Heidelberg, 2004.

［107］ Fernandez M. Overview of Methodologies for Building Ontologies ［C］. Proceedings of IJCAI99's Workshop on Ontologies and Problem Solving Methods: Lessons Learned and Future Trends, 1999.

［108］ Fugate M, Kinicki A J, Ashforth B E. Employability: A Psycho - Social Construct, its Dimensions, and Applications ［J］. Journal of Vocational Behavior, 2004, 65 （1）: 14 - 38.

［109］ Gilboa I, Schmeidler D. Case - Based Decision Theory ［J］. Quarterly Journal of Economics, 1995, 110 （3）: 605 - 639.

［110］ Guarino, N. Semantic Matching: Formal Ontological Distinction for Information Organization, Extraction, and Integration ［C］. In: Pazienza M T, eds. Information Extraction: A Multidisciplinary Approach to an Emerging Information Technology, Springer Verlag, 1997.

［111］ Guo S Q, Alamudun F, Hammond T. RésuMatcher: A Personalized Résumé - Job Matching System ［J］. Expert Systems with Applications, 2016, 60 （1）: 169 - 182.

［112］ Hajlaoui K, Beigbeder M, Girardot J J. Competence Ontology for Network Building [C]. Working Conference on Virtual Enterprises, 2009: 282 –289.

[113] Hazman M, El – Beltagy S R, Rafea A. A Survey of Ontology Learning Approaches [J]. Database, 2011, 7 (1): 36 –43.

[114] Howitt P. On Some Problems in Measuring Knowledge – Based Growth. In the Implications of Knowledge – Based Growth for Micro – Economic Policies [M]. Calgary: University of Calgary Press, 2002.

[115] Huo Y P, Kearns J. Optimizing the Job – Person Match with Computerized Human Resource Information Systems [J]. Personnel Review, 1992, 21 (2): 3 –18.

[116] Hu X, Wu L, Li C, et al. SMS – Based Mobile Recommendation System for Campus Recruitment in China [C]. 10th International Conference on Mobile Business, 2011: 152 – 157.

[117] Iordan V. Ontologies Used for Competence Management [J]. Acta Polytechnica Hungarica, 2008, 5 (2): 133 –144.

[118] James L R, Damarce R G, Wolf G. Estimating Within Group Interrater Reliability With and Without Response Bias [J]. Journal of Applied Psychology, 1984, 69 (1): 85 –98.

[119] Jiaochen L, Goelt S J. Technology Intensity and Agglomeration Economics [J]. Research Policy, 2018, 47 (10): 1990 –1995.

[120] Kaaa W B A, Mhimdi N. Using Ontology for Resume Annotation [J]. International Journal of Metadata, Semantics and Ontologies, 2011, 6 (3): 166 –174.

[121] Kearns J, Huo Y P. An Empirical Approach to Job Families in Large, Complex Organizations [J]. International Journal of Manpower, 1992, 13 (3): 10 –18.

[122] Kimble C, Vasconcelos J B, Rocha Á. Competence Management in Knowledge Intensive Organizations Using Consensual Knowledge and Ontologies [J]. Information Systems Frontiers, 2016, 18 (6): 1119 –1130.

[123] Kleindorfer P R, Saad G H. Managing Disruption Risks in Supply Chains

［J］. Production and Operations Management, 2005, 14（1）: 53 – 68.

［124］Kmail A B, Maree M. Matching Sem: Online Recruitment System Based on Multiple Semantic Resources［C］. 12th International Conference on Fuzzy Systems and Knowledge Discovery（FSKD）, 2015: 2654 – 2659.

［125］Kumaran V S, Sankar A. Towards an Automated System for Intelligent Screening of Candidates for Recruitment Using Ontology Mapping［J］. International Journal of Metadata, Semantics and Ontologies, 2013, 8（1）: 56 – 64.

［126］Lasmedi A, Nurul H. Ontology Model for Tourism Information in Banyumas［C］. AIP Conference Proceedings, 2019, 2094（1）: 1 – 8.

［127］Lee I. An Architecture for a Next – Generation Holistic E – Recruiting System［J］. Communication of the ACM, 2007, 50（7）: 81 – 85.

［128］Lefebvre B, Gauthier G, Tadié S, et al. Competence Ontology for Domain Knowledge Dissemination and Retrieval［J］. Applied Artificial Intelligence, 2005, 19（9）: 845 – 859.

［129］Li Z A, Xu W, Zhang L K, et al. An Ontology – Based Web Mining Method for Unemployment Rate Prediction［J］. Decision Support Systems, 2014, 66（1）: 114 – 122.

［130］Maedche A, Staab S. Ontology Learning for the Sematic Web［M］. Boston: Kluwer Academic Publishers, 2001.

［131］Malandrino O, Sessa M R. Ontology – Based Model Sustaining Competence Management within Corporates: Competence Certification in CSR［C］. Advanced Learning Technologies（ICALT）, 2017 IEEE 17th International Conference on Timisoara, Romania, 2017.

［132］Maniu I, Maniu G. A Human Resource Ontology for Recruitment Process［J］. Review of General Management, 2009, 10（2）: 12 – 18.

［133］Martin K J, Sirko S. Comparison and Evaluation of Ontologies for Units of Measurement［J］. Semantic Web, 2019, 10（1）: 33 – 51.

［134］Ma Z, Silver D L, Shakshuki E M. User Profile Management: Reference

Model and Web Services Implementation [J]. International Journal of Web & Grid Services, 2010, 6 (1): 1 –34.

[135] Miranda S, Orciuoli F, Loia V, Sampson D G. An Ontology – Based Model for Competence Management [J]. Data & Knowledge Engineering, 2017, 107 (1): 51 –66.

[136] Mochol M, Oldakowski R, Heese R. Ontology Based Recruitment Process [J]. Jahrestagung der Gesellschaft für Informatik e. V. (GI), 2004, 51 (1): 198 –202.

[137] Mochol M, Paslaru E, Simperl B. Practical Guidelines for Building Semantic E – Recruitment Applications [J]. Journal of Knowledge Management, 2006, 10 (2): 2 –4.

[138] Mochol M, Wache H, Nixon L. Improving the Recruitment Process Through Ontology – Based Querying [C]. 1st International Workshop on Applications and Business Aspects of the Semantic Web Athens, Georgia, USA, 2006.

[139] Muhammad N A, Muhammad W, Muhammad U G K, et al. A Survey of Ontology Learning Techniques and Applications [J]. Database, 2018, 10: 1 –24.

[140] Nasution M K M. Ontology [J]. Journal of Physics: Conference Series, 2018, 1116 (2): 022030.

[141] Nayak R, Zhang M, Chen L. A Social Matching System for an Online Dating Network: A Preliminary Study [C]. IEEE International Conference on Data Mining Workshops, 2011: 352 –357.

[142] Newman R, Chang V, Walters R J, Wills G B. Web 2.0 the Past and the Future [J]. International Journal of Information Management, 2016, 35: 591 –598.

[143] Nonaka. The Knowledge Creating Company [J]. Harvard Business Review, 1991, 69 (6): 96 –104.

[144] Norbert G, Frank L. Using Case – Based Reasoning to Improve Information Retrieval in Knowledge Management Systems [J]. Springer – Verlag GmbH, 2003, 26 (63): 94 –102.

［145］Oberlander J, Nowson S. Whose Thumb is it Anyway? Classifying Author Personality from Weblog Text ［C］. Proceedings of the Association for Computational Linguists, Sydney, 2006, 6: 17 – 21.

［146］Oh I S, Guay R P, Kim K, et al. Fit Happens Globally: A Meta – Analytic Comparison of the Relationships of Person – Environment Fit Dimensions with Work Attitudes and Performance Across East Asia, Europe and North America ［J］. Personnel Psychology, 2014, 67 (1): 99 – 152.

［147］Patrão D F C, Oleynik M, Massicano F, et al. Recruit – An Ontology Based Information Retrieval System for Clinical Trials Recruitment ［J］. Study Health Technology Information, 2015: 534 – 538.

［148］Peez A G, Benjmains V R. Overview of Knowledge Sharing and Reuse Components: Ontologies and Problem Solving Methods ［C］. Proceedings of the IJCAI299 Workshop on Ontologies and Problem Solving Methods, 1999: 1 – 15.

［149］Pennebaker J W, King L. Linguistic Styles: Language Use as an Individual Difference ［J］. Journal of Personality and Social Psychology, 1999, 77 (6): 1296 – 1312.

［150］Piedra N, Tovar C E. EntreCompOnto: An Ontology for Semantic Representation of Entrepreneurship Competences ［C］. 2018 IEEE International Conference on Teaching, Assessment, and Learning for Engineering, Australia, 2018.

［151］Popov N, Jebelean T. Semantic Matching for Job Search Engines: A Logical Approach ［C］. Technical Report 13 – 02, Research Institute for Symbolic Computation, JKU Linz, 2013.

［152］Pérez A G, Ramírez J, Terrazas B V. An Ontology for Modelling Human Resources Management Based on Standards ［C］. International Conference on Knowledge – Based and Intelligent Information and Engineering Systems, 2007: 534 – 541.

［153］Radevski V, Trichet F. Ontology – Based Systems Dedicated to Human Resources Management: An Application in E – Recruitment ［C］. On the Move to Meaningful Internet Systems 2006: OTM 2006 Workshops, 2006, 4278: 1068 – 1077.

[154] Rahayu P, Krisnadhi A A, Wulandari I A, Sensuse D I. Developing Competence Based Assessment Ontology Model for Indonesian Certification Competency [C]. Electrical Power, Electronics, Communications, Controls, and Informatics Seminar, Indonesia. 2018.

[155] Rahwan I, Cebrian M, Obradovich N, et al. Machine Behaviour [J]. Nature, 2019, 568 (7753): 477 – 486.

[156] Rácz G, Sali A, Schewe K D. Semantic Matching Strategies for: A Comparison of New and Known Approaches [J]. Foundations of Information and Knowledge Systems, 2016, 9616: 149 – 168.

[157] Riddel M, Schwer R K. Regional Innovative Capacity with Endogenous Employment: Empirical Evidence from the U. S. [J]. The Review of Regional Studies, 2003, 33 (1): 73 – 84.

[158] Rothwell R, Zegveld W. Industrial Innovation and Public Policy: Preparing for the 1980s and the 1990s [M]. London: Frances Printer, 1981.

[159] Rynes S L. Recruitment, Job Choice and Post Hire Consequences [C]. A Call for New Research Directions, Hand Book of Industrial and Organizational Psychology, Palo Alto, CA: Consulting Psychologists Press, 1991: 399 – 444.

[160] Schank R C, Abelson R P. Scripts, Plans, Goals, and Understanding [J]. Lawrence Erlbaum Associates, 1977: 190 – 223.

[161] Schmidt A, Kunzmann C. Towards a Human Resource Development Ontology for Combining Competence Management and Technology – Enhanced Workplace Learning [C]. International Conference on Move to Meaningful Internet Systems, 2006: 1078 – 1087.

[162] Schmidt F L, Hunter J E. Measurement Error in Psychological Research: Lessons from 26 Research Scenarios [J]. Psychological Methods, 1996, 1: 199 – 233.

[163] Schneider B, Goldstein H W, Smith D B. The ASA Framework: An Update [J]. Personnel Psychology, 1995, 48 (4): 747 – 773.

[164] Sánchez F G, Béjar R M, Contreras L, Breis J T F, Nieves D C. An

Ontology – Based Intelligent System for Recruitment [J]. Expert Systems with Applications, 2006, 31 (2): 248 – 263.

[165] Stader J, Macintosh A. Capability Modelling and Knowledge Management [J]. Applications and Innovations in Intelligent Systems VII, 2000.

[166] Studer B, Benjamins V R, Fensel D. Knowledge Engineering, Principles and Methods [J]. Data and Knowledge Engineering, 1998, 25 (1 – 2): 161 – 197.

[167] Szekely A. An Approach to Ontology Development in Human Resources Management [C]. The 5th International Conference on Virtual Learning ICVL, 2010.

[168] Tarasov V, Albertsen T, Kashevnik A, et al. Ontology – Based Competence Management for Team Configuration [C]. International Conference on Industrial Applications of Holonic and Multi – Agent Systems, 2007: 401 – 410.

[169] Tarasov V. Ontology – Based Approach to Competence Profile Management [J]. Journal of Universal Computerence, 2012, 18 (20): 2893 – 2919.

[170] Terblanche C, Wongthongtham P. Ontology Based Employer Demand Management [J]. Software: Practice and Experience, 2016, 46 (4): 469 – 492.

[171] Terrazas B V, Ramírez J, Figueroa M C S, Pérez A G. A Network of Ontology Networks for Building E – Employment Advanced Systems [J]. Expert Systems with Applications, 2011, 38 (11): 13612 – 13624.

[172] The Enterprise Ontology [EB/OL]. http://www.aiai.ed.ac.uk/, 2020 – 03 – 15.

[173] Trichet F, Leclère M. A Framework for Building Competency – Based Systems Dedicated to Human Resource Management [J]. International Symposium on Methodologies for Intelligent Systems, 2003: 633 – 639.

[174] Trusov M, Ma L, Jamal Z. Crumbs of the Cookie: User Profiling in Customer – Base Analysis and Behavioral Targeting [J]. Marketing Science, 2016, 35 (3): 405 – 426.

[175] Wang C L, Feng Z Y, Zhang X W, et al. ComR: A Combined OWL Reasoner for Ontology Classification [J]. Frontiers of Computer Science in China,

2019 (1): 139 – 156.

[176] Weng S, Tsai H J, Liu S C, et al. Ontology Construction for Information Classification [J]. Expert Systems with Applications, 2006, 31 (1): 1 – 12.

[177] Zagjia A, Alroobaea R. Ontological Model to Predict User Mobility [J]. International Journal of Advanced Computer Science and Applications, 2019, 10 (2): 2 – 7.

[178] Zarandi M F, Fox M S. Semantic Matchmaking for Job Recruitment: An Ontology – Based Hybrid Approach [C]. 3rd International Workshop on Service Matchmaking and Resource Retrieval in the Semantic Web Washington DC, USA, 2009.

[179] Zhao Y, Zhang M, Guo X, et al. Research on Matching Method for Case Retrieval in CBR Based on FCM [J]. Procedia Engineering, 2017 (1): 267 – 274.

[180] Zhu B. An Intelligent Services Platform for Employment Based on SMS and Ontology [C]. E – Business, Creative Design, Manufacturing—2009 IEEE 10th International Conference on Computer – Aided Industrial Design & Conceptual Design, 2009.

[181] Zhukova I, Kultsova M, Navrotsky M, Dvoryankin A. Intelligent Support of Decision Making in Human Resource Management Using Case – Based Reasoning and Ontology [C]. Joint Conference on Knowledge – Based Software Engineering, 2014: 172 – 184.